长财咨询 · 企业管理系列

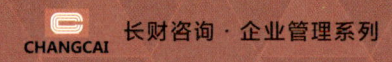

SYSTEM OF FINANCE
BLUEPRINT TO LAUNCH A MANAGEMENT DEEP-DIVE

刘国东 ／ 著

财务系统

拓 展 管 理 深 度 的 蓝 图

社会科学文献出版社
SOCIAL SCIENCES ACADEMIC PRESS (CHINA)

刘国东

1973年生于河北易县，1996年大学毕业，先后供职于央企、民企，事务所合伙人。2008年起曾开发讲授"企业所得税汇算清缴""税务稽查与应对""纳税筹划""财务分析""成本管理"等课程。

2012年创建长财咨询。截至2018年4月，长财咨询已有30多家分／子公司布局全国，为中国众多快速发展的民营企业提供从财务系统建设到财务团队打造的全方位、陪伴式、系统化财务服务。

2012年开发设计完成"财务系统""老板财务通"金牌课程，2015年又推出"管理层财务思维"课程。

2014年8月创立上海优波投资管理中心（有限合伙），旗下发起优波基金、长江基金、长江二号基金、喜马拉雅基金、喜马拉雅二号基金、Uboom美元基金等多只私募基金，登上各主要私募基金平台的排名榜单。

2017年10月，首家长财税务师事务所有限公司在杭州设立，正式开启长财税务师事务所联盟之路。

总 序

因为爱，所以走进你的世界！

我在讲"财务通"课程的时候，经常说这么一句话，"财务总监如果能够走出自己的世界，走进老板的世界，他的职业生涯将有很大的提升"。

一提到财务，很多人的第一感受是"面目可憎"——装着铁门的财务办公室、"斤斤计较"的报销审核会计、一堆"不知所云"的财务报表……似乎都让人提不起兴趣。

然而，企业发生的一系列事情，又让人不得不面对财务：国家税务管理越来越规范，企业税务风险逐步显现；资金管理越来越复杂，很多老板被企业的资金流转弄得晕头转向，占用了大量的工作时间；财务人员做不出老板想要的报表，老板决策还是靠拍脑袋……

财务，爱你不容易；恨你，又离不开你。

财务专业人员的能力和老板的需求之间，仿佛有一条看不见的鸿沟。

长财咨询深深扎根于中国企业的经营环境，对中国企业关于财务的"爱恨情仇"感同身受。针对广大企业的现实需求，推出了"财务通""财务系统""管理层财务思维"这三门财务培训课程。课程一推出，就得到了市场的热烈反响。

长财咨询基于对企业家创业精神的仰望、对企业家价值创造的尊敬，走进企业家的内心世界，帮助企业家理解企业管理规律、提升企业管理能力，让企业家有能力陪伴企业成长。

你变了，你的世界也就变了！

管理，等于"管 + 理"，理不清，就管不住。现代财务管理滥觞于帕乔利在六百多年前的伟大发明——复式记账法，以其无与伦比的严密逻辑性，几乎将企业所有的资源要素分门别类地归纳、汇总，呈现为能够直接指导经营决策的财务信息，使得企业管理变得有理有据，不再依靠"拍脑袋"来决策。

很多企业家在听过长财咨询的培训课程后，对财务的认识有了很大的提升。企业家在掌握了财务这个管理工具，具备了系统化思考、解决问题的能力之后，再面对以往在管理企业时那些看似毫无头绪、无从下手的问题，便能够凭借"财务"这个"抓手"将其抽丝剥茧、逐步理顺并最终解决。

六年多来，"财务通""财务系统""管理层财务思维"这三门课程已经开展了几十期，参训的企业有成千上万家，然而，中国有数千万家企业，能够有机会走进培训课程现场的还是极少数。大量的企业对浅显易懂、易操作、好落地的财务知识的需求远远没有得到满足。长财咨询针对这部分企业的需求，将这三门课程的内容整理成书，结集出版，以飨读者。

因为这套图书是根据现场课程内容整理出版，所以具有鲜明的特点。

场景化

在现场课程中，为了帮助学员理解抽象的财务概念，我经常会营造各种各样的企业管理场景，把财务知识点代入其中。这一特点在本套图书中得以很好地保留，读者在阅读过程中会发现这套书就像专为自己而写，有很强的代入感。

紧扣现实

在现场课程中，为了理论联系实际从而更具实战性，授课时都会对企业经营环境、国家最新财税政策做出解读。因此，本套图书中引用的经济、财税政策和法律法规都是最新的。

当然，即使长财咨询能够做到以最快的速度再版，图书毕竟有其自身的特点，无法做到像现场课程那样及时更新相关内容。因此，建议对内容更新需求强烈的读者走进长财咨询的课程现场，听听现场版的内容，效果更好。

工具化

本套图书中有大量的图表、工具，一方面，能够帮助读者理解财务知识点之间的内在逻辑关系；另一方面，这些模板、工具基本上都是可以拿来即用，迅速转化为企业实际可用的制度、流程、表单、工具，构建企业自己的管理制度体系。

多元化

本套图书虽然从书名看都是财务领域的图书，但是，内容不局限于财务领域。我深知企业对企业管理知识的需求更多是模糊、综合的，企业在管理中遇到的问题也往往是非结构化的，很难按照"战略、组织、营销、生产、人力、财务、企业文化"等"分科"诊疗，因此，基于长财咨询多年的咨询实践和强大的咨询师团队，本套图书中对与财务相关的战略、激励、股权、金融等方面的知识点均有所涉及。跨专业的知识体系有助于读者建立企业管理的整体概念，触类旁通。

让我们打开散发油墨香气的书本，一起走进神奇的财务世界吧！

c o n t e n t s

前　言	001

第一篇　财务战略支撑系统　　007

第 1 章	企业管理系统概述	009
第 2 章	财务职能规划	012
第 3 章	企业顶层架构设计	026
第 4 章	财务团队升级	037

第二篇　税系统　　041

第 1 章	税务管理系统	043
第 2 章	税务风险防范系统	061
第 3 章	税务规划系统	097

第三篇　账系统　　115

第 1 章	企业管理报表系统	117
第 2 章	企业账务核算系统	150
第 3 章	核算账系统	178

目录

第四篇　钱系统　　189

第1章　资金安全系统　　191
第2章　资金预测系统　　206
第3章　信用控制系统　　217
第4章　资本融资系统　　236

第五篇　管控系统　　249

第1章　分析、决策支持系统　　251
第2章　成本改善系统　　278
第3章　风险内控系统　　293
第4章　预算目标系统　　309

后　记　　355

致　谢　　356

前言

怎样才能让财务职能成为企业实现其战略目标的推进器？

怎样才能使财务的目标专注于企业价值最大化？

怎样才能用财务的手段实现企业的风险与收益平衡？

有过以上烦恼的企业家一定不在少数。几乎每家企业都有或多或少的财务人员，每天都在处理各种财务事项，例如开票、报税、记账、做报表等。财务职能不可或缺，但似乎仍很难满足企业对财务的需求。

当财务职能无法适应企业发展需要的时候，我们往往认为是财务人员的懈怠或者错误，经常把问题归结为某个人的能力不足。

确实，财务人员是企业财务职能的执行者，应该有责任、有能力建立、完善企业的财务职能，实现财务应有的价值。但是，试想一下，是不是财务职能一旦有所欠缺，就需要更换财务人员呢？或者，是不是新上岗的财务人员就一定能马上进入工作状态呢？另外，企业是否准备好为财务岗位交替支付足够高的成本？重点是，财务职能仅仅是财务人员或财务部门的职能吗？

其实，大部分企业需要的并不是立即聘请一位或者很多位"高大上"的"财务精英"，而是立足现实，运用现有的资源和有限的投入，优化财务职能的运行环境、提高财务人员工作能力、建立制度化的流程和工具、强化财务部门和业务部门的配合，从而从整体上提升企业的财务水平，这就是本书的主题"财务系统"。

很多人一听"财务系统"，就会认为是财务软件。本书所讲的"财务系统"，是企业内部所有与实现财务职能有关的硬件、软件及人员的有机结合体。比如，硬件包括服务器、保险柜、票据单证、办公场所、实物安防设施等；软件不仅指财务软件，还包括业务软件系统，以及企业文化、管理制度、业务流程、分析工具、员工态度/能力、培训汇报活动等；人员也不仅仅指财务部门的人员，企业之中几乎每一个人的行为都会影响企业财务职能的实现，因此每一个人的行为都是本书所讲的"财务系统"的要素。

对于大部分企业家而言，他们对财务的认知，从未形成一种宏观视角，也未提升到本书所讲的"财务系统"的高度。"财务系统"既是"望远镜"，又是"显微镜"，从宏观上助力企业战略目标的实现，而从微观上又是通过一张张单据、一个个数字汇集、加工而成。所以，本书要打破财务仅仅是"报个税、记个账"的固有观念，但是又并非高不可攀，学习完"财务系统"，企业家能感觉到的是"我们也能做到"。

有价值的东西绝非一朝一夕可以完成，"财务系统"经历了6年多时间的打磨。"财务系统"来源于刘国东老师的现场课程，2012年一经面世，就受到企业家们的好评。6年来，数千家企业从"财务系统"中获益良多，但是，作为培训课程，"财务系统"能够面对的客户数量毕竟有限，为了让更多的企业从"财务系统"中获得起飞的力量，长财咨询将"财务系统"课程整理为书，正式出版。

在过去的6年里，国内外政治、经济、社会和技术环境都发生了深刻的变化。一贯作为全球化"急先锋"的美国似乎有走向"闭关锁国"的倾向，新任总统特朗普提出了"买美国货、雇美国人"的口号，降低税负、简化税制，吸引制造业回流美国。而中国扛起了全球化的大旗，提出"一带一路"宏伟倡议，支持国内企业走出国门，参与全球市场竞争。国内，经济"新常态"已经成为共识，"去产能、去库存、去杠杆、降成本、补短板"不仅是中央宏观经济政策调控方向，也是每一家企业必须面对的课题，转型升级已经成为企业求生存谋发展的必由之路。人口红利消失是经济学家口中的术语，招工难则是所有企业的切身感受，劳动力成本成为影响企业利润的关键要素。90后"新新人类"走出校园，逐渐成为企业员工的主力，这些"互联网时代原住民"，从小就接触大量的互联网信息，思想活跃，传统的管理理念、管理方法对于他们大都已经不适用。对新一代员工如何招聘、培养、管理、激励成为企业管理者面临的难题。过去的几年中，在技术领域，大家感受最深的变化是信息技术的发展和普及。腾讯、阿里巴巴已经成为"巨无霸"，其体量远远超过了他们的美国同行。亿万用户及其在互联网上的行为，为腾讯、阿里巴巴这样的互联网企业贡献了天文量级的数据，而数据又为这些企业创造了巨大的利润。"大数据"成为媒体热词，大到国家战略制定、小到企业经营决策，都必须依赖数据。互联网时代，数据已经成为企业经营的一项重要资源。企业经营数据、财务数据的收集、处理、分析、开发成为企业经营管理的一项不可或缺的工作。

在外部环境剧烈变化的情况下，中国的很多企业面临经营困难的局面。市场竞争压力加大、成本上升，利润越来越薄；国家税务总局"金税三期"系统工程投入使用，并且逐步完善，税收征管越来越严格，企业的税务风险不断加大；市场信息越来越透明，利用信息不对称来获利的机会越来越少；"三证合一""五证合一"，税务局、银行、社保机构数据联网，企业社会保险成本急剧上升；"新三板"挂牌企业突破万家，主板、创业板上市企业数量也快速增长，这些已经走上资本市场的企业利用资金、品牌优势，对未上市企业的生存空间形成了具有绝对优势的挤压……

面对困局，企业的解决之道在哪里？

企业之间的竞争，已经变成全面的、系统化的竞争。过去，一个好点子，就可能成就一家企业；如今，单一的优势已经很难再让企业脱颖而出。企业发展到了一定阶段后，老板会发现自己成了"消防员"：企业不是这里出现问题，就是那里出现问题，于是整天忙于"救火"。对于企业出现的问题，"点状"的修修补补，已经不能从根本上解决问题。老板发现，企业正在失控，业绩无法突破瓶颈。2016年，在广州《财务通》课程的一次学员分享活动中，上海一位经营婚纱摄影的"高帅富"老板，介绍《财务系统》课程带给他的最大收获，就是让他学会了用系统化的思维去解决企业面临的问题。这位老板的分享观点，正是解决当下大部分企业面临经营困境的最佳方案。在企业初创期，企业能否存活，取决于老板个人的工作能力，或者依赖某一方面的资源。到了发展期，企业能否发展壮大，主要看企业能否建立高效的管理系统，包括经营大系统和激励大系统。系统就是标准，系统就是流程，系统是企业高效运转的保障，系统让企业变成一个"铁打的营盘"。系统建成之后，企业对某个人的依赖程度将降到最低，企业将变成一部精密的机器，每个人只是这部机器里的一个"零件"，"零件"可以更换，但不会影响整部机器的正常运行。

财务系统是企业经营信息系统的一部分，而企业经营信息系统又是企业经营大系统的一部分。比喻来讲，财务系统的作用类似于打仗时的传令兵。只有三五个人斗殴的时候，有没有传令兵没有关系。而当指挥成千上万兵马作战的时候，如果没有传令兵、没有电台，还没有开战，就已经注定是败局。

"财务系统"，为帮助中国企业建设财务系统而生。

"财务系统"让老板、财务总监站在企业全局的高度，跳出财务看财务，从"小财务"转变为"大财务"。

健康的企业财务系统，是支撑企业成长壮大的基石。"转型升级"不是转行，而是管理方式的转型，是管理技术的升级。传统的企业决策，没有财务数据做支持，都是依赖老板个人的感觉，"拍脑袋"决策。以往一些企业管理，手段相当粗放，以为只要把钱管住了，"肉就能都烂在锅里"。如今，系统最优化是决策的基本要求，要求从企业财务管理的目标出发，层层分解、细化，对企业的各项资源进行优化组合，在提升企业利润的同时，降低企业的经营风险，为企业创造出最大的价值。精细化管理是对企业的最基本要求，每一个人的工作效率、每一件产品创造的利润、每一元成本费用带来的效益等都是财务管理的内容。

财务管理，立场要高，要高到企业战略全局；对象要细，要细到企业每一个人的具体行为；数据要准，要与实际情况相符；制度要可执行，口号式、说教式的制度毫无价值；流程要清晰，要任何人都能看懂记住；工具要实用，要使用者拿来就可以轻松上手。

"财务系统"是刘国东老师《财务系统》现场课程的整理总结，秉承课程一贯的"易懂、易用"理念，用简单易学的方式，帮助企业建设财务系统，就像一件工具，拿来就能使用，使用就能见效。书中的"方案原理"就像武林高手学习的"内功心法"，而"制度、流程、模板"等工具就像"招式""武器"。在学习的初级阶段，有样学样、"照葫芦画瓢"是快速上手的好方法；而仔细研读方案原理，并且在实际工作中揣摩体会，则是晋升高手的不二选择。

财务系统建设，是企业由小至大、由弱至强的必由之路。窗外，大运河在朝阳的照耀下，波光粼粼，它穿越千年的历史烟尘，依然鲜活。隋朝开凿的大运河，奠定了千百年来中华文明南北统一的物质基础；秦朝的"书同文"制度，构建了中华大一统的文化基因。做一家百年企业，是很多企业家的梦想，能够支撑企业持久运营的，不是企业的某一个人，也不是企业的某一项资产，更不是某一个好听的名字，而是企业的制度"基因"。千里之行、始于足下，构筑百年企业的基础，从财务系统建设开始。

财务系统知识结构图

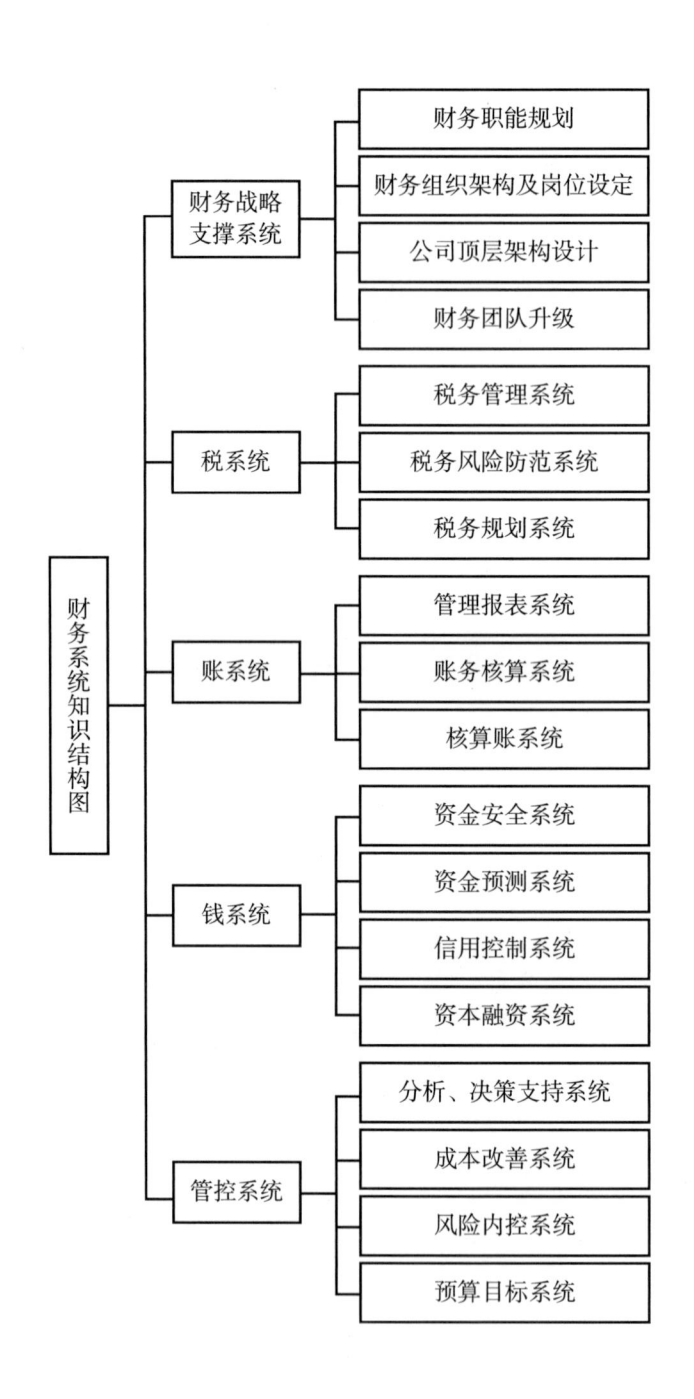

- 财务战略支撑系统
  - 财务职能规划
  - 财务组织架构及岗位设定
  - 公司顶层架构设计
  - 财务团队升级
- 税系统
  - 税务管理系统
  - 税务风险防范系统
  - 税务规划系统
- 账系统
  - 管理报表系统
  - 账务核算系统
  - 核算账系统
- 钱系统
  - 资金安全系统
  - 资金预测系统
  - 信用控制系统
  - 资本融资系统
- 管控系统
  - 分析、决策支持系统
  - 成本改善系统
  - 风险内控系统
  - 预算目标系统

第一篇　财务战略支撑系统

读者在打开这本书之前，可能对"系统"的概念有自己的理解。电脑用的是 windows 系统，手机用的是安卓系统或者苹果系统，企业的财务部门也用某某财务系统软件来记账。这些上面提到的系统，和这本书里的"系统"是一回事么？

在这一篇里，我们将讲述企业管理系统的概念和基本组成部分，这些组成部分之间的关系，以及财务系统在其中扮演的角色。企业家们在读完之后，结合自己企业的实际情况，相信会有恍然大悟的感觉。具备了系统性思维，企业家们可以在脑海中梳理出企业经营管理、发展扩张的线路图，能够从整体上思考企业出现的问题，解决起问题来则会举重若轻，信手拈来，此谓高屋建瓴。

万丈高楼平地起，而现在这句话已经变得不准确了。建造一栋高层建筑，首先要挖一个很深的基坑，打桩、浇筑，做好高楼的基础。企业的股权架构设计，就像大树的深根、高楼的基础一样重要。本篇将详细介绍股权架构设计对企业的重要性，以及如何设计企业的股权架构。将企业的股权架构与管理架构相结合，可称为企业的顶层架构。如何根据中国法律规则选择最适合自身的企业法律形态？如何设计股权？如何设计管理模式？如何将企业发展战略与企业顶层架构设计相结合？相信读完之后，企业家们会有自己的答案。

企业发展战略和顶层架构与财务的关系是什么？为什么万科的财务总监可以有千万年薪，而绝大部分中小民营企业的财务部门地位低下，财务人员的收入也远远不如销售人员、研发人员呢？在这一篇内容里面，我们还将详细讲述财务在企业里应该做什么，能够做什么以及如何实现自身的价值。

运筹帷幄，决胜于千里之外。企业战略之于企业的重要性，正如头脑之于人体的重要性。财务战略支撑系统是企业的神经网络，将感官的信息传递给大脑，将大脑的指令传递给躯体。财务战略支撑系统，"跳出财务看财务"，用财务的观念帮助企业实现战略目标。

第1章　企业管理系统概述

什么是财务，财务是一种管理的方法和手段。因此，谈财务需要先从管理讲起。

彼得·德鲁克认为：管理是一门科学，是一种系统化的能够普遍适用的知识。系统就是做事的标准，系统化是企业管理成熟的表现。企业小的时候，业务是主导；企业做大后，管理是主导。

管理可以划分为管理的哲学与管理的科学。管理的哲学决定了企业的高度，包含格局、价值观、企业文化等，是对思维层面的指引与塑造；管理的科学决定了企业的宽度，包含具体的方法、工具、流程等，是针对业务活动的具体实施手段。

管理也可以划分为激励机制与经营机制。激励机制包含权、责、利，解决企业中人的问题；经营机制包含量、本、利，解决企业中经营的问题。两个机制中都有一个相同的"利"，从而将两者有机地结合起来，没有经营机制中的"利"，便没有激励机制中的"利"。

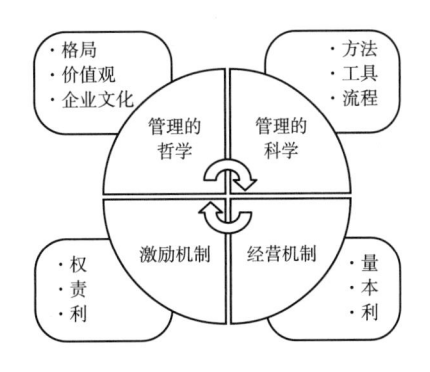

我们将管理理解为：**管理 = 人 + 系统**，而企业管理的终极目的，则是增加企业利润、降低企业风险。

1.1　企业经营管理系统概念

经营管理就是企业为达成经营目的，对销售、采购、生产、仓存、人力资源、财务、研发等各种业务活动进行组织、安排的活动。管理活动贯穿于整个经营过程，经营的结果即代表了管理团队的运营效率和水平。

企业经营管理系统是一个完整的系统，涵盖了企业经营的各个方面。在企业从小到大的发展过程中，经营管理系统也经历着从无到有、从不完善到完善的过程。

1.2 企业财务系统概述

1.2.1 企业财务系统定义

一个企业所做的每一个决定都有其财务上的含义，而任何一个对企业财务状况产生影响的决定都属于该企业的财务决策。因此，从广义上讲，一个企业所做的任何事情都属于企业财务的范畴。

财务系统是企业经营管理系统的重要组成部分，相当于企业快速发展的"左膀右臂"。它是一套针对企业运营情况进行跟踪、反映并进行管控的体系，是企业各业务数据流汇总的节点，通过运用一定的技术、方法、手段对数据流进行加工，可以为企业经营管理者提供综合的经营分析信息，以支持决策；同时财务系统还要满足外部机构对企业的法定要求，有义务提供相应的信息。

1.2.2 企业财务系统构成

为实现对企业运营的跟踪及管控，在满足对内管理需要、对外法定要求的前提下，我们可以将财务系统细分为五个子系统，即财务战略支撑系统、账系统、钱系统、税系统、管控系统。

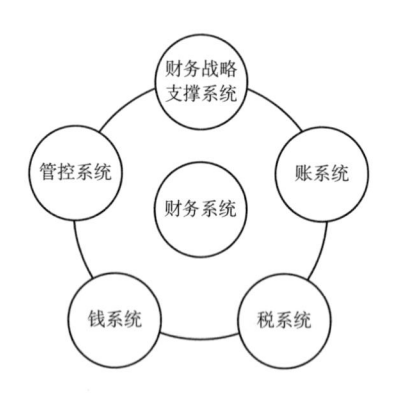

1.2.3 财务系统导入条件

企业财务系统的导入，往往会涉及对企业各业务流程的调整及要求，会影响到上至老板、下至各业务部门的相关人员，因此财务系统的导入会遇到来自各个方面的阻力与障碍；要想实施，需要有老板的决心、财务总监的执行力以及全企业的配合。

老板的一个决心

通常情况下，作为企业的实际决策人，只有当老板下定决心提升企业财务管理水平、改变企业现状时，才能推动企业自上而下的改革。

有执行力的财务总监

财务总监是企业管理变革的总设计师，不但要结合企业现状提出改革的具体方案，还必须通过定期对相关部门进行政策宣导、业务培训，同时持续跟进、反馈、推动，确保各项措施得以执行、落实。

有导入的环境，其他部门配合

财务不是财务部门的财务，而是整个企业的财务。财务系统的导入与企业各业务部门息息相关，会对业务进行重新梳理，提出新的要求，因此，各业务部门的配合是其能够顺利导入的基础环境。

1.2.4 财务系统导入的顺序

首先，多数企业在发展的初期都是以业务为重，财务管理就是管资金，只要收钱和付钱没错误就可以。随着企业的发展和规模的扩大，收钱和付钱的工作量也越来越大，仅用流水账很难进行管理。其次，企业经营者也需要专业性的财务数据报表来进行经营决策，仅靠老板记忆和直觉来经营企业是很困难的。因此，为了支撑企业发展，提升财务管理水平是必经之路，企业迫切需要导入财务系统。那么如何导入呢？

第一，由急到缓

企业财务体系的变革涉及各业务部门的各种问题，先解决当前面临的紧急问题，不紧急的问题可延缓执行。比如，相比进行税务规划方案设计，购买增值税专用发票问题更紧急，需立即制订方案，给予解决。

第二，由易到难

先从当前相对容易解决的问题着手，设计实施方案，这样可以很快达成管理变革的成果，增强全体员工进行改革的信心。比如，相比进行资金收支预测，推行每日资金收支汇报更易于操作，可以对资金使用情况进行跟踪、分析，为后期进行资金收支预测提供数据基础。

第三，由内到外

在对问题的看法及处理方法上，相比其他业务部门，财务部门内部更易于沟通并达成一致，所以可以先从财务部门内部工作流程进行梳理，设计解决方案，再对涉及其他业务部门的问题梳理并解决。比如，相比梳理、调整企业其他部门业务流程，财务部门内部工作的流程及岗位职责会更容易确定、实施。

第 2 章　财务职能规划

企业管理系统的构建，离不开财务职能的规划。职能来自战略，战略是达成目标的方法和手段，职能则是战略的细化。企业战略具有多元化结构的特征，它不仅包括企业整体意义上的战略，还包括职能层次上的战略。财务战略作为企业战略的有机组成部分，具有相对独立性，但又服从和反映企业战略的总体要求，为企业战略的顺利实施和圆满完成提供持续现金流入。财务战略决定了财务职能，财务的职能设计影响了财务部门组织架构的搭建，组织架构的设计反过来影响财务职能的发挥。

2.1　企业战略与财务战略

2.1.1　企业经营管理系统分类

企业经营管理系统的发展经历从无到有、从不完善到完善的过程，我们可以用一个模型来说明企业经营管理系统的构成。当把企业比作一个人时，可以看到这个人有头、身子、双腿及双臂，还会身着服饰，而将企业经营管理系统进行相应匹配，则可以分为八大系统（如下图所示）。

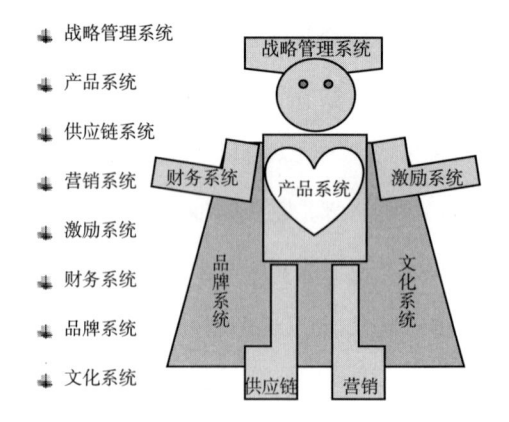

- 战略管理系统
- 产品系统
- 供应链系统
- 营销系统
- 激励系统
- 财务系统
- 品牌系统
- 文化系统

在企业发展的不同阶段，需要着重建设的经营管理系统也会不同。如果我们将企业发展分成初创期、发展期和成熟期，则每个阶段对应的经营管理系统建设如图所示。

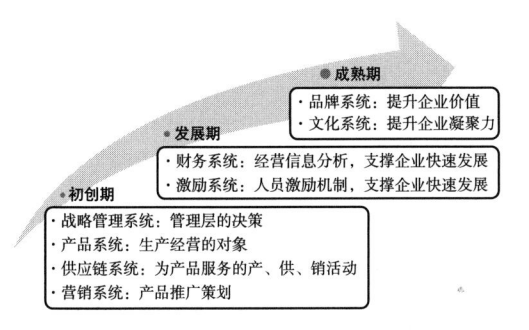

- **成熟期**
  - 品牌系统：提升企业价值
  - 文化系统：提升企业凝聚力
- **发展期**
  - 财务系统：经营信息分析，支撑企业快速发展
  - 激励系统：人员激励机制，支撑企业快速发展
- **初创期**
  - 战略管理系统：管理层的决策
  - 产品系统：生产经营的对象
  - 供应链系统：为产品服务的产、供、销活动
  - 营销系统：产品推广策划

2.1.2 什么是企业战略

我们这里所讲的企业战略主要是指企业的经营战略，是为了获取长期竞争优势，实现企业的整体目标，对企业未来发展方向做出的长期性和总体性战略规划。它对各项子战略具有统筹指导作用，是企业最高管理层指导和控制企业经营一切行为的最高行动纲领。

俗话说，会干什么不重要，关键是要知道该干什么——方向最重要。企业战略就是最高管理者或老板对企业发展的决策。例如，根据掌握的资源与自身优势，对企业进行定位，进入哪个行业，确定哪个细分领域，确定在哪里经营，需要多长时间达成既定目标，包括市场占有率目标、收入额目标，利润额目标、企业规模目标，甚至走向资本市场的目标等。

企业战略思考（见下图）一般从定

【企业战略思考】

定位	取舍	平衡	匹配
·核心竞争力 ·产品（技术、差异化） ·客户感知 ·成本结构	·做什么 ·不做什么	·平衡赚钱与风险 ·平衡挣钱与花钱 ·平衡控制与效率	·投入与产出 ·核心业务与支撑职能 ·战略引导

⇅ ⇅ ⇅ ⇅ ⇅

产业链价值分布	企业生命周期	商业模式	业务风险	竞争
	·创立期 ·成长期 ·成熟期 ·衰退期	·运营循环 ·现金流机理 ·规模与利润 ·……	·行业壁垒 ·合规性风险 ·持续性 ·……	·同业竞争 ·供应商 ·客户 ·替代品行业 ·潜在行业进入者 ·……

位、取舍、平衡和匹配等几个方面着手，通过结合企业自身情况，从产业链价值分布、企业生命周期、商业模式、业务风险和竞争情况等方面分析，制定出符合自身的战略。

2.1.3 什么是财务战略

财务战略从属于企业战略，是基于企业所处的环境及所掌握的资源，对企业财务活动进行安排和筹划，以实现企业战略总目标的整体性决策。概括地说，财务战略为实现企业战略提供服务，财务战略的目标是匹配企业整体竞争战略。

财务战略从财务角度对企业总体战略进行描述，对企业各项财务活动起着指导作用。财务战略的主要作用是平衡资源以匹配企业战略。

【财务战略应用 - 财务"铁三角"】

财务"铁三角"是指"收入、利润与现金流财务三角战略模型"。这是最常见的一个财务战略模型，反映了企业经营的一个基本财务理念：企业得以持续经营下去，必须具备三个要素：产生收入（占有一定的市场份额），创造利润（具有盈利性），维持现金流（具有流动性）。长期来看，这三个方面是均衡的。但是在短期内，在局部资源受限的情况下，这三个要素很难同时做到最好，往往处于需要有所取舍的状态。财务战略规划就是在不同的时点，不断地在三者之间寻求最符合企业战略目标的平衡。

平衡战略

企业要生存（盈利能力），要发展（增长水平），同时资金链（现金流）不能断。在资源有限的情况下，三者很难同时做到最好，必须有所侧重。一家企业的基本的财务战略规划就是不断在三者之间寻求最符合企业战略目标的平衡。

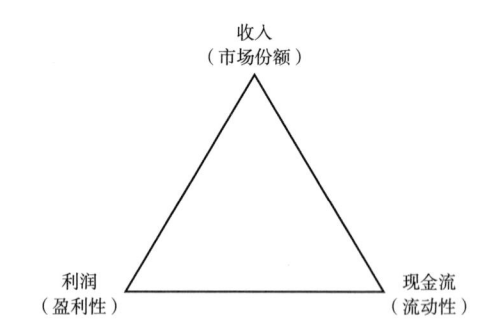

```
              收入
           （市场份额）
              /\
             /  \
            /    \
           /      \
          /        \
    利润 ---------- 现金流
  （盈利性）        （流动性）
```

利润优先战略

以增加企业经营利润为近期目标，牺牲现金流。以前会有一些上市公司为满足股东对企业利润增长的期望，特别是在年底，采用赊销方式大量压货给代理商，在账面上确认收入，形成报表利润，但没有收回现金流。

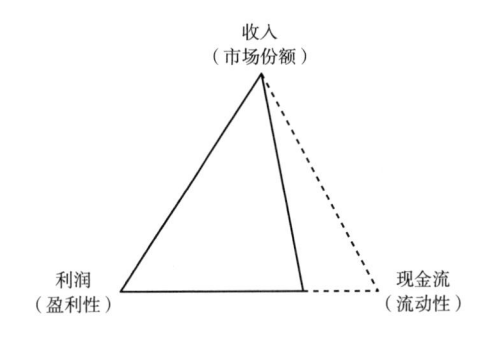

```
        收入
      (市场份额)
         △
       /   \
      /     \
     /       \
    /_____\
   利润      现金流
 (盈利性)   (流动性)
```

现金流优先战略

常见于刚进入新市场的企业，竞争对手占有很大的市场份额，彼时不适于强行争夺市场份额，可先以现金流及利润养活企业，等待机会。

比如三星刚进入中国市场时，面对摩托罗拉、诺基亚、爱立信这些手机巨头，并没有急于与他们争市场份额，而是在小份额市场里，确保企业的盈利和现金流，同时进行品牌打造，等待合适的时机进行扩张。

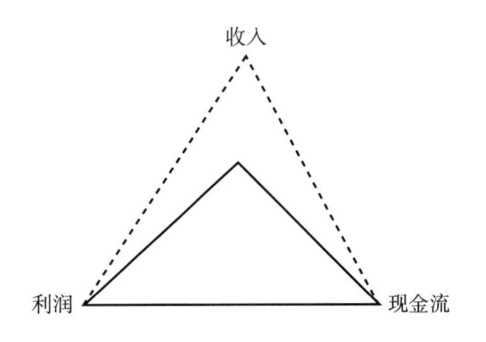

```
        收入
         △
        / \
       /   \
      /     \
     /_____\
   利润     现金流
```

收入优先战略

以获取收入、抢占市场份额为近期经营目标，会适当牺牲利润以换取销售额的增长。常见于想快速进入某个行业、抢占品牌地位的企业，这种战略只是企业的一个阶段性战略，并不是终极战略。

比如格兰仕微波炉，在一段时间内将产品的价格降低至其他企业即使进入都没有利润可得的程度，从而占领了全球微波炉市场的绝大部分份额；当形成垄断市场后，再调高价格，获得利润增长。

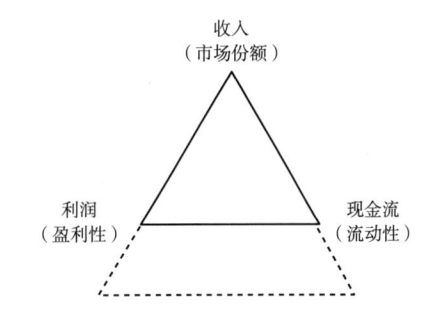

```
        收入
      (市场份额)
         △
        / \
       /   \
      /_____\
   利润     现金流
 (盈利性)   (流动性)
```

2.2 财务职能规划

2.2.1 企业财务管理分类

企业财务的本质是资源的跨期交换，即通过对出资人当期现金流，也就是股权资本和债务资本进行管理，通过投资决策和经营决策来为出资人创造价值（财富），帮助企业获得未来现金流。根据企业财务管理对创造价值的参与程度，我们将企业财务管理水平总结为五个阶段。

第一阶段：初始级。相当于小学生阶段。企业财务的存在主要用于应对税务，按照税法做账，财务报表不能、也不用于企业管理者的决策。这一阶段还可进一步划分为流水账阶段和糊涂账阶段，这类企业的数量不在少数。

【案例】

在我们对东莞一家电镀企业做财务咨询调研时，我们要求先看企业的报表，这家企业老板说没有财务报表，只有各车间上报产量的报表，至于成本，老板说他清楚每个电镀件要花费多少成本，用产量大概一算就知道了；当问到利润时，老板说老板娘管的账上有资金，应该算是赚到了利润。这些信息都不是从财务账簿来反映的，财务人员记录的账簿，主要是应对税务局和其他外部监管机构；财务不参与企业业务经营，老板靠直觉而不是靠数据信息来经营企业。

第二阶段：控制级。相当于中学生阶段。企业财务基本能做到对各业务流程及时进行会计核算，具备基本的核算用表单，能够基本准确地核算企业经营结果、资产及现金流情况。财务能够在规定的时间内为老板提供基本报表，并且数据准确、完整，可以对业务实现监督管理。

第三阶段：规范级。相当于大学生阶段。企业财务建立了基本的管理会计体系，财务能够对业务提供必要的支持，建立了预算目标系统和成本管控流程。

【案例】

很多企业业务中都涉及员工预支款项，那么借支多少合适，如何借支？在财务管理不太完善的企业，借多少钱是一句话的事情，借款人估算一下即可。但是在管理规范的企业，借支金额由借支业务本身决定，比如出差借款单，借支的时候须列明出差时间地点，以此决定交通方式及金额（分开城际费用和市内费用），住宿费，出差补贴等款项。通过一张借款单来控制借支金额，挤掉了许多水分（借款单样式见下页）。

第四阶段：价值管理级。相当于研

【借款单样式】

申请人签字			分企业：	
联系电话		员工编号	证件号码	
出差事由				
出差期间	年 月 日至 年 月 日			
	目的地1	目的地2	目的地3	小计
住宿				
火车票\机票				
市内交通费				
餐费				
其他				
小计：				
部门经理签字/日期	行政部签字/日期			
备注				

究生阶段，企业财务建立了以企业价值最大化为导向的财务管理系统，建立起全面的预算管理和完善的管理会计系统。

第五阶段：持续优化级。相当于博士生阶段，在第四级基础上进一步完善。

【企业财务管理水平】

正常来讲，企业财务管理水平在第三阶段以上，才称得上进入了健康发展的"快车道"（见下图）。

2.2.2 企业财务职能构成

在既定的企业财务战略下，需设定明确的财务职能，以决定企业的具体财务工作及计划安排。企业财务系统分为五个子系统，除财务战略支撑系统是为财务系统提供辅助支持外，其他子系统都对应着财务系统的基本职能，即做好账、交好税、管好钱、做好管控，其各项职能的标准及具体工作内容如下页图所示。

第一阶段 初始级 → 第二阶段 控制级 → 第三阶段 规范级 → 第四阶段 价值管理级 → 第五阶段 持续优化级

第一篇 财务战略支撑系统

2.2.3 企业财务部门职责内容

企业财务部门的职责,就是按照常见工作岗位的划分,全面完整地执行企业财务职能(如下页表所示)。

【财务部门职能示例】

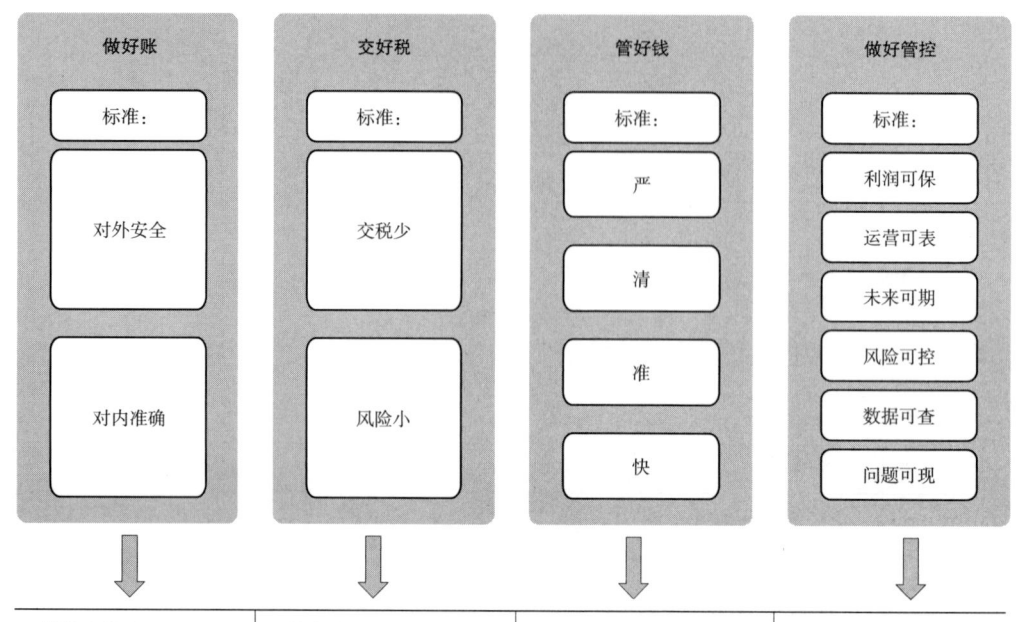

做好账	交好税	管好钱	做好管控
标准:	标准:	标准:	标准:
对外安全	交税少	严	利润可保
		清	运营可表
		准	未来可期
			风险可控
对内准确	风险小		数据可查
		快	问题可现

做好账	交好税	管好钱	做好管控
·总账与报表 ·销售与应收 ·采购与应付 ·成本与存货 ·费用核算 ·固定资产核算 ·其他往来核算 ·其他资产、负债核算 ·资产管理 ·内控制度的执行 ·内部稽核 ·发票开具与统计 ·会计信息系统的维护与数据管理 ·会计档案 ·统计申报 ·审计协调 ·建立、完善相关制度、流程、表单、工具	·税款计算与复核,税金类科目管理 ·纳税申报表填报与申报 ·税务备案 ·税法搜集与应用 ·纳税分析与评估 ·税务风险控制 ·税务规划 ·协调应对税务检查与税务审计 ·纳税争议的协调与解决 ·发票领购、保管与复核 ·税务关系管理 ·税务档案 ·建立、完善相关制度、流程、表单、工具	·现金管理 ·票据、有价证券管理 ·银行账户管理 ·资金结算 ·日记账登记 ·资金计划、收支预测 ·信用控制与信用管理 ·营运资金管理 ·融资 ·内控制度的执行与内部稽核 ·金融机构关系管理 ·建立、完善相关制度、流程、表单、工具	·预算与滚动预算 ·预算控制与差异分析 ·经营分析与报告 ·项目投资分析 ·投资策划与管理 ·成本报告与评价 ·报价模型与报价支持 ·风险管理与内部控制 ·成本改善 ·合同审核 ·组织、安排参加商务谈判与经营分析会议 ·建立、完善相关制度、流程、表单、工具

【财务部门职责示例】

部门			部门负责人		直属领导	
职责	1. 建立完整的账务核算体系,及时提供可靠的会计信息					
	2. 有效、合理地使用资金,及时进行资金预测、筹集工作,保证企业健康现金流					
	3. 了解国家税法政策,及时做好纳税申报工作,负责企业整体税务筹划工作					
	4. 编制执行各类对内、对外报表,分析财务计划的执行情况,提供财务分析报告,进行经营监控					
	5. 当好决策参谋,及时、准确地向决策者和相关管理者提供决策数据支持					
	6. 健全财务管理,编制财务计划,开展预算工作,有效进行成本控制管理					
	7. 设计、执行企业财务内控管理制度,负责企业全面风险管理					
	8. 对企业资产进行有效管理,保证企业资产安全					
	9. 管理企业战略,制定执行企业财务战略					
	10. 负责银行、税务等外部关系管理;配合做好各项审计、检查工作					
	11. 进行财务部门知识管理、信息系统管理、会计档案管理					
权限	1. 对违反国家法律法规和企业财务会计管理制度的行为有拒绝权、制止权和处罚建议权					
	2. 对各项费用开支的监督检查权					
	3. 向相关部门索取业务数据、财务资料的权力					
	4. 对财务部门员工和各项业务工作的管理权					
	5. 对财会人员的任用和调配的建议权					
	6. 对企业经营及财务运作状况的建议权					
	7. 对企业投融资方案的提案权和审核权					
	8. 对企业经营成果、财务收支情况等各个方面进行稽核审查的权力					
	9. 对预算执行情况的监督权					
相关说明						
编制人员			审核人员		批准人员	
编制日期			审核日期		批准日期	

2.3 财务部门组织架构搭建

2.3.1 财务部门组织架构设计示例

完善的财务部门组织架构，既能实现财务部门职能，又能协调各职能之间的分工合作，便于团队合理安排工作，也为财务人员呈现了职业发展的路径，有助于个人对职能权限形成清晰的定位。

我们结合企业的规模与业务需求，设计了两个财务部门组织架构模板，以供参考。

【模板一】"10亿+"企业的财务部门组织架构

对照财务系统的四项职能，可将财务部门划分为四个职能组织，分别为负责账务核算的会计部，负责税务管控的税务部，负责资金管理的资金部，负责分析、预算管控的计财部。各部再根据实际业务操作设定具体岗位，匹配相应人员（如下图所示）。

这个模板基本涵盖了财务部门所有职能岗位，可支撑10亿元以上规模的企业，如果企业实际岗位与此有差异，也可进行相应调整。

【模板二】中小企业财务部门组织架构

在企业规模不大、业务核算工作量及现有财务人员的配备还不需要按职能单独设置岗位的情况下，可以不单设税务部、

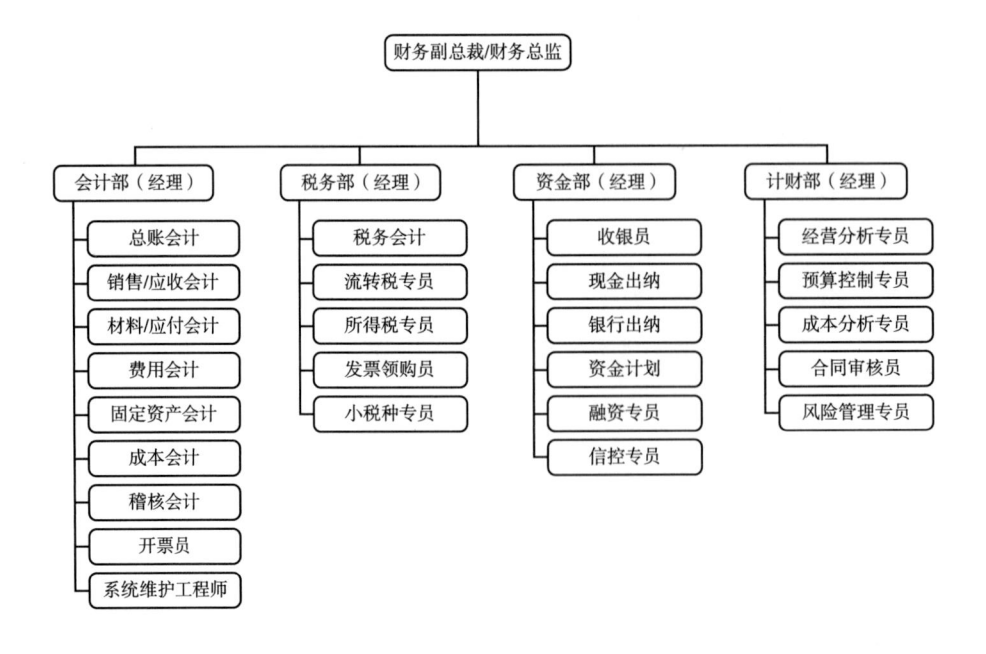

```
                    财务副总裁/财务总监
    ┌──────────────┼──────────────┬──────────────┐
会计部（经理）   税务部（经理）   资金部（经理）   计财部（经理）
  ├总账会计       ├税务会计       ├收银员         ├经营分析专员
  ├销售/应收会计   ├流转税专员     ├现金出纳       ├预算控制专员
  ├材料/应付会计   ├所得税专员     ├银行出纳       ├成本分析专员
  ├费用会计       ├发票领购员     ├资金计划       ├合同审核员
  ├固定资产会计   └小税种专员     ├融资专员       └风险管理专员
  ├成本会计                       └信控专员
  ├稽核会计
  ├开票员
  └系统维护工程师
```

资金部、计财部，但相应的职能还需要设置对应岗位来完成，比如设定总账会计完成财务分析职能，税务会计、出纳岗位完成相应的税务及资金职能。这个模板可适用于大部分中小企业的财务组织架构，是按财务必须完成的基本职能并将部分管控职能进行合并后设定的。如果企业业务量不大，财务人员并没有这么多配置时，可以一人多岗，但工作职责不能少，在企业规模达到3亿~5亿元时，建议必须设置税务专岗（如下图所示）。

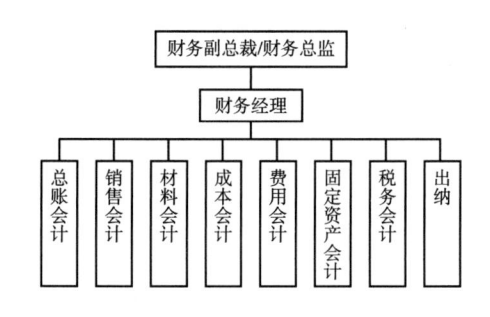

与时点，对输出的工作结果进行管理，以达成财务部门的工作目标。在完成财务部门组织架构设定后，需要对架构中各岗位的工作进行细化，包括设定岗位汇报线、主要工作职责，确定工作清单或交付结果，以及对应的完成时间，编制成财务部门岗位职责的汇总表，再按照实际人员匹配岗位责任人。这样既便于财务部门负责人带领全体同事开展工作，也便于依据设定的岗位职责进行考核（如下页表所示）。

管理包含管和理，设计组织机构和明确各岗位的工作职责，是管理中"理"的内容。依据岗位职责进行评价和考核，则是管理中"管"的内容。**管理 = 细化、量化 + 记录 + 评价、考核**，只有将"管"和"理"有机地结合起来，通过职责设定细化、量化财务部门各岗位的工作，再通过评价考核约束执行，财务部门的各项工作才能执行到位，从而真正达到财务部门的职能目标。

2.3.2 财务部门岗位职责设定

岗位职责的设定，是为了明确财务部门各岗位的工作职责，确定工作关键节点

【财务总监岗位职责示例】

岗位名称	汇报线	主要工作职责	工作清单、交付结果	完成时间
集团财务总监	集团股东大会	1.管理企业战略；根据企业发展战略，组织制定.执行财务规划 2.对企业股权架构和企业治理结构进行维护，推动完善企业治理结构和管理变革 3.负责指导财务部门制定和完善财务政策和管理制度；组织监督各项财务制度的执行情况 4.参与本企业重大财务事项.业务问题的决策，包括参与制订企业年度经营计划和财务预算方案，参与重大投资等业务问题的谈判.决策等 5.支持编制年度资金使用及运作计划.信贷计划，拟订资金筹措方案；执行所有资金调度工作，检查计划实施情况；定期编制资金运作分析报告 6.根据企业经营目标，指导相关人员编制财务预算；审核财务预算.成本计划.利润计划，监督企业整体预算执行情况；指导财务部门定期组织财务决算 7.定期对企业经营状况进行阶段性财务分析与财务预测，并提出财务改进方案；向董事会提供财务分析预测报告，提出合理化建议或意见 8.组织制订年度审计工作计划，根据规定组织实施年度财务收支审计.经营成果审计.企业领导离职审计及重大财务违规审计工作，并提出处理意见 9.总体负责金融机构.税务等财务部门对外关系的管理 10.总体负责财务部门与其他部门的关系管理.工作协调；负责组织.安排.参加企业经营会议和商务谈判 11.负责授权范围内的收支.合同签订审核批准	A.例会安排 1.每周资金预算表的审核及颁布 2.月度财务报表审阅及财务分析会（含预算执行情况跟踪，财务部门内部） 3.每月经营分析会（含预算执行情况跟踪，与企业高管） 4.季度财务制度审核及修订会议 5.年度预算编制及下发 B.专项项目跟进 1.税务 2.筹融资 3.投资 C.财务团队管理 1.财务部门团队会议	A.例会安排 1.本周结束前 2.结账日后2天 3.结账日后5天 4.季度结束后5天内 5.每年10~12月 B.专项项目跟进 1.计划要求日 2.计划要求日 3.计划要求日 C.财务团队管理 1.每月10日之前

续表

岗位名称	汇报线	主要工作职责	工作清单、交付结果	完成时间
集团核算会计	集团财务总监	1.组织下属业务企业的会计核算工作，保证会计核算的真实.及时.完整 2.制定.颁布.协调落实.检查下属业务企业核算相关制度 3.负责下属业务企业会计档案的稽核检查工作 4.负责组织安排业务企业的结账工作和财务报表的报送 5.负责编制集团汇总和合并会计报表 6.负责配合财务审计，监管部门检查.资料准备及报送.备案等工作，负责统计工作 7.负责会计信息系统的维护.运行；负责对接业务信息系统以保证会计信息系统的信息资料的及时准确 8.负责组织安排月度财务报表审阅（财务部门内部）	1.会计核算科目表的设置及账务系统的科目开立.维护 – 一级科目：集团统一 – 二级科目：集团颁布基础版，同时审批各业务企业提交的特殊二级科目的启用申请 – 三级科目：各业务企业可以自行决定，但是由集团核算会计审批后在账务系统开立 – 辅助核算科目：集团统一开立 – 相应的编码规则的制定和编码工作 2.编制会计核算制度 – 制定颁布集团基础核算制度 – 审批业务企业具体核算制度 3.召集集团相关部门参加结账准备会议，拟定各部门任务清单，出具月度结账时间表 4.汇总报表及合并报表的编制 5.编制企业财务报告 6.业务企业核算工作合规性抽查	1.依需要即时添加，年末维护 2.依需要即时制定，年末维护 3.结账日前3天 4.结账后1天 5.每月7日前 6.每月15日开始，每个企业每个季度一次

续表

岗位名称	汇报线	主要工作职责	工作清单、交付结果	完成时间
集团财务分析	集团财务总监	1. 及时汇报企业经营状况、财务收支及各项财务计划的具体执行情况，为企业决策层提供财务分析与预测报告，并提出支持性的建议 2. 具体负责组织、安排每月的财务分析会（财务部门内部）及经营分析会（与企业高管） 3. 具体负责年度预算编制及分解；监督每月预算执行情况 4. 及时汇报企业经营状况、财务收支及各项财务计划的具体执行情况，为企业决策层提供财务分析与预测报告，并提出支持性的建议	1. 编制月度财务分析报告（业务企业和集团） 2. 编制经营分析会材料（业务企业和集团） 3. 年度预算（业务企业和集团） – 预算编制模版 – 汇总预算 – 预算汇报报告 – 预算执行情况跟踪表	1. 每月10日前 2. 每月10日前 3. 要求时间内
集团资金税务主管	集团财务总监	1. 对口业务企业会计，制定企业信用控制政策，完善信用管理工作 2. 对口业务企业会计，审核业务企业每周《汇总资金预算表》，对接业务企业出纳安排资金头寸 3. 监控、预测现金流量，监测企业各项财务比率，确定合理的资产负债结构，建立有效的风险控制机制 4. 汇总编制集团现金流量表 5. 制定业务企业出纳工作制度，确保资金安全 6. 定期或不定期对审查各业务企业是否账实相符、账账相符；审查支票使用情况 7. 全面负责企业税务工作	1. 企业信用制度 2. 编制每周《汇总资金预算表》，安排资金头寸 3. 每月集团资金头寸预测及相应的投融资计划 4.《集团现金流量表》 5.《出纳工作手册》 6.《集团上缴税费表》	1. 业务要求时间 2. 每周五前 3. 每月25日前 4. 每月7日内 5. 业务要求时间 6. 每月7日内

同时，为了直接对接人力资源部门进行财务人员的招聘工作，针对具体工作岗位，还需要单独设定岗位职责说明，并列明基本的要求及任职资格（如下页图示）。

【总账会计岗位职责示例】

	基本要求	相关说明
任职资格	1. 学历 本科及以上学历，财务会计、财务管理等专业 2. 专业经验 三年以上财务管理岗位工作经验 3. 个人能力要求 熟悉国家金融政策、企业财务制度及流程，具有会计电算化经验，精通相关财税法律法规	1. 具有中级会计师及以上资格或注册会计师资格 2. 具有良好的组织、协调、沟通能力和团队协作精神，能承受较大工作压力
职责内容	1. 协助组织会计核算，保证会计核算的真实、及时、完整；协助落实和检查企业相关制度 2. 定期或不定期对出纳经管的现金进行盘点，审查是否账实相符、账账相符；审查支票使用情况，审核银行存款余额调节表 3. 管理收款收据的领、用、存工作 4. 审核其他岗位制作会计凭证 5. 负责组织安排完成结账工作，完成对外、对内报表的收集、生成 6. 负责相关内控制度的执行 7. 负责配合财务审计，监管部门检查、资料准备及报送、备案等工作，负责统计工作 8. 负责会计信息系统的维护、运行	
工作指引	1. 收款收据领、用、存表 2. 每月对外、对内相关报表	1. 领用、收回时 2. 每月7日前
	结果说明	时间要求

第一篇　财务战略支撑系统

第 3 章 企业顶层架构设计

企业的顶层架构也是我们常说的股权架构，企业的股权架构对企业类型、经营发展及内部组织架构的形成都具有重大意义（如下图所示）。在进行股权架构设计之前，我们要先了解一下企业的法律形态及企业的扩张路径。

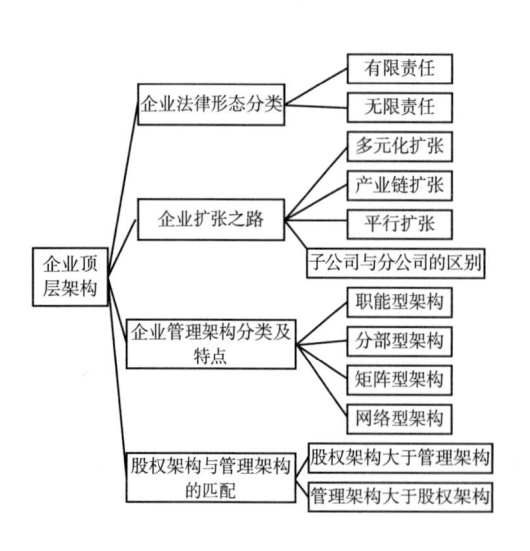

```
                          ┌─ 有限责任
         ┌─ 企业法律形态分类 ┤
         │                └─ 无限责任
         │                ┌─ 多元化扩张
         │                ├─ 产业链扩张
         ├─ 企业扩张之路 ──┤
企业顶层  │                ├─ 平行扩张
架构    ──┤                └─ 子公司与分公司的区别
         │                ┌─ 职能型架构
         │  企业管理架构    ├─ 分部型架构
         ├─ 分类及特点   ──┤
         │                ├─ 矩阵型架构
         │                └─ 网络型架构
         │  股权架构与管理  ┌─ 股权架构大于管理架构
         └─ 架构的匹配   ──┤
                          └─ 管理架构大于股权架构
```

3.1 企业法律形态分类

社会经济活动中的经营实体按照法律形态可以分成有限责任和无限责任。有限责任公司股东以其出资额为限对企业经营承担责任，而无限责任则由股东或者经营者承担企业经营的无限连带责任。有限责任的实体又可以进一步细分为：一人有限、多人有限、股份有限和国有独资；常见承担无限责任的实体包含合伙企业、个人独资企业和个体工商户。

3.1.1 有限责任

采取有限责任形式的经营实体，股东以其出资额为限对企业经营承担责任。采取有限责任的经营实体，按照股东构成的不同，可细分为以下几种。

- 一人有限责任公司：是指只有一个自然人股东或者一个法人股东的有限责

任公司。一个自然人只能投资设立一个一人有限责任公司，该一人有限责任公司不能投资设立新的一人有限责任公司，法人股东则不受此限制。

- **多人有限责任公司**：有限责任公司的股东以其认缴的出资额为限对企业承担责任。股东人数为2人以上、50人以下。

- **股份有限责任公司**：股份有限责任公司股东以其认购的股份为限对企业承担责任。发起人为200人以下。

- **国有独资公司**：是指国家单独出资、由国务院或者地方人民政府授权本级人民政府国有资产监管机构履行出资人职责的有限责任公司。这一类大多数企业很少涉及。

3.1.2 无限责任

所谓的无限责任，是指股东对企业债务负无限连带责任，即股东必须以出资财产和出资财产以外的其他财产作为清偿企业债务的保证，企业的全部财产不足以清偿企业债务时，债权人有权就其未受偿部分要求企业股东以其个人财产清偿。采取无限责任的经营实体，按照股东构成的不同，可细分为如下几种。

- **合伙企业**：合伙企业是指由各合伙人签订合伙协议，共同出资、共同经营、共享收益、共担风险，并对合伙企业承担无限连带责任的营利性组织。合伙人可以为自然人，也可以为法人或其他组织。

- **个人独资**：又称为独资企业，即个人出资经营、归个人所有和控制、由个人承担经营风险和享有全部经营收益的自然人企业。

- **个体工商户**：个体工商户是从事工商业经营的自然人或家庭。以个人经营的，个体工商户的经营收益归个人，个人对债务负责，需以个人财产承担；以家庭经营的，个体工商户的经营收益归家庭，家庭对债务负责，需以家庭财产承担。

3.1.3 有限责任与无限责任区别

- **风险承担的不同**

有限责任最大的特点是股东对企业承担的责任是有限的，并以其出资额为限。也就是说，当企业资产不足以偿还其所欠债务时，股东无须承担连带清偿责任，即不需股东以个人财产替企业还债。无限责任则是投资人对企业及其债务承担无限连带责任。也就是说如果企业不能偿还其所欠对外债务时，由投资人以其个人财产承担清偿责任。

- **股东税负的不同**

有限责任下的股东享有企业经营利润时，需在企业缴纳企业所得税后（一般企业的企业所得税税率为25%）的税后利润基础上，再缴纳20%的个人所得税，才可享有，即股东个人拿到分红需要缴两道税；无限责任下投资人享有企业经营利润，无须缴纳企业所得税，只需缴纳20%的个人所得税即可享有，也就是说拿到分红只需缴一道税（详见下表）。

3.2 企业扩张之路

综观企业的发展之路，无非两个方向：一个方向是横向，向不同产业板块扩张，形成多元化经营态势；另一个方向是纵向，向上下游扩张，打通产业链条，由此形成了不同企业之间的关系。

3.2.1 多元化扩张

这类企业之间较常见的是形成兄弟公司关系。随着业务范围的扩大，企业会进入不同产业领域，这时最好以新设企业承接新的业务，即形成由共同的股东控股的兄弟公司。

法律形态	实体类型	股东\投资者	风险承担	企业所得税	分红股东个人所得税
有限责任	一人有限	1人	以出资额为限	√	√
	多人有限	2~50人	以出资额为限	√	√
	股份有限	200人以下	以出资额为限	√	√
	国有独资	国家出资	以出资额为限	√	√
无限责任	合伙企业	2人以上	无限连带责任		√
	个人独资	个人	无限连带责任		√
	个体工商户	个人或家庭	无限连带责任		√

【案例】

假设 A 企业投资设立 B 软件企业，后来又觉得酒店行业不错，于是 A 企业又投资设立 C 酒店企业，则 B 与 C 公司即称为兄弟公司。

3.2.2　产业链扩张

这类企业之间较常见的是形成母子公司关系。企业希望向同行业上游或下游发展，可以现有企业作为控股企业，设立上下游子企业，对业务进行整体规划。

【案例】

上例中 A 企业与 B 企业即为母子公司关系。

3.2.3　平行扩张

这类企业之间较常见的是形成总分公司关系。总分公司在经营范围、业务模式、组织模式等方面可以进行复制。

【案例】

连锁酒店是典型案例，在酒店形象、运营模式、管理模式等方面都有统一要求。

3.2.4　子公司与分公司的区别

● **法律地位**

子公司是独立法人，拥有自己独立的名称、章程和组织机构，对外以自己的名义进行活动，在经营过程中发生的债权债务由自己独立承担；分公司则不具备独立企业法人资格，没有独立的名称，其名称应冠以总公司的名称，由总公司依法设立，其只是总公司的一个分支机构。

● **经营管控**

子公司情况下，母公司对子公司一般不采取直接控制，更多地采用间接控制方式，比如通过任免子公司董事会成员或投资决策来影响子公司的生产经营决策；而对分公司而言，总公司直接从人事、业务、财产、财务等方面对分公司进行控制，分公司需在总公司经营范围内从事经营活动。也就是说，子公司在经营管理方面更加独立。

● **债务承担**

母公司作为子公司的股东，仅以其对子公司的出资额为限对子公司在经营活动中的债务承担责任；子公司作为独立法人，以其自身全部财产为限对经营活动负债承担责任。分公司没有自己独立的财产，与总公司统一进行核算，因此总公司对分公司在经营活动中的债务以其全部资产为限承担责任。

- 纳税适用

子公司为企业所得税独立纳税义务人，盈利即须缴纳企业所得税，亏损不能抵减母公司的盈利；分公司不是企业所得税独立纳税义务人，其所得与总公司所得共同核算，因此可以实现所得利润盈亏互抵，降低公司整体税负（如下表所示）。

公司类型	法律地位	管控方式	债务承担	纳税
子公司	独立法人	间接控制	独立承担	独立纳税
分公司	非独立法人	直接控制	总公司承担	汇总纳税

3.3 企业股权架构设计

3.3.1 股权架构设计的意义

股权架构对外影响着企业的法律形态，对内决定了企业的权力分配。股权架构设计对企业的法律地位、经营管控、合规成本和股东风险等都具有重大意义。

股权架构设计案例

自然人刘备、关羽和张飞出资成立 X 投资公司，用于对外投资并对所投企业的股权进行管理，其中刘备占股 51%，关羽和张飞合计占股 49%；X 投资公司进一步投资设立了各实体业务集团公司，再由各业务集团公司进行产业链投资或者平行扩张，进一步设立了各基层业务公司。具体股权架构设计如下页图所示。

股权架构设计解读

该股权架构可支撑企业上百亿元的业务。

第一，A、B、C、D 四个集团公司分属不同行业，皆由 X 公司控股，A、B、C、D 四个公司即为兄弟公司；架构设计上，不允许 A、B、C、D 四个公司之间形成控股关系，即 A、B、C、D 公司不允许跨行业扩张。因为如果 A 公司成为 B 公司股东，B 公司的税后利润分红除了分配给 B 公司经营管理层外，还将按持股比例分配给 A 公司，作为 A 公司的投资收益，增加 A 公司的经营利润，进而 A 公司管理层可以享有 B 公司

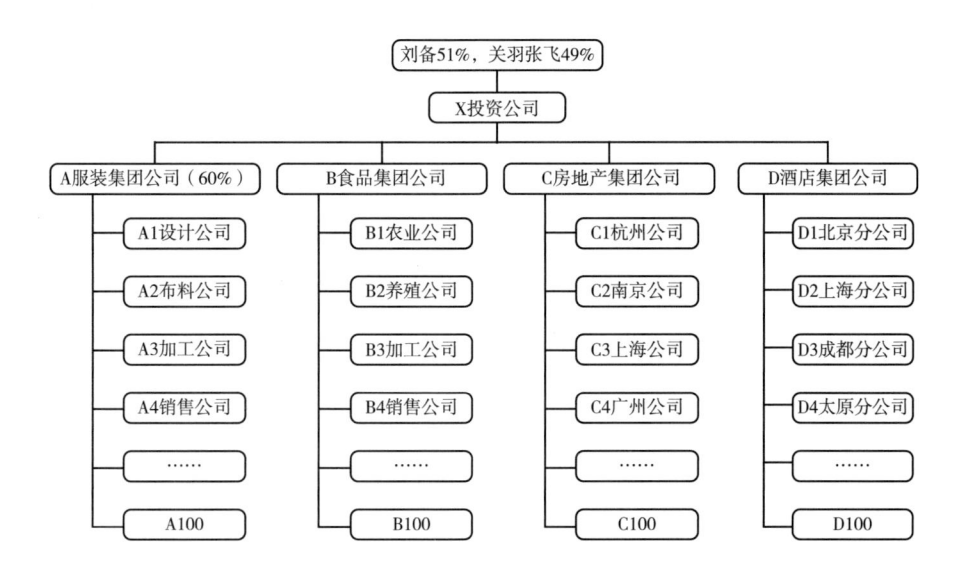

```
                        刘备51%，关羽张飞49%
                              X投资公司
   ┌──────────────┬──────────────┬──────────────┐
A服装集团公司(60%)  B食品集团公司   C房地产集团公司   D酒店集团公司
   │               │               │               │
 A1设计公司        B1农业公司       C1杭州公司       D1北京分公司
   │               │               │               │
 A2布料公司        B2养殖公司       C2南京公司       D2上海分公司
   │               │               │               │
 A3加工公司        B3加工公司       C3上海公司       D3成都分公司
   │               │               │               │
 A4销售公司        B4销售公司       C4广州公司       D4太原分公司
   │               │               │               │
  ……             ……             ……             ……
   │               │               │               │
 A100             B100            C100            D100
```

的经营收益；但因 A、B 公司属于不同行业，原则上来说，A 公司的管理层对 B 公司的经营业务并不会提供很大帮助，作为 B 公司的管理层是不希望 A 公司管理层享有 B 公司的经营收益，B 公司管理层可以接受经营收益分给投资的老板，但不能接受其他公司的管理层享有其收益。因此，横向持股不利于对四个公司经营管理层的激励。

第二，A、B、C、D 四个公司可以向上下游扩张，投资设立子公司或者孙公司，打通整个产业链。比如 A 服装公司在规模不断扩大时，可以按业务流程中各环节分别设立设计子公司、布料子公司、加工子公司、销售子公司……这样设计后，相当于将原 A 服装公司各部门独立成为公司，与其他相关公司依然是业务协同关系，直接由 A 服装公司进行业务决策及管理控制。

第三，A、B、C、D 四个公司即使是由相同的自然人股东设立，也不应该由自然人股东直接持有各公司股权。从税务的角度去衡量，A、B、C、D 这些实业公司的股东为法人股东时，法人股东投资实业公司所收到的收益分红无须缴纳企业所得税（《企业所得税法》第二十六条规定，符合条件的居民企业之间的股息、红利等权益性投资收益为免税收入，即居民企业直接投资于其他居民企业取得的投资收益，不包括连续持有居民企业公开发行并上市流通的股票不足 12 个月取得的投资收益）。这里所讨论的免税，指的是实际控制的自然人股东获取实业公司的投资收益不是为了个人享有,而是进行实业再投资。如果实际控制的自然人股东希望将投资收益用于个人消费,则应从 X 公司以股东分红的形式获得的收益中缴纳 20% 的个人所得税,这与从 A、B、C、D 公司直接以自然人股东分红所应承担的税负是一样的。

第四,以 X 公司作为控股股东,可以形成控股权杠杆效应。以公司创始人刘备来分析,若 A 公司直接由刘备、关羽、张飞分别控股,刘备占股 51%,关羽和张飞共占股 49%,此时刘备具有重大事项决策权,即刘备具有控股权;如果 A 服装集团公司对管理层实施了股权激励,经营管理层持有 A 公司 40% 股权,刘备与关羽、张飞所持股权共计 60%,刘备直接持股比例就下降到 30.6%(51%×60%),关羽、张飞直接持股比例为 29.4%(49%×60%),此时刘备单独并不具有控股优势,若关羽、张飞与管理层作为共同利益人进行联合,持股比例合计达到 69.4%(29.4%+40%),由此取得公司的控股权,刘备将变为小股东,有可能被排除在企业经营决策层之外。因此为了保持刘备作为企业创始人的决策权,刘备与关羽、张飞分别按照 51% 与 49% 的股权比例持有 X 公司股权,再通过 X 公司控股 A 服装公司 60% 的股权,则刘备间接持有 A 服装公司 30.6% 的股权,同样是 30.6% 的持股比例,但因为刘备对 X 公司持股 51%,具有控股权,X 公司对 A 公司持股 60%,也具有控股权,则刘备对 A 公司具有控制决策权,不会出现其他股东联手争夺控股权的情况。所以,在确保实际控制人在顶层企业控股权的情况下,可通过增加控股层级,即可实现实际控制人以较少股份比例控制多家公司的效果。

第五,通过增设 X 公司形成集团控股架构,可以增加整个集团的融资能力。公司 A、B、C、D 作为独立的实业企业,具有独立的对外融资能力;当这几家公司进行个体融资受限时,可以 X 集团公司整体进行融资。

3.3.2　关于 X 公司设立相关问题

- **X 公司的定位**

在 X 公司下属所控 A、B、C、D 公司规模不大时,X 公司只是一个空壳控股公司,当 A、B、C、D 公司规模强大时,X 公司就变成真正的集团控股公司。

- **X公司注册地的选择**

选择注册在北京、上海等大城市；

选择注册在税收洼地地区；

选择注册在当地或熟悉的地区。

```
67%：绝对控制权
51%：相对控制权
34%：重大事项否决权
```

- **如何设立X公司**

X公司的设立分几种情况，最简单的是先设立X公司，再由X公司投资设立A、B、C、D公司。不过现实中，大部分情况都是先有A、B、C、D公司，再成立X公司。为了把A、B、C、D公司装进X公司，有几种方法：可以新设X公司完成后，将现有A、B、C、D公司股权转让给X公司；也可以将现有A公司转换成X公司，再以X公司投资设立新A公司，原A公司业务逐渐转入新A公司；相对复杂的是以A、B、C、D公司股权向上投资设立X公司，X公司成为控股公司。

- **X公司控股权关键节点**

一般情况下，设立控股公司架构，股东可以通过股权比例行使相应的股东权利，在实践中，股东控股权有三个关键节点：34%的重大事项否决权；51%的相对控制权和一般事项决定权；67%的绝对控制权和重大事项决定权（如右上图所示）。

3.4 企业管理架构分类及特点

企业管理架构主要是指总经理或总裁领导下的各经营管理部门架构，主要分为职能型结构、分部型结构、矩阵型结构和网络型结构。需要强调的是，财务部门不归总经理领导，财务总监须向董事会汇报，与总经理是合作关系（如下图所示）。

企业上市前所要求的治理结构的法定构成是股东（大）会、董事会、监事会、经营管理层。股东（大）会由全体股东组成，是企业的最高权力机构和最高决策机构；董事会、监事会及经营管理层分别履行企业的战略决策职能、纪律监督职能和经营管理职能，遵从职权

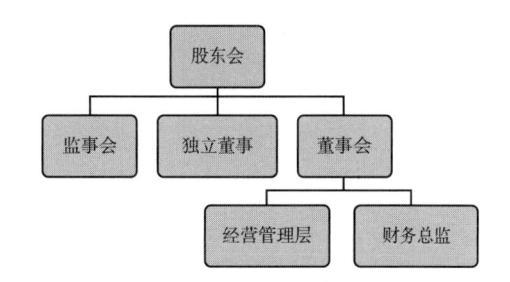

```
        股东会
    ┌─────┼─────┐
  监事会 独立董事 董事会
              ┌───┴───┐
          经营管理层 财务总监
```

相互制约的规则开展企业治理，并对股东（大）会负责。

3.4.1 职能型架构

职能型架构是指除总经理／总裁作为经营管理主要负责人外，还相应地设立各职能部门负责人，协助其从事职能管理工作。职能型架构还可以根据专业化分工进一步细分为两层职能架构和三层职能架构。

- 两层职能架构

总裁直接领导营销、采购、技术、生产、行政各部门，各部门设总监，向总裁负责。这种架构的优点是简单、专业；但缺点也很明显，各职能部门都是成本中心，只有总裁对利润负责，而且各部门间协调与沟通不顺畅（如右上图所示）。

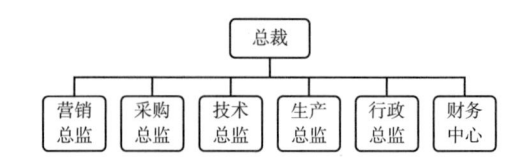

- 三层职能架构

总裁下设职能中心副总裁，职能中心下再设具体业务部门。这种架构弥补了两层职能架构的部分缺点，各中心之间的沟通相比之下更为顺畅，可减轻总裁的压力；但因增设副总裁层级，也导致了成本增加（如下图所示）。

3.4.2 分部型架构

分部型架构是一种分级管理、分级核算、自负盈亏的架构，可按产品类别分成若干个事业部，从产品的采购、生产、营销甚至人力资源都由事业部负责。这种架构的优点是各事业部都是利润中心，都对

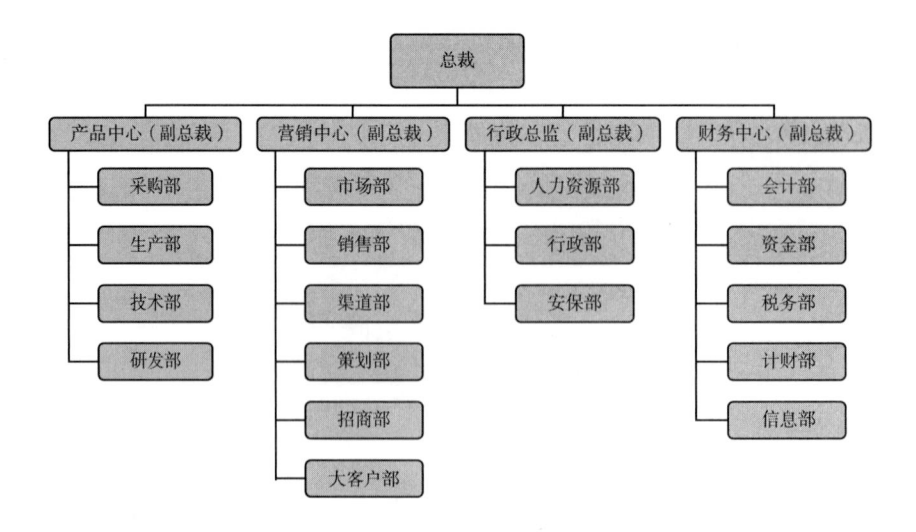

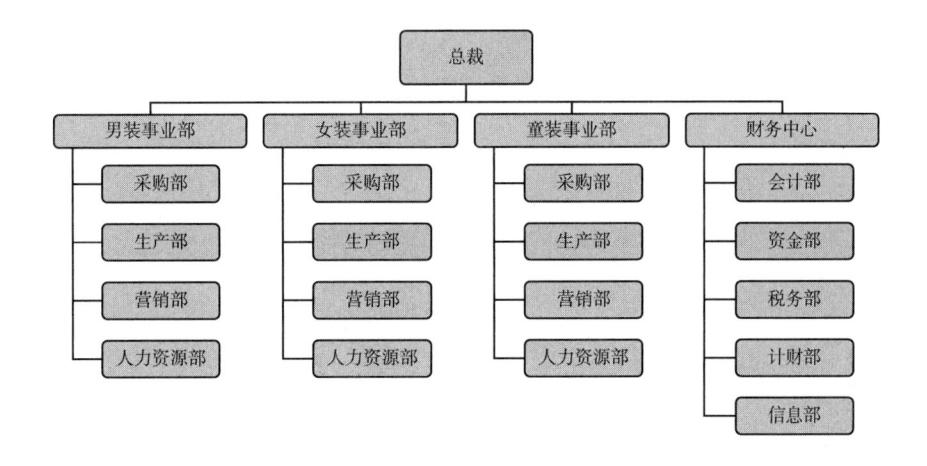

```
                        总裁
         ┌────────┬────────┼────────┬────────┐
      男装事业部  女装事业部  童装事业部      财务中心
       ├采购部    ├采购部    ├采购部         ├会计部
       ├生产部    ├生产部    ├生产部         ├资金部
       ├营销部    ├营销部    ├营销部         ├税务部
       └人力资源部 └人力资源部 └人力资源部      ├计财部
                                              └信息部
```

利润负责，缺点是相同职能岗位设置重复，导致资源浪费，而且专业性可能稍差（如上图所示）。

3.4.3 矩阵型架构

矩阵型架构是指既有按职能划分的纵向领导体系，又有按产品事业部划分的横向领导体系。这种架构的优点是综合了职能型与分部型架构的优点，缺点是容易造成双重领导（如下图所示）。

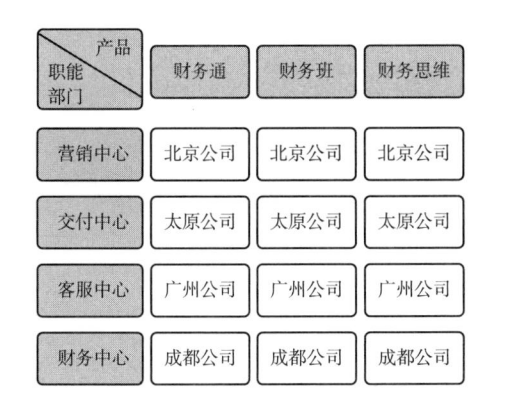

产品 职能 部门	财务通	财务班	财务思维
营销中心	北京公司	北京公司	北京公司
交付中心	太原公司	太原公司	太原公司
客服中心	广州公司	广州公司	广州公司
财务中心	成都公司	成都公司	成都公司

3.4.4 网络型架构

网络型架构不是一种通用的架构，暂时没有典型的成功案例，主要形式是经理人小组 + 外包，经理人小组主要由投资、决策人组成，而将经营管理职能外包（如下图所示）。

```
              经理人小组
   ┌────┬────┬────┬────┬────┐
 采购  生产  设计  营销  行政  财务
 外包  外包  外包  外包  外包  外包
```

3.5 股权架构与管理架构的匹配

无论是对股权架构的设计还是对管理架构的设计，都需要考虑相互影响，做好两者之间的权衡。股权架构和管理架构的配对设计需要考虑风险、税收、融资、管理幅度、业务相关度、管理成本、未来扩张，以及集权和分权（如下图所示）。

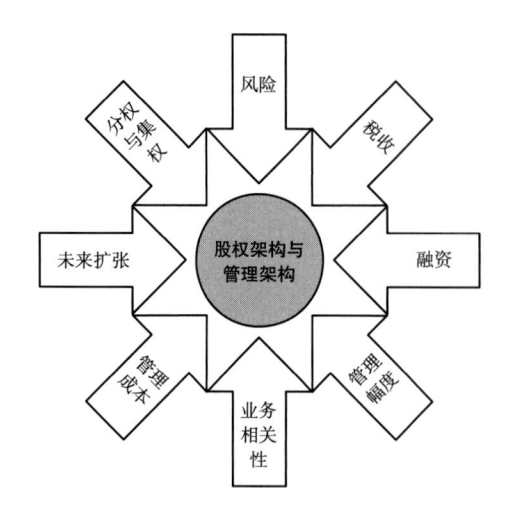

3.5.1 股权架构大于管理架构的应用

股权架构下设管理架构，主要应用于多元化业务或涉及不同行业的情况。如前例的股权架构中，X 公司控股的 A、B、C、D 子公司因处于不同行业，行业差异导致各自的管理模式也会有所不同，因此各子公司须独立设置管理架构。

3.5.2 管理架构大于股权架构的应用

管理架构下设股权架构，主要应用于上下游产业链或同行业情况。如前例的股权架构中，A 公司下的 A1、A2、A3、A4 等孙公司，是与 A 公司处于同一产业链的上下游企业，也可以看成是 A 公司下属各事业部，因而管理模式可以相同，即我们常说的"一套人马，几块牌子"，此时的管理架构大于股权架构。

第4章 财务团队升级

财务部门是企业管理的核心部门,也是内控制度的重要执行部门。打造一支具有竞争力的财务团队,提升团队的专业能力、执行能力、沟通及协调能力,才能与企业财务系统升级相匹配,从而协助企业实现战略目标。

4.1 企业对财务团队的总体要求

打造财务团队的第一步,是明确企业对财务团队的要求。我们对财务各岗位的职责梳理和设定,归纳起来有三点:忠诚、职业、专业(如下图所示)。

4.2 评估现有团队的基本状况

进行财务团队升级之前,首先应对团队的基本情况进行梳理,确定各岗位人员的职业素养、工作经验、工作热情、企业文化认同、工作质量、工作饱和度和团队人数等各方面的状况,再进行具有针对性的培养或提升(如下页表示例)。

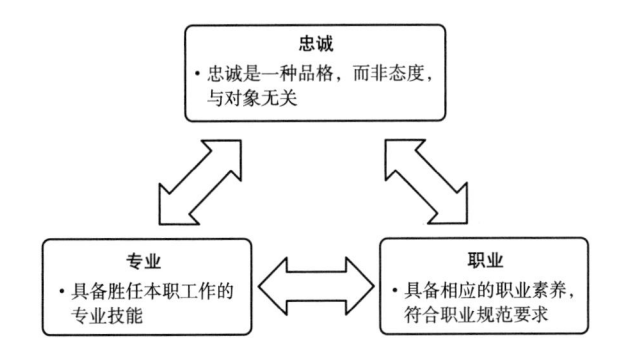

忠诚
- 忠诚是一种品格,而非态度,与对象无关

专业
- 具备胜任本职工作的专业技能

职业
- 具备相应的职业素养,符合职业规范要求

【模版】关键岗位及人员梯队梳理

关键职位	目前人员	级别	随时待命	一步之遥	有待时日	人员培养的行动方案
总账	李红	主管	陈晨	张薇、张歌	王艳	李红：领导力、团队能力 张薇：领导力、团队能力
成本	张薇	主管	张歌	林峰	赵琳	陈晨：领导力、团队能力 林峰：轮岗、财务技术
财务分析	陈晨	主管	李红	张薇、张歌	张歌	张歌：轮岗、财务技术 李娜：轮岗、财务技术
收入结算	林峰	职员	李娜	王艳	张帆	王艳：轮岗、财务技术 赵琳：轮岗、财务技术
资金	张歌	职员	王艳	赵琳	孙倩	孙倩：认同感、财务技术 张帆：认同感、财务技术

【模版】财务部门工作量梳理

员工姓名：张晓芳

岗　　位：费用报销会计

工作事项	时长/天	次数/月	备注
费用报销审批及提交付款	4小时/次	26次	原始凭证审核及付款申请
入账	1小时/次	26次	用友凭证制作
结账的暂估和预提凭证	4小时/次	1次	月底结账工作
费用报表制作	6小时/次	1次	结账后出具
借支清理	1小时/次	4次	每周根据借支情况发通知还款
凭证整理、装订	6小时/次	1次	每月一次
临时、突发事项	4小时	4次	
合计工时/（月）	166小时/月		
可用工时/（月）	208小时/月		
工作饱和度	80%		

4.3 根据财务职能规划细化财务团队的发展要求

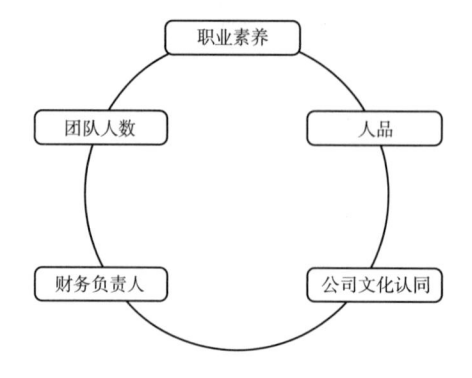

职业素养、人品、公司文化认同、财务负责人、团队人数

4.4 财务团队升级路径的选择

4.4.1 招聘

一条途径是直接从外部引进，主要适用于财务总监、财务经理等管理层，通常被称为"空降兵"，优点是能够突破当前企业财务环境约束，可带来新的管理经验与理念；缺点是初期外聘人员的思想往往与企业文化不一致，会有一段适应期，会发生"水土不服"的现象。

4.4.2 内部培养

另一条途径是从财务部门内部进行人员培养。优点是内部人员熟悉企业的基本业务情况，了解企业文化，知晓与各部门进行沟通的方式，而且也会大大增强财务人员队伍的稳定性；缺点是不易突破固有思维模式。因而，可以邀请外部讲师对内部人员持续进行培养与督促。

第二篇　税系统

在《羊城晚报》上，曾经刊登过这么一则新闻，标题是《中国税种类别繁多，财政部与国税总局数据"打架"》，内容是财政部网站的"中国财政基本情况"栏目是这样表述的："目前，我国共有19个税种，其中……"之后，还一一列举了这19个税种的名称并做了简要介绍；而在国家税务总局网站上，在"税收宣传－中国税收简介"栏目里是这样介绍的："目前，中国共有增值税、消费税等20个税种……"我国共有多少个税种？财政部说有19个，而税务总局却说有20个。

记者在这篇报道中感慨，这是一个让人难以理解的现象：在税收立法权、税种开征权等税收权限高度集中于国家层面的税制下，"我国现今究竟有多少个税种"这一问题，竟然没有一个统一的答案。中国税制之复杂，世界无出其右者。

每次在"财务系统"课程现场，税系统课程板块都是老板们关注度最高、课后问答中提问最多的部分。

企业经营中存在各式各样的风险，税务风险是经营风险中的重要部分，但"有风险"并非最大的风险，"不知道有风险"才是最大的风险！当我们意识到风险的时候，风险已经降低了一半！企业在经营过程中不断地积累财富，但财富是否安全，并不确定。如果说财富是0，那安全就是1，没有了前面的1，后面再多的0也没有意义。

在本篇中，我们将从税务管理、税务风险防范与税务规划三个方面搭建整个税系统。

第 1 章　税务管理系统

税法环境现状	主要税法体系	中国税法发展趋势
·税法复杂、变化快 ·税法公平遵从度低	·流转税类 ·所得税类 ·资源税类 ·财产税类 ·行为税类 ·特定目的税类 ·附加费类	·简税制 ·宽税基 ·低税率 ·严征管

1.1　中国税收环境与主要税法体系

1.1.1　税法环境现状

● **税法复杂、变化快**

如果有人说，中国的税负水平是全世界最高的，我们一定不承认；但如果有人说，中国税法是全世界最复杂的，那我们一定不否认（如上图所示）。

相比之下，中国税法的确是比较复杂的，很多企业会由于搞不清税法导致多交税或少交税。而且，由于中国经济高速发展，新事物不断涌现，导致税法变化较快，试行政策也非常多，需要不停地出台补充性、补漏洞性法规与规定。

税法的这种状况必然导致很多税收争议问题，但征管方往往具有解释权，企业在很多时候感到无奈。主观上从未想过少缴税的企业同样可能会被查出很多问题，出现补缴纳税金、滞纳金甚至罚款的情况。

另外，出于当地财政收入的考虑，一些地方政府在出台地方性政策时甚至还与中央政府立法存在冲突，这一现象也导致了部分企业因税搬迁或落户后，当地政府却无法兑现先前的承诺。

- **税法公平遵从度低**

许多企业家认为中国税负太重，实际上从全球范围来看，中国的税负水平并不是最高的。不过，税负水平高低与纳税痛苦指数不是一回事，这里存在"性价比"的问题。

作为企业家，恶意偷税的真正原因是税负水平高吗？企业家真正希望的仅仅是降低税负水平吗？

其实，企业家真正希望的是一个公平的纳税环境，也就是大家都公平遵从税法纳税，所有企业都不通过偷税的方式获取市场竞争优势，那将是一个多么美好的景象！有时，很多企业偷税是一种被逼无奈的结果。政府也意识到了这一问题，因而通过加大稽查力度试图实现大的改观，但恶意偷税现象依然屡禁不止，税法公平遵从度低的问题依然严峻。

1.1.2 主要税法体系

前文讲过我国税法较为复杂，那么具体而言，一家企业有哪些税费需要缴纳？需要在什么情况下缴纳？目前，企业需要缴纳的主要税费分为七大类二十几种，当然不同企业涉及的种类有所不同，详见下图。

第1类流转税类和第2类所得税类中的税目是几乎所有企业都会涉及的税种。在这里，本书不会针对某一税种进行详细的技术讲解，而是从企业家的角度对企业须缴纳的主要税种进行必要的框架性、逻辑性解读。

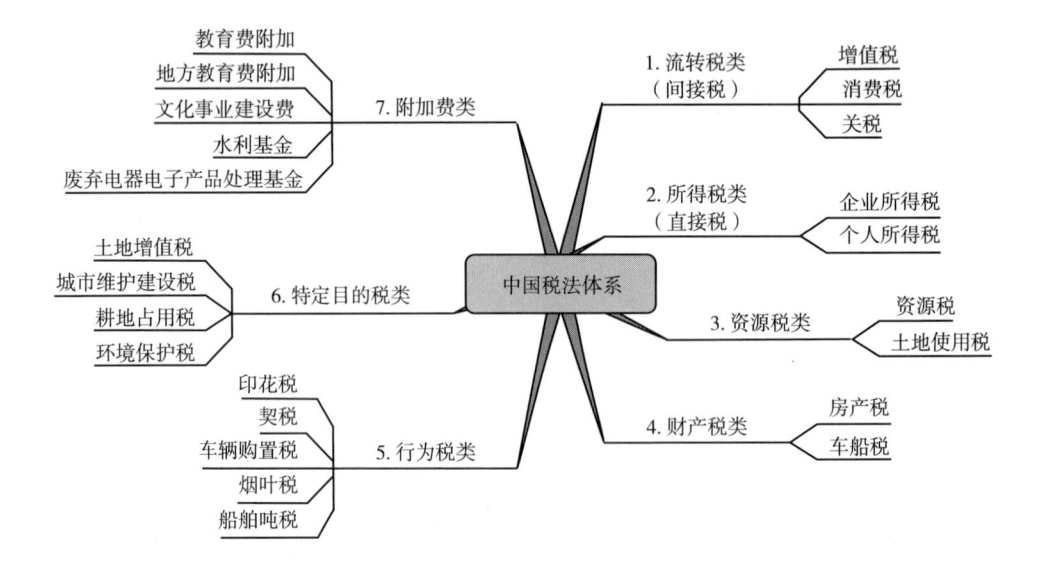

```
                                        ┌─ 增值税
                        1. 流转税类 ─────┼─ 消费税
                          （间接税）      └─ 关税

         教育费附加 ┐
       地方教育费附加 │
       文化事业建设费 ├─ 7. 附加费类
           水利基金 │
   废弃电器电子产品处理基金 ┘
                                        ┌─ 企业所得税
                        2. 所得税类 ─────┤
                          （直接税）      └─ 个人所得税

         土地增值税 ┐
       城市维护建设税 ├─ 6. 特定目的税类    中国税法体系
           耕地占用税 │                   ┌─ 资源税
           环境保护税 ┘     3. 资源税类 ───┤
                                        └─ 土地使用税

           印花税 ┐
           契税 │                       ┌─ 房产税
         车辆购置税 ├─ 5. 行为税类    4. 财产税类 ───┤
           烟叶税 │                       └─ 车船税
           船舶吨税 ┘
```

● 流转税类

流转税类主要由增值税、消费税、关税3个税种构成（全面"营改增"后，原来作为地方第一大税的营业税于2016年5月1日起退出历史舞台）。

流转税是对企业经营行为征收的第一道税，也就是我们通常所说的间接税。其征收与企业利润无关，也就是说无论企业盈利或亏损，只要发生了应税经营行为就需要缴纳，一般情况是以销售额、营业额或者数量作为征税基数。流转税是我国财政收入的主要来源，在财政收入中占比较高。

➢ 增值税

在世界各国开征的数量众多但不尽相同的税种之中，增值税以其具有的显著的中性特征，有利于发挥市场在资源配置中的决定性作用，被公认为是最能体现增长友好型的税种，因而被170多个国家广泛采用。

增值税是我国第一大税种，2016年国内增值税收入40712亿元，占税收总收入的31.23%；在"营改增"全面推行后，该比例持续上升，2019年国内增值税收入62346亿元，占税收总收入的39.46%。增值税收入由中央与地方按"五五分享"原则进行划分，即中央分享增值税的50%，地方按税收缴纳地分享增值税的50%，由税务局负责征管。

为了便于征收管理，税法根据增值税纳税人身份将企业分为两种类型，一种是增值税一般纳税人，另一种是增值税小规模纳税人（详见下表）。这两种纳税人的主要区别在于税款计算方法及发票开具种类、方式不同。增值税发票分为增值税专用发票与增值税普通发票两种，一般纳税人可根据情况自行向客户开具上述两种发票；国家税务总局2019年8月13日发布《国家税务总局关于实施第二批便民办税缴费新举措的通知》（税总函〔2019〕243号）的文件中规定：全面推行小规模纳税人自行开具增值税专票，至此小规模纳税人也可根据情况自行向客户开具上述两种发票。

理论上讲，增值税一般纳税人更容易被客户选择。但是一般纳税人和小规模纳税人的选择并不完全取决于企业自身的主观意愿，而主要取决于企业的经营规模。自2018年5月1日起，当企业连续12个月累计销售额或营业额超过500万元时，则必须申请变更为一般纳税人，当然未达到该条件的企业也可以自行申请变更为一般纳税人。

增值税的税率自2017年7月1日起，由原来的17%、13%、11%与6%四档减至17%、11%与6%三档，取消了13%这一档税率；自2018年5月1日起，将其中的17%、11%两档税率又分别调整为16%、10%；而自2019年4月1日起，16%、10%两档税率又分别调整为13%、9%。当然，税率高低并不代表企业的税负水平，增值税是典型的链条税种。从理论上讲，每一环节都会把前面各环节累计缴纳的增值税、在实际缴纳本环节增值部分应负担的增值税后向下一环转嫁，环环转嫁，最后转嫁到最终消费者。一般纳税人增值税应纳税额计算公式：

应纳税额 = 销项税额 - 进项税额

为了便于征收管理和平衡部分行业的税负，国家对小规模纳税人和部分特殊行业采用了简易办法征收增值税，即不考虑进项税额的计算方法，计算公式为：

当期应纳税额 = 当期不含税销售额 × 征收率

小规模纳税人只能按简易办法计算应纳税额，其法定征收率为3%。

同时，国家对一些特殊商品或特殊行业也给予了增值税的优惠，典型的免税优惠产品例如农业生产者销售的自产农产品；避孕药品和用具；古旧图书；直接用于科学研究、科学试验和教学的进口仪器、设备；外国政府、国际组织无偿援助的进口物资和设备；由残疾人组织直接进口供残疾人专用的物品；销售的自己使用过的物品。当然，增值税优惠政策远远不只这些，企业应根据自身业务确定是否匹配增值税免税、减税、即征即退、先征后退等优惠政策。

➢ 消费税

消费税是以消费品的流转额作为征税对象的各种税收的统称，属于对几类特殊商品生产环节或销售环节、进口环节征收的一次性税收，用于调节特殊商品消费。例如烟及烟丝、酒、汽油、小汽车、轮胎、金银珠宝首饰、高档手表、实木地板、一次性筷子、高尔夫球杆、鞭炮烟火、化妆品、摩托车、游艇等商品。

消费税是少数企业需要缴纳的税种，只有生产或销售须征收消费税商品的企业才须缴纳。

消费税实行从价定率、从量定额，或者从价定率和从量定额复合计税（以下简称复合计税）的办法计算应纳税额。应纳税额计算公式：

实行从价定率的应纳税额＝销售额×比例税率

实行从量定额的应纳税额＝销售数量×定额税率

实行复合计税的应纳税额＝销售额×比例税率＋销售数量×定额税率

消费税的比例税率因商品不同而不同，1%~56% 不等。

➢ 关税

关税是国家海关针对进口货物和限制出口货物征收的税收，目前各国已不使用过境关税，出口税也很少使用，通常所称的关税主要指进口关税。

关税税目非常复杂，而且变动较快，税目由国务院关税税则委员会负责研究制定并报国务院批准。征收进口关税会增加进口货物的成本，提高进口货物的市场价格，从而影响外国货物进口数量。因此，各国都以征收进口关税作为限制外国货物进口的一种手段。

关税计算采用从价计征或从量计征方法，计算公式为：

从价计征应纳税额＝完税价格×关税税率

从量计征应纳税额＝货物数量×单位税额

● 所得税类

➢ 企业所得税

企业所得税是对我国企业和经营单位的生产经营所得和其他所得征收的一种税。只有按税法计算出来的利润（应纳税所得额）大于零时才须缴纳，小于零则不须缴纳。换句话说，企业按税法计算盈利才交税，亏损则无须交税。企业所得税在某种程度上表明国家是每一个企业和经营单位的不记名"股东"。

企业所得税是按年计算的税种，与其他税种按月或按季计算不同。但国家为了保证税收的平稳，要求企业按季度进行预缴，待年度经营结束后再进行统一计算，多退少补，也就是通常所说的次年 5 月 31 日前进行的企业所得税汇算清缴工作。

企业所得税法定税率是 25%，国家需要重点扶持的高新技术企业按 15% 的税率征收企业所得税；同时也存在阶段性的税收减免政策，如 2019 年 1 月 1 日至 2021 年 12 月 31 日期间，对小型微利企业（同时满足应纳税所得额不超过 300 万元、从业人数不超过 300 人、资产总额不超过 5000 万元三个条件）应纳税所得额不超过 100 万元的部分，减按 25% 计入应纳税所得额、按 20% 的税率缴纳企业所得税，即按 5% 缴纳；对年应纳税所得额超过 100 万元但不超过 300 万元的部分，减按 50% 计入应纳税所得额，按 20% 的税率缴纳企业所得税，即按 10% 缴纳。

> **个人所得税**

个人所得税是国家对本国公民、居住在本国境内的个人的所得和境外个人来源于本国的所得征收的一种税，征收方式实行源泉扣缴与自行申报并用法，注重源泉扣缴。

个人所得税也是一般企业都会涉及的一个重要税种，也是企业在缴纳过程中存在问题比较多和风险比较大的税种，因为涉及直接扣缴员工个人收入，导致企业内部矛盾也很大。但企业要明白，代扣代缴个人所得税是企业的义务，没有实施代扣代缴是企业而非员工承担责任。如果没有实施代扣代缴个人所得税，则相应的工资成本是不能够作为企业所得税可扣除的成本列支的。

需要强调是个人所得税有多个税目，工资薪金所得仅仅是个人所得税的税目之一，很多其他个人收入都属于个人所得税的纳税范畴。目前个人所得税的项目、缴税基础、税率以及计征方式基本情况如下：

个人所得税也存在优惠政策，即对有些收入国家给予减免税收优惠政策，免税的主要情况如下：

（1）省级人民政府、国务院部委和中国人民解放军军以上单位，以及外国组织、国际组织颁发的科学、教育、技术、文化、卫生、体育、环境保护等方面的奖金；

（2）国债和国家发行的金融债券利息；

（3）按照国家统一规定发给的补贴、津贴；

（4）福利费、抚恤金、救济金；

（5）保险赔款；

（6）军人的转业费、复员费、退役金；

（7）按照国家统一规定发给干部、职工的安家费、退职费、基本养老金或者退休费、离休费、离休生活补助费；

（8）依照有关法律规定应予免税的各国驻华使馆、领事馆的

综合所得：工资、薪金所得；劳务报酬所得；稿酬所得；特许权使用费所得

个人所得税项目：经营所得；利息、股息红利所得；财产租赁所得；财产转让所得；偶然所得

项目		计税基数	税率	计征方式
综合所得	工资、薪金所得	以每一纳税年度的收入额减除费用60,000元以及专项扣除、专项附加扣除和依法确定的其他扣除后的余额	超额累进3%~45%	按月计算；年度合并汇算
	劳务报酬所得			
	稿酬所得			
	特许权使用费所得			
经营所得		以每一纳税年度的收入总额减除成本、费用以及损失的余额	超额累进5%~35%	按月预缴按年计算
利息、股息、红利所得		每次收入额	20%	按次计算
财产租赁所得		每次收入不超过4,000元的，减除费800元；4,000元以上的，减除20%的费用	20%	按次计算
财产转让所得		以转让财产的收入额减除财产原值和合理费用后的余额	20%	按次计算
偶然所得		每次收入额	20%	按次计算

外交代表、领事官员和其他人员的所得；

（9）中国政府参加的国际公约、签订的协议中规定免税的所得；

（10）国务院规定的其他免税所得。

另外，对于残疾、孤寡老人和烈属的所得，以及因严重自然灾害造成重大损失的情况可以进行减征，但需要进行批准程序。

- 资源税类

资源税类包含资源税和土地使用税两个税种，这两个税种是为了合理使用资源和生态补偿设置的，并非所有企业均须缴纳，根据资源开采和土地使用的情况征收，没有资源产品开采和自有经营用土地则无须缴纳这两个税种。

> 资源税

资源税是对在我国境内开采应税矿产品和生产盐的单位及个人，就其应税数量征收的一种税。

资源税的征税范围原来为原油、天然气、煤炭、其他非金属矿原矿、黑色金属矿原矿、有色金属矿原矿、盐7类；后根据财政部、国家税务总局联合发布《关于全面推进资源税改革的通知》（财税【2016】53号）、《关于资源税改革具体政策问题的通知》（财税【2016】54号）

的要求，先在河北省开征水资源税试点工作，并积极创造条件，逐步对水、森林、草场、滩涂等自然资源开征资源税。

2019年8月26日第十三届全国人民代表大会常务委员会第十二次会议通过《资源税法》，该法自2020年9月1日起施行，原《资源税暂行条例》也就同时废止。

资源税的税目、税率与征税对象具体如下页表所示。

税目			征税对象	税率
能源矿产		原油	原矿	6%
		天然气、页岩气、天然气水合物	原矿	6%
		煤	原矿或选矿	20%-10%
		煤成（层）气	原矿	1%-2%
		铀、钍	原矿	0.04
		油页岩、油砂、天然沥青、石煤	原矿或选矿	1%-4%
		地热	原矿	1%-4% 或每立方米 1-30元
金属矿产	黑色金属	铁、锰、铬、钒、钛	原矿或选矿	1%-9%
	有色金属	铜、铅、锌、锡、镍、锑、镁、钴、铋、汞	原矿或选矿	2%-10%
		铝土矿	原矿或选矿	2%-9%
		钨	选矿	6.50%
		钼	选矿	8%
		金、银	原矿或选矿	2%-6%
		铂、钯、钌、锇、铱、铑	原矿或选矿	5%-10%
		轻稀土	选矿	7%-12%
		中重稀土	选矿	20%
		铍、锂、锆、锶、铷、铯、铌、钽、锗、镓、铟、铊、铪、铼、镉、硒、碲	原矿或选矿	2%-10%
非金属矿产	矿物类	高岭土	原矿或选矿	1%-6%
		石灰岩	原矿或选矿	1%-6% 或每吨（每立方米）1-10元
		磷	原矿或选矿	3%-8%
		石墨	原矿或选矿	3%-12%
		萤石、硫铁矿、自然硫	原矿或选矿	1%-8%

续表

税目			征税对象	税率
非金属矿产	矿物类	天然石英砂、脉石英、粉石英、水晶、工业用金刚石、冰洲石、蓝晶石、硅线石（矽线石）、长石、滑石、刚玉、菱镁矿、颜料矿物、天然碱、芒硝、钠硝石、明矾石、砷、硼、碘、溴、膨润土、硅藻土、陶瓷土、耐火粘土、铁矾土、凹凸棒石粘土、海泡石粘土、伊利石粘土、累托石粘土	原矿或选矿	1%–12%
		叶蜡石、硅灰石、透辉石、珍珠岩、云母、沸石、重晶石、毒重石、方解石、蛭石、透闪石、工业用电气石、白垩、石棉、蓝石棉、红柱石、石榴子石、石膏	原矿或选矿	2%–12%
		其他粘土（铸型用粘土、砖瓦用粘土、陶粒用粘土、水泥配料用粘土、水泥配料用红土、水泥配料用黄土、水泥配料用泥岩、保温材料用粘土）	原矿或选矿	1%–5% 或每吨（每立方米）0.1–5 元
	岩石类	大理岩、花岗岩、白云岩、石英岩、砂岩、辉绿岩、安山岩、闪长岩、板岩、玄武岩、片麻岩、角闪岩、页岩、浮石、凝灰岩、黑曜岩、霞石正长岩、蛇纹岩、麦饭石、泥灰岩、含钾岩石、含钾砂页岩、天然油石、橄榄岩、松脂岩、粗面岩、辉长岩、辉石岩、正长岩、火山灰、火山渣、泥炭	原矿或选矿	1%–10%
	岩石类	砂石	原矿或选矿	1%–5% 或每吨（每立方米）0.1–5 元
	宝玉石类	宝石、玉石、宝石级金刚石、玛瑙、黄玉、碧玺	原矿或选矿	4%–20%
水气矿产		二氧化碳气、硫化氢气、氦气、氡气	原矿	2%–5%
		矿泉水	原矿	1%–20% 或每立方米 1–30 元
盐		钠盐、钾盐、镁盐、锂盐	选矿	3%–15%
		天然卤水	原矿	3%–15% 或每吨（每立方米）1–10 元
		海盐		2%–5%

> 土地使用税

土地使用税，是指在城市、县城、建制镇、工矿区范围内使用土地的单位和个人，以实际占用的土地面积为计税依据，依照规定由土地所在地的税务机关征收的一种税赋。由于土地使用税只在县城以上城市征收，因此也称城镇土地使用税。开征土地使用税的目的是保护土地资源，使企业能够节约用地。

土地使用税采用定额税率，即采用有幅度的差别税额，对大、中、小城市和县城、建制镇、工矿区分别规定每平方米土地使用税的年应纳税额。具体标准如下：

（1）大城市 1.5 元至 30 元；

（2）中等城市 1.2 元至 24 元；

（3）小城市 0.9 元至 18 元；

（4）县城、建制镇、工矿区 0.6 元至 12 元。

各省、自治区、直辖市人民政府可根据市政建设情况和经济繁荣程度在规定税额幅度内，确定所辖地区的适用税额幅度。

当然，对于部分企业用地可享受相关减免优惠政策，如企业兴办的学校、医院、托儿所、幼儿园，其用地能与企业其他用地明确区分的，可以比照由国家财政部门拨付事业经费的事业单位自用土地，免征土地使用税等。

● 财产税类

财产税类是针对某些财产征收的税种，目前开征的有房产税和车船税两种，属于企业小税种，但却是未来重要的改革税种。目前，对于个人自住住宅房产税（物业税）除上海、重庆部分物业开征外，基本均是免税，未来改革方向将大大扩展这一税种的征税范围，并对几个相关税种进行整合。未来开征的遗产税也属于财产税类，财产税最终会成为地方财政收入的一个重要来源。

> 房产税

房产税是以房屋为征税对象，按房屋的计税余值或租金收入为计税依据，向产权所有人征收的一种财产税。房产税属于财产税中的个别财产税，其征税对象只是房屋。

房产税为按年征收、分期缴纳。

房产税征收标准

用途	方式	计税基数	减除	税率
自用	从价征收	房产原值	10%~30%	1.2%
出租	从租征收	房产租金收入		12%

对于房产税也存在一系列优惠政策，但主要是针对一些特殊事项，例如安置残疾人、经营大学公寓、孵化器企业、农产品批发市场、企业职工公租房等，基本与大多数经营性企业无关。

➢ 车船税

车船税是针对车辆、船舶征收的一项财产税，属于小税种，计缴比较简单，按吨位或辆数进行征收。

- **行为税类**

行为税类属于企业缴纳的小税种，由印花税、契税和车辆购置税组成。

➢ 印花税

印花税是对经济活动和经济交往中设立、领受具有法律效力的凭证的行为征收的一种税，只对《印花税暂行条例》列举的凭证征收，没有列举的凭证不征收。

企业缴纳的印花税主要是合同印花税，而在实际操作中很多企业以没有合同或合同性质的文件（如订单）为由不缴纳印花税，导致各地税务机关对企业印花税进行核定征收，即按销售收入和采购金额的一定比例征收。

因为税率低，不少纳税人不会太多关注印花税，对其知之甚少，但其征税范围却很广泛。

印花税的纳税人包括在中国境内设立、领受规定的经济凭证的企业、行政单位、事业单位、军事单位、社会团体、其他单位、个体工商户和其他个人。

印花税征收的税目、范围、税率与纳税人具体如下页表中所示。

➢ 契税

契税是以所有权发生转移的不动产为征税对象，向产权承受人征收的一种财产税。应缴税范围包括土地使用权出售、赠予和交换、房屋买卖、房屋赠予、房屋交换等。

契税实行3%～5%的幅度税率；当然，针对一些特殊行为、情况也存在税收优惠，例如夫妻房产换名、继承出售个人首套住宅等。

➢ 烟叶税

烟叶税是以收购烟叶的收购金额为计税依据征收的一种税。所称烟叶，是指晾晒烟叶、烤烟叶。烟叶税的纳税义务发生时间为收购烟叶的当日，并按照收购烟叶实际支付的价款缴税基数。烟叶税实行比

税目	范围	税率	纳税人	说明
购销合同	包括供应、预购、采购、购销、结合及协作、调剂等合同	按购销金额的0.3‰贴花	立合同人	
加工承揽合同	包括加工、定作、修缮、修理、印刷、广告、测绘、测试等合同	按加工或承揽收入的0.5‰贴花	立合同人	
建设工程勘察设计合同	包括勘察、设计合同	按收取费用的0.5‰贴花	立合同人	
建筑安装工程承包合同	包括建筑、安装工程承包合同	按承包金额的0.3‰贴花	立合同人	
财产租赁合同	包括租赁房屋、船舶、飞机、机动车辆、机械、器具、设备等合同	按租赁金额的1‰贴花；税额不足1元，按1元贴花	立合同人	
货物运输合同	包括民用航空运输、铁路运输、海上运输、联运合同	按运输费用的0.5‰贴花	立合同人	单据作为合同使用的，按合同贴花
仓储保管合同	包括仓储、保管合同	按仓储保管费用的1‰贴花	立合同人	仓单或栈单作为合同使用的，按合同贴花
借款合同	银行及其他金融组织和借款人	按借款金额的0.05‰贴花	立合同人	单据作为合同使用的，按合同贴花
财产保险合同	包括财产、责任、保证、信用等保险合同	按保险费收入的1‰贴花	立合同人	单据作为合同使用的，按合同贴花
技术合同	包括技术开发、转让、咨询、服务等合同	按所载金额的0.3‰贴花	立合同人	
产权转移书据	包括财产所有权、版权、商标专用权、专利权、专有技术使用权、土地使用权出让合同、商品房销售合同等	按所载金额的0.5‰贴花	立据人	
营业账簿	生产、经营用账册	记载资金的账簿，按实收资本和资本公积的合计金额的0.5‰贴花；其他账簿按件计税5元/件	立账簿人	
权利、许可证照	包括政府部门发给的房屋产权证、工商营业执照、商标注册证、专利证、土地使用证	按件贴花5元/件	领受人	

注：为了促进小微企业发展、促进区域发展、企业转制升级、改善民生、支持文化教育体育等，国家会出台一些关于印花税优惠措施，如自2018年5月1日起，对按0.5‰税率贴花的资金账簿减半征收印花税，对按件贴花5元的其他账簿免征印花税。

例税率，税率为20%。烟叶税由烟叶收购的主管税务机关征收。

> **船舶吨税**

船舶吨税亦称"吨税"，海关对外国籍船舶航行进出本国港口时，按船舶净吨位征收的税。吨税按照船舶净吨位和吨税执照期限由海关负责征收。

> **车辆购置税**

车辆购置税是对在境内购置规定车辆的单位和个人征收的一种税，它由车辆购置附加费演变而来。

车辆购置税征税范围为汽车、摩托车、电车、挂车、农用运输车。

车辆购置税按统一比例税率10%进行征收。

● **特定目的税类**

特定目的税是国家出于特定目的征收的税种，目前实际征收的有土地增值税、城市维护建设税与耕地占用税三种。

> **土地增值税**

土地增值税是为了调节土地增值收益对转让土地、地上建筑物征收的税种，对于一般工商企业而言，转让土地、房产属于非经常性业务，因此不属于主要税种，而对于房地产开发企业则属于一个重要税种。

土地增值税属于地方税收，各地在实际操作中存在较大差异。土地增值税是目前税收争议最大、问题最多的一个税种，也是对房地产企业影响非常大的一个税种。

土地增值税的税率是以转让房地产增值率的高低为依据来确认，按照累进原则设计，实行分级计税，增值率低的，税率低，少纳税；增值率高的，税率高（最高60%），多纳税。具体税率如底部表所示。

对于房地产企业建设普通住宅出售的，增值额未超过扣除项目金额20%的属于合理的增值额，免征土地增值税。

> **城市维护建设税**

城市维护建设税简称城建税，与其他税种不同，城建税没有独立的征税对象或税基，而是以增值税、消费税"二税"实际缴纳的税额之和为计税依据，随"二税"同时附征，本质上属于一种附加税。

级数	计税依据	适用税率	速算扣除率
1	增值额未超过扣除项目金额50%的部分	30%	0
2	增值额超过扣除项目金额50%、未超过扣除项目金额100%的部分	40%	5%
3	增值额超过扣除项目金额100%、未超过扣除项目金额200%的部分	50%	15%
4	增值额超过扣除项目金额200%的部分	60%	35%

城市维护建设税实行分区域的差别比例税率征收。

城市维护建设税征收税率

纳税人所在地	适用税率
市区	7%
县城、镇	5%
不属于市区、县城或镇	1%

> **耕地占用税**

耕地占用税是我国对占用耕地建房或者从事其他非农业建设的单位和个人,依据实际占用耕地面积、按照规定税额一次性征收的一种税。其并非企业的主要税种,一般企业不会涉及。

耕地占用税以纳税人占用耕地的面积为计税依据,以平方米为计量单位,采用地区差别税率进行征收。

耕地占用税征收税率

地区	每平方米平均税额(元)
上海	45
北京	40
天津	35
江苏、浙江、福建、广东	30
辽宁、湖北、湖南	25
河北、安徽、江西、山东、河南、重庆、四川	22.5
广西、海南、贵州、云南、陕西	20
山西、吉林、黑龙江	17.5
内蒙古、西藏、甘肃、青海、宁夏、新疆	12.5

> **环境保护税**

环境保护税是为了维护生态环境而针对污水、废气、噪声和废弃物等突出的"显性污染"进行强制征收的一种税。

我国自1979年已经确立了排污费制度,2015年征收排污费173亿元,缴费户数28万户。而《环境保护税法》于2018年1月1日起施行,依照该法规定征收环境保护税,不再征收排污费。

环境保护税税目税额表

税目		计税单位	税额	备注
大气污染物		每污染当量	1.2元至12元	
水污染物		每污染当量	1.4元至14元	
固体废物	煤矸石	每吨	5元	
	尾矿	每吨	15元	
	危险废物	每吨	1000元	
	冶炼渣、粉煤灰、炉渣、其他固体废物（含半固态、液态废物）	每吨	25元	
噪声	工业噪声	超标1~3分贝	每月350元	1. 一个单位边界上有多处噪声超标，根据最高一处超标声级款计算应纳税额；当沿边界长度超过100米有两处以上噪声超标，按照两个单位计算应纳税额 2. 一个单位有不同地点作业场所的，应当分别计算应纳税额，合并计征 3. 昼、夜均超标的环境噪声，昼、夜分别计算应纳税额，累计计征 4. 声源一个月内超标不足15天的，减半计算应纳税额 5. 夜间频繁突发和夜间偶然突发厂界超标噪声，按等效声级和峰值噪声两种指标中超标分贝值高的一项计算应纳税额
		超标4~6分贝	每月700元	
		超标7~9分贝	每月1400元	
		超标10~12分贝	每月2800元	
		超标13~15分贝	每月5600元	
		超标16分贝以上	每月11200元	

《环境保护税法》中确定直接向环境排放应税污染物的企事业单位和其他生产经营者为环境保护税的纳税人，同时将大气污染物、水污染物、固体废物和噪声确定为应税污染物。

应税污染物的计税依据，按照下列方法确定。

（1）应税大气污染物按照污染物排放量折合的污染当量数确定；

（2）应税水污染物按照污染物排放量折合的污染当量数确定；

（3）应税固体废物按照固体废物的排放量确定；

（4）应税噪声按照超过国家规定标准的分贝数确定。

另外，下列情形暂予免征环境保护税。

（1）农业生产（不包括规模化养殖）排放应税污染物的；

（2）机动车、铁路机车、非道路移动机械、船舶和航空器等流动污染源排放应税污染物的；

（3）依法设立的城乡污水集中处理、生活垃圾集中处理场所排放相应应税污染物，不超过国家和地方规定的排放标准的；

（4）纳税人综合利用的固体废物，符合国家和地方环境保护标准的；

（5）国务院批准免税的其他情形。

- 附加费类

附加费并不是严格意义上的税，而是中央和地方政府收取的一些费用，其改革方向是"费改税"。这种费用类的征收有很多，各地不尽相同，也不属于企业主要税种。从中央层面开征的主要有教育费附加、文化事业建设费；从地方征收的主要有地方教育费附加、文化事业建设费等。

➤ 教育费附加

教育费附加是对缴纳增值税、消费税的单位和个人征收的一种附加费。其作用是发展地方性教育事业，扩大地方教育经费的资金来源。

凡缴纳增值税、消费税的单位和个人，均为教育费附加的"纳费"义务人。

以纳税人实际缴纳的增值税、消费税税额为计费依据，按3%的征收率进行征收。

➤ 地方教育费附加

地方教育费附加是指根据国家有关规定，为实施"科教兴省"战略，增加地方教育的资金投入，促进各省、自治区、直辖市教育事业发展，开征的一项地方政府性基金。该收入主要用于各地方教育经费的投入补充。

凡缴纳增值税、消费税的单位和个人，都应按规定缴纳地方教育费附加。

以纳税人实际缴纳的增值税、消费税税额为计费依据，按2%的征收率进行征收。

➤ 文化事业建设费

文化事业建设费是对广告、娱乐行业开征的一种税费。

缴纳文化事业建设费的单位和个人应按照提供增值税应税服务取得的销售额的3%的费率计算应缴费额，并分别由国家税务局、地方税务局在征收广告服务业、娱乐业的增值税时一并征收。

> ➢ 水利基金

水利基金是用于水利建设的专项资金，由中央水利建设基金和地方水利建设基金组成。

由于水利基金是各地方政府批准征收，因此不同企业征收比例有所不同，但通常按经营收入的0.1%征收。

产品种类	产品范围	征收标准（元/台）
电视机	阴极射线管（黑白、彩色）电视机	13
	液晶电视机	13
	等离子电视机	13
	背投电视机	13
	其他用于接收信号并还原出图像及伴音的终端设备	13
电冰箱	冷藏冷冻箱（柜）	12
	冷藏箱（柜）	12
	冷冻箱（柜）	12
	其他具有制冷系统、消耗能量以获取冷量的隔热箱体	12
洗衣机	波轮式洗衣机	7
	滚筒式洗衣机	7
	搅拌式洗衣机	7
	脱水机	7
	其他依靠机械作用洗涤衣物（含兼有干衣功能）的器具	7
房间空调器	整体式空调（窗机、穿墙机等）	7
	分体式空调（分体壁挂、分体柜机等）	7
	"一拖多"空调器	7
	其他制冷量在14000W及以下的房间空气调节器具	7
微型计算机	台式微型计算机的显示器	10
	主机、显示器一体形式的台式微型计算机	10
	便携式微型计算机（含平板电脑、掌上电脑）	10
	其他信息事务处理实体	10

> **废弃电器电子产品处理基金**

废弃电器电子产品处理基金是国家为促进废弃电器电子产品回收处理而设立的政府性基金。其他缴纳义务人为电器电子产品生产者、进口电器电子产品的收货人或者其代理人。

电器电子产品是很广泛的概念，但现在的政策规定只对电视机、电冰箱、洗衣机、房间空调器和微型计算机等五类电器电子产品征收基金。国内销售电器电子产品基金征收范围和标准如下表所示。

对于电器电子产品生产者销售台式微型计算机整机不征收基金，但台式微型计算机显示器生产者将其生产的显示器组装成计算机整机销售的除外。对台式微型计算机显示器生产者组装的计算机整机按照 10 元 / 台的标准征收基金。

1.2 中国税法发展趋势

"简税制、宽税基、低税率、严征管"是我国税法整体改革方向，也是税制改革的四项原则，俗称"十二真言"。实质是"制度简单点、大家都交点、税率降低点、征管严格点"。俗话说，前途是光明的，道路是坎坷的。税改实际上也是一样，但我们相信，最终将实现这一改革目标。

展望未来，一是尽快推进增值税立法，以适应全面推开"营改增"试点后的需要。我国现有 18 个税种中，企业所得税、个人所得税法、烟叶税法、船舶吨位税、车辆购置税、耕地占用税法、资源税法、车船税和环境保护税等 9 个税种已由全国人大立法征收，其他 9 个税种是全国人大授权国务院通过制定税收条例征收。增值税作为我国筹集财政收入的主要税种，其立法对于充实税收实体法，填补我国税法体系中尚无货物和劳务税立法的空白，建立完备规范的税法体系，贯彻落实税收法定原则的要求，都具有十分重要的意义。

二是在修订税收征管法中，增加规定金融机构提供涉税信息法定义务的条款，以适应我国日益深度参与国际税收改革与合作的需要。如今，随着我国社会经济的迅速发展，2001 年全面修订的税收征管法已越来越不适应形势发展的需要，各界对修订税收征管法的呼声越来越强烈，已经达成普遍的共识。

第 2 章　税务风险防范系统

2.1　税收违法行为及法律责任

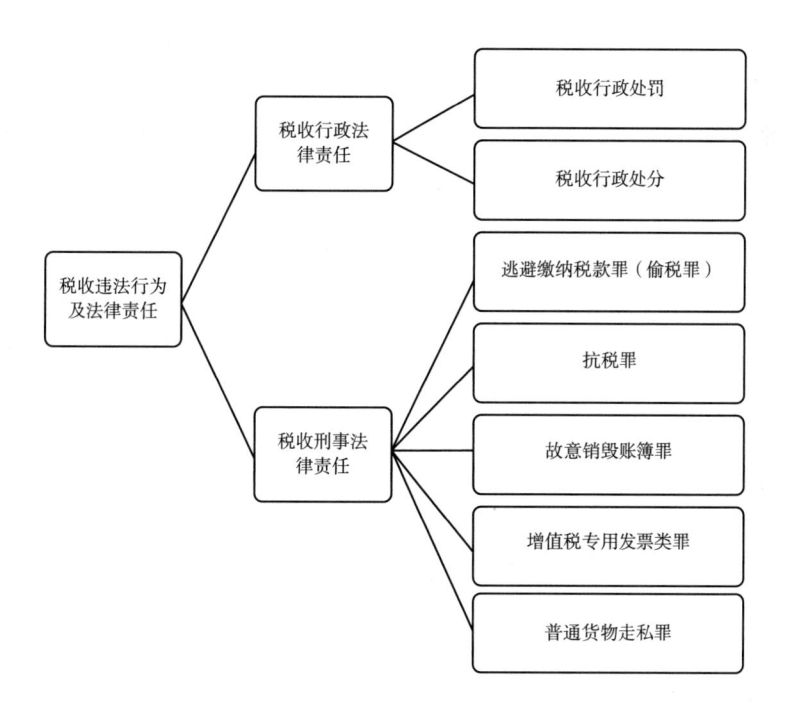

```
                                    ┌─────────────────┐
                    ┌──税收行政法──┤  税收行政处罚   │
                    │   律责任     ├─────────────────┤
                    │              │  税收行政处分   │
                    │              └─────────────────┘
税收违法行为 ──────┤              ┌─────────────────────────────┐
及法律责任          │              │ 逃避缴纳税款罪（偷税罪）    │
                    │              ├─────────────────────────────┤
                    │              │          抗税罪             │
                    │              ├─────────────────────────────┤
                    └──税收刑事法──┤      故意销毁账簿罪         │
                        律责任     ├─────────────────────────────┤
                                   │     增值税专用发票类罪      │
                                   ├─────────────────────────────┤
                                   │      普通货物走私罪         │
                                   └─────────────────────────────┘
```

2.1.1 税收行政法律责任

● 税收行政法律责任的分类

➤ 税收行政处罚

适用于各类纳税人和扣缴义务人，可以是企事业等单位，也可以是个体工商户，承包经营户等从事生产经营的个人。

➤ 税收行政处分

适用于直接责任人员，主要是税务人员和其他直接责任人员。按违法程度的不同，税收行政处分的形式有警告、记过、记大过、降级、降职、留用察看、开除等。

● 税收违法行为的种类

如下图所示。

```
┌─────────────┐  ┌─────────────┐  ┌─────────────┐
│违反税务登记 │  │违反账簿     │  │违反发票     │
│管理制度类   │  │管理制度类   │  │管理制度类   │
└─────────────┘  └─────────────┘  └─────────────┘
      ┌─────────────┐  ┌─────────────┐
      │违反税款     │  │违反税款     │
      │申报制度类   │  │征收制度类   │
      └─────────────┘  └─────────────┘
```

2.1.2 税收违法行政责任处罚措施

税收违法行政责任处罚措施包含罚款、滞纳金和取消资质三种处罚形式。

● 罚款

新《征管法》第四十条和第六十八条规定：纳税人、扣缴义务人在规定期限内不缴或者少缴应纳或者应解缴的税款，经税务机关责令限期缴纳，逾期仍未缴纳的，税务机关可以依法采取从其存款中扣缴税款，扣押查封拍卖变卖的强制执行措施，还可以处以不缴或者少缴的税款百分之五十以上，五倍以下的罚款。

解读：根据规定罚款是一个区间金额，由税务征管部门根据实际情况在区间内（税款的50%~5倍）自由裁量。

另外，对于企业主动自查出的造成少缴税款违规行为，在主动进行了补缴税款的前提下，一般不再进行罚款处罚。

● 滞纳金

新《征管法》第三十二条规定：纳税人未按规定期限缴纳税款的，扣缴义务人未按照规定期限解缴税款的，税务机关除责令限期缴纳外，从滞纳税款之日起，按日加收滞纳税款万分之五的滞纳金。

解读：滞纳金是对未按期缴纳税款的一种处罚，相当于按每天万分之五计算的资金占用费。

- **取消资质**

对企业与相关资质相关的违规行为可以进行取消资质的处罚。例如企业出口退税资格、发票领购资格等。

2.1.3 税收刑事法律责任

对于企业严重的税收违法行为，涉及犯罪的，税务部门有责任将案件移交司法部门，案件交由公安局经侦局侦办进入司法程序。税收违法涉及的刑事犯罪的罪名主要有以下几种。

- **逃避缴纳税款罪（偷税罪）**

纳税人采取欺骗、隐瞒手段进行虚假纳税申报或者不申报，逃避缴纳税款数额较大并且占应纳税额10%以上的，处3年以下有期徒刑或者拘役，并处罚金；数额巨大并且占应纳税额30%以上的，处3年以上7年以下有期徒刑，并处罚金。

税款金额的规模由法官自由裁量，一般情况下认定金额5万元人民币为比较大。

不过，在同时满足以下三个条件时，对于偷税罪可以免于刑事处罚：①税务机关依法下达追缴通知后，主动补缴应纳税款、缴纳滞纳金及罚款；②五年内未因逃避缴纳税款受过刑事处罚；③五年内被税务机关给予两次以下行政处罚。

- **抗税罪**

抗税罪是指纳税人、扣缴义务人故意违反税收法规，以暴力、威胁方法拒不缴纳应缴税款的行为。对情节轻的，处3年以下有期徒刑或者拘役，并处拒缴税款1倍以上5倍以下的罚金。

有下列严重情节的处3年以上7年以下有期徒刑，并处拒缴税款1倍以上5倍以下罚金：①聚众抗税的首要分子；②抗税数额在十万元以上的；③多次抗税的；④故意伤害致人轻伤的。

- **骗取出口退税罪**

骗取出口退税罪是指以假报出口或者其他欺骗手段，骗取国家出口退税款，数额较大的，处5年以下有期徒刑或者拘役，并处骗取税款 1 倍以上 5 倍以下罚金；数额巨大或者有其他严重情节的，处 5 年以上 10 年以下有期徒刑，并处骗取税款 1 倍以上 5 倍以下罚金；数额特别巨大或者有其他特别严重情节的，处 10 年以上有期徒刑或者无期徒刑，并处骗取税款 1 倍以上 5 倍以下罚金或者没收财产。纳税人缴纳税款后，采取前款规定的欺骗方法，骗取所缴纳的税款的，依照前面逃税罪的规定定罪处罚；骗取税款超过所缴纳的税款部分，依照前款的规定处罚。

- **隐匿、故意销毁会计凭证、会计账簿、财务会计报告罪**

隐匿或者故意销毁依法应当保存的会计凭证、会计账簿、财务会计报告，情节严重的，处五年 5 年以下有期徒刑或者拘役，并处或者单处 2 万元以上、20 万元以下罚金。单位犯前款罪的，对单位判处罚金，并对其直接负责的主管人员和其他直接责任人员，依照前款的规定处罚。

- **增值税专用发票类罪**

增值税专用发票类犯罪属于一类犯罪，具体刑法罪名有：①虚开增值税专用发票罪；②伪造或出售伪造增值税专用发票罪；③出口骗税罪。

三个税收违法犯罪均属于增值税专用发票类犯罪，法律上虽存在一些犯罪构成的差异，但实质上均是虚开增值税专用发票。出口骗税的前提就是虚开发票，只不过性质更加恶劣，虚开导致的是少缴税款，出口骗税不仅不缴税，而且骗取国家税款入自己的口袋。关于什么是虚开增值税专用发票，在后面章节将进行详细解析。增值税专用发票类犯罪处罚是相当严重的，企业要绝对避免此类犯罪。

实际中，常见的企业购买增值税专用发票进行抵扣后，将富余的增值税专用发票（有些客户不索要发票，如超市、加油站、药品批发药店渠道、手机店等）以收取"税点"的方式卖出去。购买增值税专用发票用于虚假出口骗取增值税退税就是这类犯罪的典型形式。

单位犯罪，对单位判处罚金，并对直接负责的主管人员和其他直接责任人员判刑。虚开增值税专用发票税款数额在 5 万元以上或者虚开用于骗取出口退税、致使国家税款被骗数额在 5000 元以上的，处 3 年以下有期徒刑或者拘役，并处 2 万元以上、20 万元以下罚金。基准刑为有期徒刑 6 个月；虚开的税款数额每增加3000元或实际被骗取的税款数额每增加1500元，刑期增加1个月。虚开的税款数额较大或者有其他严重情节的，处3年以上10年以下有期徒刑，并处5万元以上50万元以下罚金；一般50万元即为虚开税款"数额较大"的起点，骗税5万元即为"有其他严重情节"。基准刑为有期徒刑3年；虚开的税款数额每增加6000元或实际被骗取的税款数额每增加3000元，刑期增加1个月。虚开的税款数额巨大或者有其他特别严重情节的，处10年以上有期徒刑或者无期徒刑，并处5万元以上50万元以下罚金或者没收财产。虚开税款数额250万元以上的即属于"虚开的税款数额巨大"；骗税30万元以上的即属于"有其他特别严重情节"。基准刑为有期徒刑10年；虚开的税款数额每增加1万元或实际被骗取的税款数额每增加5000元，刑期增加1个月。

有下列情形之一的，不适用缓刑：①虚开增值税专用发票税款数额30万元以上或使国家税款被骗取25万元以上的；②曾因虚开增值税专用发票被行政处罚或判刑的；③虚开增值税专用发票累计5次以上的；④未按规定缴纳60%以上罚金的。

● 走私普通货物、物品罪

走私普通货物、物品罪主要涉及的违法实质也是偷逃税款，故普通货物走私罪实质上也属于税收刑事犯罪。

《刑法》对走私普通货物、物品罪的规定是根据情节轻重，分别依照下列规定处罚：（1）走私货物、物品偷逃应缴税额较大或者一年内曾因走私被给予两次行政处罚后又走私的，处3年以下有期徒刑或者拘役，并处偷逃应缴税额一倍以上五倍以下罚金。（2）走私货物、物品偷逃应缴税额巨大或者有其他严重情节的，处3年以上10年以下有期徒刑，并处偷逃应缴税额一倍以上五倍以下罚金。（3）走私货物、物品偷逃应缴税额特别巨大或者有其他特别严重情节的，处10年以上有期徒刑或者无期徒刑，并处偷逃应缴税额一倍以上五倍以下罚金或者没收财产。单位犯前款罪的，对单位判处罚金，并对其直接负责的主管人员和其他直接责任人员，处3年以下有期徒刑或者拘役；情节严重的，处3年以上10年以下有期徒刑；情节特别严重的，处10年以上有期徒刑，对多次走私未经处理的，按照累计走私货物、物品的偷逃应缴税额处罚。

类别	违法行为	法律责任	法条	自检结果
违反税务登记管理制度的行为	未按规定申报办理税务登记的	可以处两千元以下的罚款；情节严重的，处两千元以上一万元以下的罚款	《税收征管法》第六十条第一款	
	未按规定申报办理变更税务登记的			
	未按规定申报办理注销税务登记的			
	不按规定使用税务登记证件的	可以处两千元以上一万元以下的罚款；情节严重的，处一万元以上五万元以下的罚款	《税收征管法》第六十条第三款	
	转借、涂改、损毁、买卖、伪造税务登记证件的			
	纳税人未按照规定办理税务登记证件验证或者换证手续的	由税务机关责令限期改正，可以处两千元以下的罚款；情节严重的，处两千元以上一万元以下的罚款	《税收征管法实施细则》第九十条	
	纳税人通过提供虚假的证明资料等手段，骗取税务登记证的		《税务登记管理办法》第四十一条	
	扣缴义务人未按照规定办理扣缴税款登记的	税务机关应当自发现之日起3日内责令其限期改正，并可处以一千元以下的罚款	《税务登记管理办法》第四十二条	
违反账簿管理制度的行为	未按照规定设置、保管账簿或者保管记账凭证和有关资料的	可以处两千元以下的罚款；情节严重的，处两千元以上一万元以下的罚款	《税收征管法》第六十条第一款	
	未按规定报送财务、会计制度或者财务、会计制度处理办法的			
	扣缴义务人未按照规定设置、保管代扣代缴、代收代缴税款账簿或者保管代扣代缴、代收代缴税款记账凭证及有关资料的	可以处两千元以下的罚款；情节严重的，处两千元以上五千元以下的罚款	《税收征管法》第六十一条	
违反纳税申报制度的行为	未按照规定将其全部银行账号向税务机关报告的	可以处两千元以下的罚款；情节严重的，处两千元以上一万元以下的罚款	《税收征管法》第六十条第一款	
	未按照规定安装、使用税控装置，或者损毁或者擅自改动税控装置的			
	纳税人未按照规定的期限办理纳税申报和报送纳税资料的，或者扣缴义务人未按照规定的期限向税务机关报送代扣代缴、代收代缴税款报告表和有关资料的	可以处两千元以下的罚款；情节严重的，可以处两千元以上一万元以下的罚款	《税收征管法》第六十二条	

续表

类别	违法行为	法律责任	法条	自检结果
违反税款征收制度的行为	纳税人、扣缴义务人编造虚假计税依据的	并处五万元以下的罚款	《税收征管法》第六十四条	
	偷税行为，即纳税人伪造、变造、隐匿、擅自销毁账簿、记账凭证，或者在账簿上多列支出或者不列、少列收入，或者经税务机关通知申报而拒不申报或者进行虚假的纳税申报，不缴或者少缴应纳税款；缴纳税款后，以假报出口或者其他欺骗手段，骗取所缴纳的税款行为。纳税人伪造、变造、隐匿、擅自销毁用于记账的发票等原始凭证的行为，应当认定为《刑法》第二百零一条第一款规定的伪造、变造、隐匿、擅自销毁记账凭证的行为	对纳税人偷税的，由税务机关追缴其不缴或者少缴的税款、滞纳金，并处不缴或者少缴的税款百分之五十以上五倍以下的罚款；构成犯罪的，依法追究刑事责任。扣缴义务人采取前款所列手段，不缴或者少缴已扣、已收税款，由税务机关追缴其不缴或者少缴的税款、滞纳金，并处不缴或者少缴的税款百分之五十以上五倍以下的罚款；构成犯罪的，依法追究刑事责任	《税收征管法》第六十三条、《刑法》第二百零一条和最高人民法院关于审理偷税抗税刑事案件具体应用法律若干问题的解释（法释[2002]33号）	
	纳税人不进行纳税申报，不缴或者少缴应纳税款的	由税务机关追缴其不缴或者少缴的税款、滞纳金，并处不缴或者少缴的税款百分之五十以上五倍以下的罚款	《税收征管法》第六十四条	
	抗税，以暴力、威胁方法拒不缴纳税款的	除由税务机关追缴其拒缴的税款、滞纳金外，依法追究刑事责任。情节轻微，未构成犯罪的，由税务机关追缴其拒缴的税款、滞纳金，并处拒缴税款一倍以上五倍以下的罚款	《税收征管法》第六十七条、《刑法》第二百零二条和最高人民法院关于审理偷税抗税刑事案件具体应用法律若干问题的解释（法释[2002]33号）	
	纳税人欠缴应纳税款，采取转移或者隐匿财产的手段，妨碍税务机关追缴欠缴的税款的	由税务机关追缴欠缴的税款、滞纳金，并处欠缴税款百分之五十以上五倍以下的罚款；构成犯罪的，依法追究刑事责任	《税收征管法》第六十五条和《刑法》第二百零三条	

续表

类别	违法行为	法律责任	法条	自检结果
违反税款征收制度的行为	骗取出口退税的行为，以假报出口或者其他欺骗手段，骗取国家出口退税款的	由税务机关追缴其骗取的退税款，并处骗取税款一倍以上五倍以下的罚款；构成犯罪的，依法追究刑事责任：数额较大的，处五年以下有期徒刑或者拘役，并处骗取税款一倍以上五倍以下罚金；数额巨大或者有其他严重情节的，处5年以上10年以下有期徒刑，并处骗取税款一倍以上五倍以下罚金；数额特别巨大或者有其他特别严重情节的，处10年以上有期徒刑或者无期徒刑，并处骗取税款一倍以上五倍以下罚金或者没收财产。对骗取国家出口退税款的，税务机关可以在规定期间内停止为其办理出口退税	《税收征管法》第六十六条和《刑法》第二百零四条	
	纳税人、扣缴义务人在规定期限内不缴或者少缴应纳或者应解缴的税款的	经税务机关责令限期缴纳，逾期仍未缴纳的，税务机关除依照本法第四十条的规定采取强制执行措施追缴其不缴或者少缴的税款外，可以处不缴或者少缴的税款百分之五十以上五倍以下的罚款	《税收征管法》第六十八条	
	扣缴义务人应扣未扣、应收而不收税款的	由税务机关向纳税人追缴税款，对扣缴义务人处应扣未扣、应收未收税款百分之五十以上三倍以下的罚款	《税收征管法》第六十九条	
	纳税人、扣缴义务人逃避、拒绝或者以其他方式阻挠税务机关检查的	由税务机关责令改正，可以处一万元以下的罚款；情节严重的，处一万元以上五万元以下的罚款	《税收征管法》第七十条	
	非法印制、转借、倒卖、变造或者伪造完税凭证的	由税务机关责令改正，处两千元以上一万元以下的罚款；情节严重的，处一万元以上五万元以下的罚款；构成犯罪的，依法追究刑事责任	《税收征管法实施细则》第九十一条	
	为纳税人、扣缴义务人非法提供银行账户、发票、证明或者其他方便，导致未缴、少缴税款或者骗取国家出口退税款的	除没收其违法所得外，可以处未缴、少缴或者骗取的税款一倍以下的罚款	《税收征管法实施细则》第九十三条	

续表

类别	违法行为	法律责任	法条	自检结果
违反税款征收制度的行为	税务代理人违反税收法律、行政法规，造成纳税人未缴或者少缴税款的	除由纳税人缴纳或者补缴应纳税款、滞纳金外，对税务代理人处纳税人未缴或者少缴税款百分之五十以上三倍以下的罚款	《税收征管法实施细则》第九十八条	
	纳税人、纳税担保人采取欺骗、隐瞒等手段提供担保的	由税务机关处以一千元以下的罚款；属于经营行为的，处以一万元以下的罚款	《纳税担保试行办法》第三十一条	
	非法为纳税人、纳税担保人实施虚假纳税担保提供方便的	由税务机关处以一千元以下的罚款	《纳税担保试行办法》第三十一条	
	纳税人采取欺骗、隐瞒等手段提供担保，造成应缴税款损失的	由税务机关按照《税收征管法》第六十八条规定处以未缴、少缴税款百分之五十以上五倍以下的罚款	《纳税担保试行办法》第三十二条	
违反发票管理的行为	非法印制发票的	由税务机关销毁非法印制的发票，没收违法所得和作案工具，并处一万元以上五万元以下的罚款；构成犯罪的，依法追究刑事责任	《税收征管法》第二十二条和第七十一条	
	从事生产、经营的纳税人、扣缴义务人有本法规定的税收违法行为，拒不接受税务机关处理的	税务机关可以收缴其发票或者停止向其发售发票	《税收征管法》第七十二条	
	应当开具而未开具发票，或者未按照规定的时限、顺序、栏目，全部联次一次性开具发票，或者未加盖发票专用章；使用税控装置开具发票，未按期向主管税务机关报送开具发票的数据；使用非税控电子器具开具发票，未将非税控电子器具使用的软件程序说明资料报主管税务机关备案，或者未按照规定保存、报送开具发票的数据的；拆本使用发票的；扩大发票使用范围的；以其他凭证代替发票使用的；跨规定区域开具发票的；未按照规定缴销发票的；未按照规定存放和保管发票的	由税务机关责令改正，可以处一万元以下的罚款；有违法所得的予以没收	《发票管理办法》第三十五条	
	跨规定使用区域携带、邮寄、运输空白发票，以及携带、邮寄或者运输空白发票出入境的，丢失发票或者擅自损毁发票的	税务机关责令改正，可以处一万元以下的罚款；情节严重的，处一万元以上三万元以下的罚款；有违法所得的予以没收	《发票管理办法》第三十六条	

续表

类别	违法行为	法律责任	法条	自检结果
违反发票管理的行为	为他人、为自己开具与实际经营业务情况不符的发票；让他人为自己开具与实际经营业务情况不符的发票；介绍他人开具与实际经营业务情况不符的发票	税务机关没收违法所得；虚开金额在一万元以下的，可以并处五万元以下的罚款；虚开金额超过一万元的，并处五万元以上五十万元以下的罚款；构成犯罪的，依法追究刑事责任	《发票管理办法》第三十七条	
	私自印制、伪造、变造发票，非法制造发票防伪专用品，伪造发票监制章的	税务机关没收违法所得，没收、销毁作案工具和非法物品，并处一万元以上五万元以下的罚款；情节严重的，并处五万元以上五十万元以下的罚款；对印制发票的企业，可以并处吊销发票准印证；构成犯罪的，依法追究刑事责任	《发票管理办法》第三十八条	
	转借、转让、介绍他人转让发票、发票监制章和发票防伪专用品的；知道或者应当知道是私自印制、伪造、变造、非法取得或者废止的发票而受让、开具、存放、携带、邮寄、运输的	税务机关处一万元以上五万元以下的罚款；情节严重的，处五万元以上五十万元以下的罚款；有违法所得的予以没收	《发票管理办法》第三十九条	
	违反发票管理法规，导致其他单位或者个人未缴、少缴或者骗取税款的	税务机关没收违法所得，可以并处未缴、少缴或者骗取的税款1倍以下的罚款	《发票管理办法》第四十一条	
	虚开增值税专用发票或者虚开用于骗取出口退税、抵扣税款的其他发票的犯罪，是指有为他人虚开、为自己虚开，让他人为自己虚开、介绍他人虚开行为之一的	处3年以下有期徒刑或者拘役，并处两万元以上二十万元以下罚金；虚开的税款数额较大或者有其他严重情节的，处3年以上10年以下有期徒刑，并处五万元以上五十万元以下罚金；虚开的税款数额巨大或者有其他特别严重情节的，处10年以上有期徒刑或者无期徒刑，并处五万元以上五十万元以下罚金或者没收财产。单位犯本条规定之罪的，对单位判处罚金，并对其直接负责的主管人员和其他直接责任人员，处3年以下有期徒刑或者拘役；虚开的税款数额较大或者有其他严重情节的，处3年以上10年以下有期徒刑；虚开的税款数额巨大或者有其他特别严重情节的，处10年以上有期徒刑或者无期徒刑	《刑法》第二百零五条	

续表

类别	违法行为	法律责任	法条	自检结果
违反发票管理的行为	伪造或者出售伪造的增值税专用发票的犯罪	处3年以下有期徒刑、拘役或者管制，并处两万元以上二十万元以下罚金；数量较大或者有其他严重情节的，处3年以上10年以下有期徒刑，并处五万元以上五十万元以下罚金；数量巨大或者有其他特别严重情节的，处10年以上有期徒刑或者无期徒刑，并处五万元以上五十万元以下罚金或者没收财产 单位犯本条规定之罪的，对单位判处罚金，并对其直接负责的主管人员和其他直接责任人员，处3年以下有期徒刑、拘役或者管制；数量较大或者有其他严重情节的，处3年以上10年以下有期徒刑；数量巨大或者有其他特别严重情节的，处10年以上有期徒刑或者无期徒刑	《刑法》第二百零六条	
	非法出售增值税专用发票的犯罪	处3年以下有期徒刑、拘役或者管制，并处两万元以上二十万元以下罚金；数量较大的，处3年以上10年以下有期徒刑，并处五万元以上五十万元以下罚金；数量巨大的，处10年以上有期徒刑或者无期徒刑，并处五万元以上五十万元以下罚金或者没收财产	《刑法》第二百零七条	
	非法购买增值税专用发票或者购买伪造的增值税专用发票的犯罪	处5年以下有期徒刑或者拘役，并处或者单处两万元以上二十万元以下罚金	《刑法》第二百零八条	
	非法购买增值税专用发票或者购买伪造的增值税专用发票又虚开或者出售的犯罪		分别依照本法第二百零五条、第二百零六条、第二百零七条的规定定罪处罚	

续表

类别	违法行为	法律责任	法条	自检结果
违反发票管理的行为	非法购买增值税专用发票或者购买伪造的增值税专用发票又虚开或者出售的犯罪		分别依照本法第二百零五条、第二百零六条、第二百零七条的规定定罪处罚	
	伪造、擅自制造或者出售伪造、擅自制造的可以用于骗取出口退税、抵扣税款的其他发票的犯罪		《刑法》第二百零九条	
其他机构未能协作的行为	纳税人、扣缴义务人的开户银行或者其他金融机构拒绝接受税务机关依法检查纳税人、扣缴义务人存款账户，或者拒绝执行税务机关做出的冻结存款或者扣缴税款的决定，或者在接到税务机关的书面通知后帮助纳税人、扣缴义务人转移存款，造成税款流失的	处十万元以上五十万元以下的罚款，对直接负责的主管人员和其他直接责任人员处一千元以上一万元以下的罚款	《税收征管法》第七十三条	
	银行和其他金融机构未依照税收征管法的规定在从事生产、经营的纳税人的账户中登录税务登记证件号码，或者未按规定在税务登记证件中登录从事生产、经营的纳税人的账户账号的	处两千元以上二万元以下的罚款；情节严重的，处两万元以上五万元以下的罚款	《税收征管法实施细则》第九十二条	
	税务机关依照《税收征管法》第五十四条第（五）项的规定，到车站、码头、机场、邮政企业及其分支机构检查纳税人有关情况时，有关单位拒绝的	可以处一万元以下的罚款；情节严重的，处一万元以上五万元以下的罚款	《税收征管法实施细则》第九十五条	

2.1.4 企业税收违法自检工具

- **企业税收违法自检工具**

以下列表包含了企业常见的税收违法行为及承担的责任，可作为企业税收违法的自检工具。

- **工具说明**

上述企业税收违法列表自检工具是一个全面、专业、责任评估明确的工具，是结果评估工具，不是过程控制工具，但仍然具有很重要的作用。该工具的导入不仅能够做到对企业税收违法违规的行为进行整体把控，而且能够为下一周期税务风险的过程防范提供改善的方向。

- 工具导入

企业每半年需要进行一次自检，其导入操作应由专业人士完成，步骤为：

首先，需要将上述违法行为清晰理解；

其次，定期使用该工具比照企业实际情况，查找存在的税收违法行为并进行评估；

最后，根据评估结果确定处置方案。

2.2 历史遗留问题及高风险问题解决

企业应该以"税务风险可控原则"作为对待税务风险时的态度，而不是去追求"税务零风险"。在建立企业税务风险防范前，我们需要先清楚地认识到企业存在哪些历史遗留问题（如下图所示）。

2.2.1 收入按开票确认问题

- 问题所在

我们在给客户做财务咨询的过程中，经统计发现，大量的中小企业，甚至几十亿元营收规模的企业普遍存在收入按开票确认的问题，也就是什么时候开发票什么时候确认收入。在业务流程上更是客户给钱，企业开发票，然后确认收入。"不给钱，不开票，则不确认收入，不交税"成了很多企业的逻辑。给了钱，发了货，不开票，也不确认收入，不交税。

- 风险分析

收入按开票时间确认是不正确的，纳税义务的产生并不全部以开票时间确认。例如预收款方式销售货物增值税以发货时点作为纳税义务发生时点，直接收款销售方式以拿到索取销售款凭据时点作为纳税义务发生时点，企业所得税则是以产品所有权风险转移作为纳税义务发生时点。

收入确认按开票时点确认将产生恶意延迟纳税的结果，由于金额可能比较大，该问题导致的处罚金额也可能会比较大，而企业因此的收益实际上仅仅是延迟缴纳税款一段时间的资金使用费。

另外，这样做还会导致企业账务核算的问题，账务核算结果不准确，与业务实际不一致。账务核算失去了对经营监控、表达、分析、服务的作用，需要额外调整

常见历史遗留问题

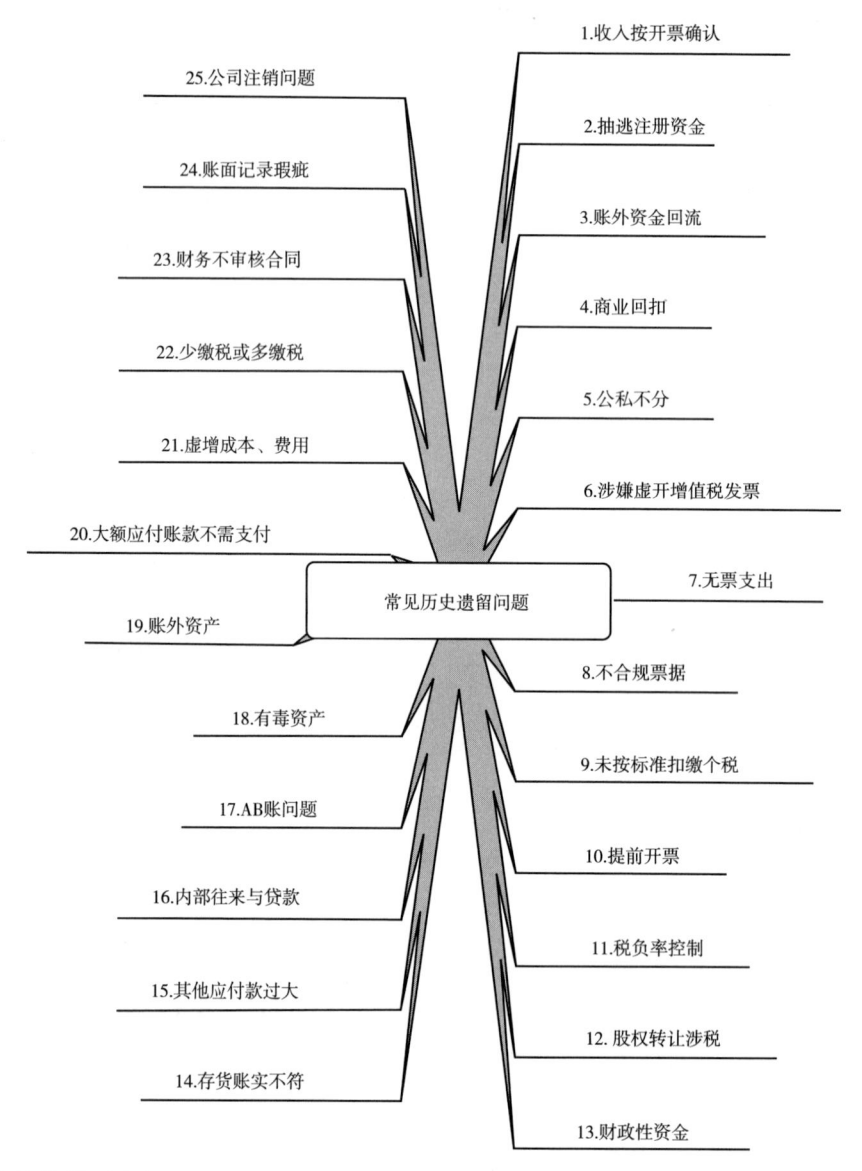

- 1. 收入按开票确认
- 2. 抽逃注册资金
- 3. 账外资金回流
- 4. 商业回扣
- 5. 公私不分
- 6. 涉嫌虚开增值税发票
- 7. 无票支出
- 8. 不合规票据
- 9. 未按标准扣缴个税
- 10. 提前开票
- 11. 税负率控制
- 12. 股权转让涉税
- 13. 财政性资金
- 14. 存货账实不符
- 15. 其他应付款过大
- 16. 内部往来与贷款
- 17. AB账问题
- 18. 有毒资产
- 19. 账外资产
- 20. 大额应付账款不需支付
- 21. 虚增成本、费用
- 22. 少缴税或多缴税
- 23. 财务不审核合同
- 24. 账面记录瑕疵
- 25. 公司注销问题

出经营核算的财务数据，这必然又会导致财务工作量的增加。

企业应该对该问题进行评估，拿出正确的账务、税务处理方案，确定某一时间点进行方案导入，并对历史形成的遗留问题设计过渡方案加以解决。

- 方案设计

> 基本情况描述

某企业主要业务为加工销售涂料产品，收入确认基本按发票开具时间确认。企业一般不存在客户寄存购买货物于企业库房的情况。企业销售基本存在三种方式：一是新客户以预收销售方式销售货物；二是客户直接拿支票或现金购买；三是应收方式销售。按会计及税法确认原则，三种销售方式在货物发出后均应该确认收入，但企业基本按开票时间确认收入，发货并当月开票的销售大约占总销售的50%，这部分销售收入的确认符合税法及会计的规定，另外50%则与税法和会计规定存在偏差，时间以延后3~5个月为主，个别开票时间跨度较长，甚至跨年度。这部分延迟确认的收入大概为6000万元，其中时间较长（超过一年）的大约有800万元。这其中主要是预收客户，货已经发出，款项已经收回，但客户由于工程项目等原因迟迟不让开发票，不过最后基本均会要求企业开票。应收销售方式在绝大部分收款时，客户会要求开票，但也存在个别客户要求延迟开票的问题。

> 问题风险分析

上述情况明显存在延迟确认收入并延迟纳税的问题，存在很大税务风险，税务稽查部门在此前检查时曾提出了该问题，当时由于是税务部门的例行检查，并未深究，只是象征性地查找了一些不合规发票进行了补税。该问题按税法可能产生的风险为：一次性补税6000万元×17%（2019年4月1日起为13%），滞纳金及相当于税款规模的罚款，而企业所得利益仅仅是延迟纳税税款的资金占用。上述收入确认问题还造成企业账务与销售统计存在差异，经营核算需要进行调整，造成了财务工作量的增加。

> 问题解决方案

企业将在半年内基本解决上述问题，具体操作程序如下：

（1）原则上要求客户发货当月开具发票，否则需要特别批准；

（2）新发生销售将按合法、合规时间确认收入，预收销售时发货即确认收入，应收销售时发货即开票给客户（实际操作不存在问题，此前主要是客户未付款故企业不愿开票），现款销售时发货即开票；

（3）新发生销售时，在货物发出后，尽量控制延迟开票客户数量，收入按未开票收入确认，并逐笔开具收据，待开票时申报负数；

（4）对于未开票已发货的销售逐渐

将发票开出，6个月后无论开票还是不开票，对于应收款客户全部确认收入，票未开出的收入按未开票收入进行税务申报。

2.2.2 抽逃注册资金问题

● 问题所在

所谓抽逃注册资金是指企业发起人、股东违反公司法的规定在企业成立后又将其注册资金抽回或者变相转移等行为。在注册资本实行认缴制之前存在较多的抽逃注册资金的现象，尤其是在设立企业时委托中介公司代为注册并代垫注册资金的，企业取得营业执照并开立好银行账户后，中介公司立即将代股东垫付的注册资金转汇走，这就是很典型的抽逃注册资金行为。

● 风险分析

（1）法律风险

《公司法》中规定：公司的发起人、股东在公司成立后，抽逃其出资的，由公司登记机关责令改正，处以所抽逃出资金额百分之五以上百分之十五以下的罚款；同时我国《刑法》也规定了虚报注册资本罪、虚假出资以及抽逃注册资金罪，违反了刑法相应规定的行为人将承担刑事责任。

（2）税务风险

对于抽逃的注册资金在账上往往体现为股东向企业借款并长期挂账；而在税法中规定当股东从企业借款超过经营年度的，将被视同股东分红，须按20%税率缴纳个人所得税。

● 方案设计

有抽逃注册资金现象的企业应该尽早处理，处理的方案可考虑以下方式之一或多方式结合。

（1）尽快用现金将已经抽逃的资金还回企业账户；

（2）可以将属于股东个人的资产按市场价格以转让的形式归还注册资金，例如股东名下车辆转让给企业（车辆转入企业后，与车辆相关的日常维修、保养、油费、过路过桥费、保险以及车辆折旧费用均可以企业所得税税前列支）等；

（3）为避免股东从企业借款超过经营年度的，被视同股东分红而缴纳20%个人所得税，要求股东在年底时将资金归还企业，待下年初再向企业借款；

（4）认定该笔资金作为股东（或其他人员）向企业的借款，股东（或其他人员）须与企业签订借款合同，同时股东（或其他人员）按合同中的约定向企业支付相应的利息；

（5）在特定情况下认定该笔资金已形成坏账，企业对该坏账进行损失处理，但此坏账损失不能作为税收成本在企业所得税税前列支；

（6）在特定情况下用该笔资金进行对外投资，而且根据所投资项目（企业）的经营情况进行相应的业务处理。

2.2.3 账外资金回流问题

● 问题所在

在我们做咨询的客户中，有很多企业存在以股东个人的名义一直借款给企业（公户）的现象，而造成这一情况的原因是企业将采购项目都用企业（公户）进行支付，但销售（收入）项目的款项却只有部分收到企业（公户）中，很大一部分收到股东或老板的个人账户中，以致企业（公户）资金出现不够用的情况，此时为了满足正常经营就需要将原来流到股东个人账户的资金以借款的形式"借入"企业，这就是账外资金回流。

例如，X 销售企业在一个月里采购 1000 万元货物，用企业公户自有资金进行资金的支付，并取得全额的发票进行入账处理；这批货物在当月就全部完成对外销售，收入总额为 1500 万元，但其中有 40% 的销售客户不需要发票，因此企业决定将需要开发票的 60% 的销售收入（900 万元）用企业公户收取并记账，其余不需要开发票的 40% 的销售收入（600 万元）就直接进入股东或老板个人账户中，不在企业账务上反映。

整体来看，X 销售企业这一个月货物销售盈利 500 万元，但对于企业公户来说却是亏损 100 万元，因企业公户的资金为 900 万元。

当第二个月 X 销售企业同样需要采购 1000 万元货物时，企业公户的资金已经不够，此时股东或老板就将收入个人账户的款项以借款的形式借给企业公户使用。这时候就形成了账外资金回流。

如此长期下来，X 销售企业在企业账务上体现的就是持续亏损状态，不停地向股东或老板借款，同时财务部门对这种借款记入"其他应付款"长期挂账，且越挂越多。

● 风险分析

（1）检查账外资金回流是税务稽查

在两套账时很常用并重要的手段，大量的资金长期回流，税务机关首先怀疑的就是企业存在"两套账"，即有账外资金。

（2）对于企业向股东或老板借款而且长期未归还，将牵涉到借款需要支付相应利息的问题，企业向个人支付利息就要求个人到税务机关代开发票，这将涉及补税风险。

● 方案设计

（1）偿还

对于企业已经形成的向股东的借款，用企业公户的资金进行及时归还；在企业公户资金不足时可以向股东或其他人员进行借款，但借款需要签订借款合同，同时支付相关的利息。

（2）增加注册资本

对于长期挂账的向股东借款而企业公户账面上也无力偿还的，可采取股东先对企业进行增加注册资本，企业收到资本金后，账面上有了资金，即可向股东偿还原借款。

2.2.4 涉嫌虚开增值税发票问题

● 问题所在

企业买卖增值税专用发票，但交易不存在"业务流"和"资金流"，这种情况属于虚开增值税专用发票是毫无疑问的。但实际中，除了这种极端的情况外，还存在很多情况涉嫌虚开增值税专用发票。所谓涉嫌虚开增值税专用发票是指业务交易过程的"票流""业务流""资金流"不一致。

● 风险分析

从前面对虚开增值税专用发票的法律责任得知，对增值税专用发票类犯罪的处罚是很严重的，是企业绝对需要避免的风险。现实中，此类案例非常多，企业家最终受到刑事处罚的案例也很多。虚开增值税专用发票一直属于公安部、税务总局重点打击的对象。

● 方案设计

企业需要建立对采购、销售环节中的"票流""业务流""资金流"进行审核的机制，确保"三流"一致。对于因抵债等原因导致的资金流不一致，获得三方抵债协议或委托收款书。例如A企业发货，开票给B企业，资金是C企业支付的，那么A企业需要获得三方抵债协议或B企业出具的委托收款书；若交易使用的是现金，则 A 企业需要取得 B 企业作为收款人的收据，同时经办人需要签字。

2.2.5 不合规票据问题

- **问题所在**

票据是企业在日常经营中最常见的凭证，但对于所取得的票据的合规性却常常忽视，财务部门也没有做到就票据合规性对企业中非财务专业人士进行事先培训、普及，往往是业务已经发生，票据也已经取得，而在财务部门进行票据合规性审核时提出票据不合格，此时容易产生企业内部矛盾，增加企业管理成本以及税收成本。

企业在获取的发票存在以下情况的均属于不合规发票：

① 发票抬头（购货单位）与企业全称不一致，例如发票抬头写简称；

② 发票联和抵扣联没有加盖发票专用章，例如加盖的是公章或财务章；

③ 过期发票，例如本年度列支了以往年度费用的发票；

④ 发票品名、数量与实际不相符；

⑤ 发票金额大小写不一致；

⑥ 发票种类不正确，例如本应使用国税发票却取得地税发票、开票方发票种类使用错误等。

- **风险分析**

由于不合规票据是不可以作为抵扣税务成本、费用列支的，虽说企业已经取得了发票，但这些不合规的发票会增加企业所得税应纳税所得额，企业要多缴纳 25% 的企业所得税，否则就会造成少交税的事实，从而承担风险。

- **方案设计**

> **设计、培训发票检查流程，制定接受发票管理制度**

（1）由财务部门牵头，定期组织企业非财务专业人士针对票据的合规性进行事先培训。

（2）要求相关业务人员在接受非增值税专用发票后，应当立即执行以下复核：

（a）检查发票抬头（购货单位）是否与企业全称一致；

（b）检查发票是否加盖发票专用章，印章是否清晰；

（c）检查发票日期是否正确；

（d）检查发票开具货物或劳务名称及明细是否正确；

（e）检查发票金额大小写是否一致；

（f）检查获取的发票种类是否正确。

（3）要求相关业务人员在接受增值税专用发票后，应当立即执行以下复核：

（a）购货单位、销货单位的信息必须完整（包括名称、纳税人识别号、地址、电话、开户行及账号）；

（b）购货单位的信息必须正确无误（包括名称、纳税人识别号、地址、电话、开户行及账号与税务登记信息一致相符，一字不错）；

（c）收款人、复核人、开票人必须填写完整；

（d）开票人填写为"管理员"或者"开票员"者，属于错误；

（e）打印的信息字迹清楚，不得出现压线、错格、出格等情况；

（f）货物名称必须填写中文名称；

（g）汇总开具专用发票的，同时使用防伪税控系统开具《销售货物或者提供应税劳务清单》，并加盖发票专用章。

（h）发票联和抵扣联加盖发票专用章

✓ 所盖印章必须是发票专用章；

✓ 发票专用章的单位名称和税号必须与销货单位信息一致（发票专用章必须有税号）；

✓ 发票专用章要清晰明了，不得出现模糊不清、字迹不清晰等情况；

✓ 销货单位为小规模纳税人的，应由当地主管税务机关代开发票，必须加盖税务机关代开发票专用章，并在代开发票备注栏上加盖销货单位发票专用章，二者缺一不可。

（i）票、物相符，即购货发票的票面货物名称、数量、金额与实际入库的货物名称、数量、金额一致相符。

（j）采购合同上的供货单位、入库单显示的供货单位与增值税专票上的销货单位一致相符；

（k）实际收款单位与增值税专票上的销货单位一致相符；

（l）适用税率是否准确。

（4）印制企业发票信息名片分发给企业相关人员，名片正面为企业开票信息（企业名称、纳税人识别号、地址、电话、开户行及账号），背面为接受发票的主要复核要素。

（5）出台接受发票管理制度，制度中明确企业接受发票的规定以及违反的处罚。

> **预提相关费用，以解决过期发票问题**

每年 12 月 31 日之前，将已取得未及时报销的发票金额汇总报财务部门，交财务入账，在次年 4 月 30 日前（企业所得税汇算清缴截止日期是 5 月 30 日，提前取得相应的票据以便财务进行业务处理）将票据提交财务部门。

2.2.6 AB 账问题

- **问题所在**

AB 账，即两套账，实质是通过隐藏收入达到偷税目的的常见做法，也是税务稽查部门重点稽查对象。实际业务中，尤其在产业链的终端，存在大量客户不索取发票的情况，这就为企业做两套账创造了条件。故《中华让人民共和国发票管理办法》规定，对于用于经营的采购，买方有义务索要发票，否则也属于违规行为。两套账也是造成纳税环境不公平的一个重要原因，其存在一定的普遍性，也是偷税罪定刑的一个重要原因。

- **风险分析**

两套账存在很大的税务风险，虽然刑法允许在满足一定的条件下"花钱赎罪"，但企业仍然需要付出金额巨大的补税、罚款及滞纳金的处罚。

很多企业两套账的处理非常简单、粗暴，甚至根本不需要稽查，一看对外报表就能判断出在通过两套账进行偷税。两套账导致的常见的后遗症主要有以下几方面。

（1）存货账实不符，出现大量亏库。存货大金额亏库是一个非常难以掩饰和解决的矛盾。一般情况下，企业存货亏库除了两套账原因外，还有购买增值税专用发票、为了利润（拟上市公司）而少结转成本多交税两个原因导致。

（2）货币资金账实不符，资金往来混乱。很多企业通过设置秘密账户的方法解决账外收入资金的问题，这一做法也为税务稽查部门提供了重要的稽查线索。还有些企业由于账外收入比例偏大，资金流向个人卡号（稽查部门也是可以查到的），导致账内资金短缺。进而账外资金频繁以借款形式回流账内，留下明显的稽查痕迹。

（3）税负率严重不合理。每一个行业都有一个平均税负率，很多企业不顾客观事实，带着赌博的心态去经营企业账务，留在账内的部分业务由于材料购进包含账外收入部分，导致流转税、所得税税负率异常偏低。

- **方案设计**

规范是企业做大、做强的前提，该问题属于主观故意行为，要充分评估风险和可能的结果，尽量通过税务规划进行合理安排。同时，企业应根据情况设计方案解决历史遗留问题及避免历史遗留问题进一步严重的做法。

2.2.7 无票支出问题

- **问题所在**

企业经常会出现一些与企业生产经营相关的必要支出，但却没能取得发票，例如车辆违章罚款与事故赔款、洗车、修车（如补胎、换小零件）、员工宿舍租金、零星办公用品采购、打印复印支出、小餐馆加班用餐、开业庆典赞助等，甚至有一些企业的账上无房产也无房租、生产性企业没有电费支出，原因是房租、电费等没有发票无法记账，用所谓"自己"的资金进行支付。

- **风险分析**

前述相关事项属于与企业日常经营有关且实际发生的费用，但由于无法取得合规的发票，因此不能作为税收成本或费用进行税前列支，也就是不能"抵"企业所得税；很多企业选择将此部分费用在 B 账进行处理，人为造成"两套账"，同时由于企业生产经营过程中的必要支出未在账面上反映，造成账面不符合实际经营逻辑，也将带来不必要的税务风险。

- **方案设计**

基于对经营中的支出该有发票务必取得的前提，我们可以采取以下几种方案执行。

（1）账面列支，税前调整

对于企业日常与经营相关的无票支出，可根据有关凭证（如收据等）进行入账处理，资金可以用企业的公户直接支付，但在计算企业所得税的税收成本、费用时再将此部分进行纳税调整；即"记账按会计准则记、交税按税法缴纳"。

实际上，企业将此无票支出记入另一套账，对于缴纳企业所得税是一样的（具体见以下案例分析），因此对企业经营中必要的支出没必要人为地造成"两套账"。

【案例】

假设某企业年销售额 1000 万元（此处暂不考虑增值税，下同），年成本费用总计 900 万元，其中取得发票的费用 800 万元、未取得发票的费用 100 万元，适用的企业所得税税率为 25%（暂不考虑其他纳税调整事项）。

> 一些企业的做法是将有票的做入 A 账，无票的做入 B 账，结果如下表

此种做法，将同时带来账外资金来源的问题，即企业在处理这笔账外资金时实际上是通过借款（备用金）等形式从企业的公户进行支取的。

项目	A 账（万元）	B 账（万元）	汇总（万元）	备注
收入	1000	0	1000	
成本费用	-800	-100	-900	
税前利润	200	-100	100	
企业所得税	-50	0	-50	企业所得税按税前利润 200 万元 ×25% 计算
净利润	150	-100	50	

> **正确做法如下表**

综上，可以看出两种做法所缴纳的企业所得税其实是一样的。

（2）税务局代开发票

通过税务局代开发票后可以"抵"企业所得税。

（3）重塑供应链

由于上游的原因导致正常经营支出无法取得发票，比如涉及农副产品采购的企业，在向农民采购农副产品时，农民无法提供相应的发票，而企业又考虑到自行开具收购发票的风险问题，此时即可考虑组

项目	账面（万元）	备注
收入	1000	
成本费用	900	将生产经营中无发票的必要支出 100 万元也在账面上反映
税前利润	100	
企业所得税	50	税法上承认的交纳企业所得税基数为税前利润 100 万元 + 成本费用中有 100 万元的无发票支出 =200 万元，根据 25% 的税率计算为 50 万元
净利润	50	

第二篇 税系统

083

建农民专业合作社，企业将原来向农民直接采购，重塑成企业向农民专业合作社进行采购。

（4）账外资金支付

部分无发票的支出也可由股东或老板个人的资金支付，但与企业生产经营相关的必要支出则不允许由账外资金支付，如生产性企业的电费等。

2.2.8 商业回扣问题

- 问题所在

从税法的角度，商业回扣实质是一种无票费用。

- 风险分析

商业回扣属于贿赂，存在法律风险，但在税法上通常不追究事项的合法化。

- 方案设计（税务处理角度）

当经营过程发生了商业回扣，可以考虑以下方案：

（1）改变商业模式：比如将营销进行外包，由第三方进行处理；

（2）终止转型：如果所处行业避不开商业回扣的问题，可以考虑终止该行业，转型到其他行业发展；

（3）风险转嫁：引进代理商（经销商），由代理商（经销商）进行处理；

（4）性质转换，代开发票：将商业回扣的性质进行转换，从税务机构代开相应的发票，从企业公户进行资金支付；

（5）股东个人承担。

2.2.9 提前开票问题

- 问题所在

一些客户因个别原因，在未交付商品或劳务的前提下，会提前付款并要求先开具发票。提前开票需不需要先缴税？如果要缴，是流转税还是所得税？很多企业家及财务人员在这一问题上比较容易产生混淆。

- 风险分析

（1）在不熟悉政策的情况下，提前开票业务易被认定为虚开发票；

（2）提前开票将导致一些企业提前确认所得税收入从而需缴纳企业所得税。

- 方案设计

在此，我们需要明确，提前开票

需要缴纳流转税，但不需要缴纳企业所得税。

（1）增值税纳税义务发生时间。《增值税暂行条例》第十九条规定，销售货物或者应税劳务，为收讫销售款项或取得索取销售款项凭据的当天；**先开具发票的，为开具发票的当天**。

（2）企业所得税纳税义务发生时间。国税函【2008】875号文件中关于企业所得税收入的确认标准，须同时满足以下三个条件，确认收入的实现：

①已将商品所有权相关的主要风险和报酬转移给购买方；

②收入的金额能够可靠计量；

③已发生或将发生的成本能够可靠核算。

因此，提前开票而未交付商品或劳务，并未转移商品所有权的主要风险，成本也不能够可靠核算，所以不确认所得税收入，不缴纳企业所得税；当交付商品或劳务时，再确认所得税收入并纳税。

2.2.10 财政性资金问题

- **问题所在**

在实际经营中，有不少企业或多或少地都从当地政府或相关部门获得过各项财政性补贴或返还款，比如科技专项基金、退税款、土地返还款等，部分企业认为这些政府或相关部门的补贴或返还款不是经营收入，不需要缴税。

- **风险分析**

（1）地方政府给予企业购买土地的返还款，不属于财政性资金范围，需要确认收入、缴纳企业所得税。

（2）根据财税【2008】151号第一款规定，企业取得的各类财政性资金，除属于国家投资和资金使用后要求归还本金的以外，均应计入企业当年的收入总额。

- **方案设计**

（1）财政部、国家税务总局《关于专项用途财政性资金企业所得税处理问题的通知》（财税【2011】70号）规定，企业从县级以上各级人民政府财政部门及其他部门取得的应计入收入总额的财政性资金，同时符合以下条件的，可以作为不征税收入，在计算应纳税所得额时从收入总额中减除：

①企业能够提供规定资金专项用途的资金拨付文件；

②财政部门或其他拨付资金的政府部门对该资金有专门的资金管理办法或具体管理要求；

③企业对该资金以及以该资金发生的支出单独进行核算。

（2）上述不征税收入用于支出形成的费用，在计算应纳税所得额时不得扣除；用于支出形成的资产，其计算的折旧摊销不得在计算应纳税所得额时扣除。

（3）企业将符合条件的财政性资金作不征税收入处理后，在5年（60个月）内未发生支出且未缴回财政部门或其他拨付资金的政府部门的部分，应计入取得该资金第六年的应税收入总额；计算应税收入总额的财政性资金发生的支出，允许在计算应纳税所得额时扣除。

综合来讲，财政性资金应该计入企业收入总额，不需缴流转税，但需缴企业所得税；符合条件的情况下，可作为不征税收入，但其支出形成的相应费用或资产的折旧、摊销也不能在计算应纳税所得额时扣除。

2.2.11 存货账实不符问题

● 问题所在

很多企业存在对外公开（如向税务局申报）的存货与企业实际存货不相符的问题，其主要是由于：

（1）日常购买材料或产品增值税专用发票进行入账，但却没有实物入库；

（2）企业存在内外"两套账"；

（3）为降低利润少缴企业所得税，而采用多结转成本所导致；

（4）日常对存货的计算错误导致。

● 风险分析

购买发票涉嫌虚开增值税发票问题并涉及犯罪；同时账上虚列的存货所涉及的增值税最终将被作为进项转出或视同销售缴纳。

● 方案设计

存货账实不符是企业经营一个"硬伤"，风险很大；如果企业已经发生这种情况了，应考虑以下解决方案：

（1）改变"两套账"处理方式，避免差异与风险越来越大；

（2）对于差异部分逐渐消化，但同样有风险；

（3）对差异部分进行报废处理，同时将增值税进项税转出；

（4）如果属于"涨库"现象，将

"涨库"的部分作另行处理；

（5）将企业清理后进行注销，或是先将现有企业有问题的部分剥离，后对其进行处理。

2.2.12 大额应付账款不需支付问题

- 问题所在

企业长期挂账大额应付账款，而该部分应付账款中有一小部分是经营实际中不需要支付的，则有可能其余大部分是由虚假交易（买票）导致的。

- 风险分析

长期挂账的应付账款将带来税务稽查的风险。

- 方案设计

对于长期挂账的大额应付账款，应该尽早处理，以免带来稽查风险。企业可以考虑以下解决方案：

（1）将无须支付的应付账款记入营业外收入，增加利润，当然税收也会增加；

（2）对应付账款进行实际支付，但不允许用现金支付。

2.3 纳税评估体系的建立

为保证日常经营的税务安全，企业需要建立起纳税评估体系，涉税业务均须自身评估后方可进行，以建立起企业自身的纳税"防火墙"。纳税评估体系建立的具体步骤有如下几个方面。

2.3.1 建立税务风险管理制度（范本参考如下）

第一章 总 则

第一条 为确保公司合法经营、诚信纳税，防范和降低税务管理风险，根据《税收征收管理法》和《税收征收管理法实施细则》等国家相关法律法规及公司《财务管理制度》的规定，结合公司实际经营情况，特制定本制度。

第二条 公司税务风险管理的主要目标包括：

（一）公司所有的税务规划活动均应具有合理的商业目的，并符合税法法规；

（二）公司的经营决策和日常经营活动应当考虑税收因素的影响，符合税法规定；

（三）公司的纳税申报、税款缴纳等日常税务工作事项和税务登记、账簿凭证管理、税务档案管理以及税务资料的准备和报备等涉税事项均应符合税法规定。

第三条 本制度适用于公司及其下属全资子公司、分公司，控股子公司、联营企业及合营企业参照执行。

第二章 管理机构设置和职责

第四条 公司应当根据经营特点和内部税务风险管理的要求设立税务管理部门和相应岗位，明确各岗位的职责和权限。目前公司税务管理部门为财务中心。

第五条 公司税务管理部门应当严格履行税务管理职责，包含但不限于以下职责：

（一）制订和完善公司税务风险管理制度和其他涉税规章制度；

（二）参与公司战略规划和重大经营决策的税务影响分析，提供税务风险管理建议；

（三）组织实施公司税务风险的识别、评估，监测日常税务风险并采取应对措施；

（四）指导和监督有关部门、各业务单位以及分、子公司开展税务风险管理工作；

（五）建立税务风险管理的信息和沟通机制；

（六）组织公司内部税务知识培训，并向公司其他部门提供税务咨询；

（七）承担或协助相关部门开展纳税申报、税款缴纳、账簿凭证和其他涉税资料的准备和保管工作；

（八）其他税务风险管理职责。

第六条 公司应当建立科学有效的职责分工和制衡机制，确保税务管理的不相容岗位相互分离、制约和监督。

第七条 公司涉税业务人员应当具备必要的专业资质、良好的业务素质和职业操守，遵纪守法。公司应当定期或不定期对涉税业务人员进行培训，不断提高其业务素质和职业道德水平。

第三章 风险识别和评估

第八条 公司税务管理部门应当全面、系统、持续地收集内部和外部相关信息，结合实际情况，通过风险识别、风险分析、风险评价等步骤，查找公司经营活动及其业务流程中的税务风险，分析和描述风险发生的可能性和条件，评价风险对公司实现税务管理目标的影响程度，从而确定风险管理的优先顺序和策略。

第九条 公司应当结合自身税务风险管理机制和实际经营情况，重点识别下列税务风险因素，包含但不限于：

（一）公司组织机构、经营方式和业务流程；

（二）涉税员工的职业操守和专业胜任能力；

（三）相关税务管理内部控制制度的设计和执行；

（四）经济形势、产业政策、市场竞争及行业惯例；

（五）法律法规和监管要求；

（六）其他有关风险因素。

第十条 公司应当定期进行税务风险评估。税务风险评估由公司税务管理部门协同相关职能部门实施，也可聘请具有相关资质和专业能力的中介机构协助实施。

第十一条 公司应当对税务风险实行动态管理，及时识别和评估原有风险的变化情况以及新产生的税务风险。

第四章 风险应对策略与内部控制

第十二条 公司应当根据税务风险评估的结果，考虑风险管理的成本和效益，在整体管理控制体系内，制定税务风险应对策略，建立有效的内部控制机制，合理设计税务管理的流程及控制方法，全面控制税务风险。

第十三条 公司应当根据风险产生的原因和条件，从组织机构、职权分配、业务流程、信息沟通和检查监督等多方面建立税务风险控制点，根据风险的不同特征采取相应的人工控制机制或自动化控制机制，根据风险发生的规律和重大程度建立预防控制和发现性控制机制。

第十四条 公司应当针对重大税务风险所涉及的管理职责和业务流程，制定覆盖各个环节的全流程控制措施；对其他风险所涉及的业务流程，合理设置关键控制环节，采取相应的控制措施。

第十五条 公司因内部组织架构、经营模式或外部环境发生重大变化，以及受行业惯例和监管的约束而产生的重大税务风险，可以及时向主管税务机关报告，以寻求主管税务机关的辅导和帮助。

第十六条 公司税务管理部门应当参与公司重要经营活动和重大经营决策，包括关联交易、重大对外投资、重大并购或重组、经营模式的改变以及重要合同或协议的签订等，并跟踪和监控相关税务风险。

第十七条 公司税务管理部门应当协同相关职能部门，管理日常经营活动中的税务风险：

（一）参与制定或审核公司日常经营业务中涉税事项的政策和规范；

（二）制定各项涉税会计事务的处理流程，明确各自的职责和权限，保证对税务事项的会计处理符合相关法律法规；

（三）完善纳税申报表编制、复核、审批以及税款缴纳的程序，明确相关的职责和权限，保证纳税申报和税款缴纳符合税法规定；

（四）按照税法规定，真实、完整、准确地准备和保存有关涉税业务资料，并按相关规定进行报备。

第十八条 公司应当对于发生频率较高的税务风险建立监控机制，评估其累计影响，并采取相应的应对措施。

第五章 信息管理体系与沟通机制

第十九条 公司应当建立税务风险管理的信息与沟通机制，明确税务相关信息的收集、处理和传递程序，确保税务信息在公司内部顺畅及时的沟通和反馈，发现问题应及时报告并采取应对措施。

第二十条 公司应当与主管税务机关和其他相关单位保持有效的沟通，建立和完善税法的收集和更新系统，及时汇编公司适用的税法并定期更新。

第二十一条 公司应当根据业务特点和成本效益原则，将信息技术应用于税务风险管理的各项工作，建立涵盖风险管理基本流程和内部控制系统各环节的风险管理信息系统。

第二十二条 公司税务风险管理信息系统数据的记录、收集、处理、传递和保存应当符合税法和税务风险控制的要求。

第六章 监督和改进机制

第二十三条 公司税务管理部门应当对公司税务风险管理机制的有效性进行评估审核，不断改进和优化税务风险管理制度和流程。

第二十四条 公司内部控制评价机构应当根据公司的整体控制目标，对税务风险管理机制的有效性进行评价。

第二十五条 公司可以委托符合资质要求的中介机构，对公司税务风险管理相关的内部控制有效性进行评估，并向税务机关出具评估报告。

第二十六条 未能遵守本制度，给公司造成经济损失的，将依据损失金额大小对有关部门和直接责任人员进行相应惩罚，触犯法律的交由相关部门追究其法律责任。

第七章　附　则

第二十七条　本制度由公司制订并修改，经董事会审议通过之日起生效。

第二十八条　本制度未尽事宜，按国家有关法律法规和公司《财务管理制度》的规定执行。

第二十九条　本制度由公司负责解释。

2.3.2　导入纳税评估自测表

1. 工具表

项目	2016年度	2017年度	2018年度	2019年度	2020年度											
					1月	2月	3月	4月	5月	6月	7月	8月	9月	10月	11月	12月	2020年度
收入																	
成本																	
期间费用																	
存货余额																	
毛利率																	
收入费用率																	
能耗率																	
运费率																	
利润率																	
收入变动率																	
成本变动率																	
费用变动率																	
固定资产折旧率																	
无形资产摊销率																	
存货周转率																	
所得税贡献率																	
流转税税负率																	
整体税负率																	

2. 工具表使用说明

纳税评估自测表是税务风险防范系统的一个重要工具，这个工具用于对企业纳税情况的评估，参数的选择与税务部门纳税评估参数基本一致。该工具表须连续使用，即每年只要在后面增加年度和月份即可，不能将历史数据覆盖使用，上年度及以前年度数据可以将月度数据隐藏只显示年度合计数据。最少要显示上年度详细数据。

通过评估参数的计算，看趋势变化，查找发现其中的异常，进一步分析原因，事前规避税务评估风险。

评估参数计算公式如下表所示：

销售收入变动率 =（评估期收入 − 基期收入）/ 基期收入

销售成本变动率 =（评估期销售成本 − 基期销售成本）/ 基期销售成本

期间费用变动率 =（评估期期间费用 − 基期期间费用）/ 基期期间费用

销售毛利率 =（主营业务收入 − 主营业务成本）/ 主营业务收入

销售利润率 = 营业利润 /（主营业务收入 + 其他业务收入）

收入费用率 = 本期期间费用 ÷ 本期主营业务收入

能耗率 = 本期外购（水、煤等）数量 /（主营业务收入 + 其他增值税应税收入）

运费率 = 本期运费发生额 /（本期存货购进额 + 主营业务收入 + 其他增值税应税收入）

存货周转率 = 销售成本 / 平均存货余额（按年计算）

固定资产综合折旧率 = 固定资产折旧额 / 固定资产原值

无形资产综合摊销率 = 无形资产摊销额 / 无形资产原值

所得税贡献率 = 应纳所得税额 / 主营业务收入

3. 各行业增值税税负表（参考）

GB/T 4754—2011		增值税税负（%）	GB/T 4754—2011		增值税税负（%）
A	农、林、牧、渔业	0.48	D	电力、热力、燃气及水生产和供应业	2.75
1	农业	1.45	44	电力、热力生产和供应业	2.66
2	林业	1.78	45	燃气生产和供应业	1.04
3	畜牧业	0.42	46	水的生产和供应业	5.79
4	渔业	0.69	F	批发和零售业	0.89
5	农、林、牧、渔服务业	0.39	51	批发业	0.84
B	采矿业	7.04	52	零售业	1.1
6	煤炭开采和洗选业	6.63	G	交通运输、仓储和邮政业	
7	石油和天然气开采业	8.41	53	铁路运输业	0.5
8	黑色金属矿采选业	6.29	54	道路运输业	1.9
9	有色金属矿采选业	8.95	55	水上运输业	1.46
10	非金属矿采选业	7.39	56	航空运输业	1.24
11	开采辅助活动	5.36	57	管道运输业	1.53
12	其他采矿业	7.13	58	装卸搬运和运输代理业	0.84
C	制造业	2.45	59	仓储业	1.3
13	农副食品加工业	1.26	60	邮政业	2.11
14	食品制造业	4.15	61	·[6100] 住宿业	3.2
15	酒、饮料和精制茶制造业	4.66	62	·[6200] 餐饮业	2.95
16	烟草制品业	9.39	63	·[6300] 电信、广播电视和卫星传输服务	2.43
17	纺织业	2.03	64	·[6400] 互联网和相关服务	
18	纺织服装、服饰业	3.93	65	软件和信息技术服务业	1.64
19	皮革、毛皮、羽毛及其制品和制鞋业	3.68	J	金融业	
20	木材加工和木、竹、藤、棕、草制品业	2.79	66	货币金融服务	1.6

续表

	GB/T 4754—2011	增值税税负（%）		GB/T 4754—2011	增值税税负（%）
21	家具制造业	3.22	67	资本市场服务	0.14
22	造纸和纸制品业	2.46	68	保险业	
23	印刷和记录媒介复制业	3.48	69	其他金融业	0.38
24	文教、工美、体育和娱乐用品制造业	2.09	L	租赁和商务服务业	
25	石油加工、炼焦和核燃料加工业	1.57	71	租赁业	1.34
26	化学原料和化学制品制造业	2.55	72	商务服务业	1.81
27	医药制造业	6.95	M	科学研究和技术服务业	
28	化学纤维制造业	1.61	73	研究和试验发展	2.39
29	橡胶和塑料制品业	2.65	74	专业技术服务业	3.02
30	非金属矿物制品业	4.19	75	科技推广和应用服务业	2.13
31	黑色金属冶炼和压延加工业	1.03	76	[7600] 水利管理业	4.78
32	有色金属冶炼和压延加工业	1.35	77	[7700] 生态保护和环境治理业	2.14
33	金属制品业	2.08	78	[7800] 公共设施管理业	1.87
34	通用设备制造业	2.93	79	[7900] 居民服务业	1.48
35	专用设备制造业	3.05	80	[8000] 机动车、电子产品和日用产品修理业	1.93
36	汽车制造业	2.78	81	[8100] 其他服务业	1.87
37	铁路、船舶、航空航天和其他运输设备制造业	2.59	82	[8200] 教育	2.21
38	电气机械和器材制造业	2.42	83	[8300] 卫生	
39	计算机、通信和其他电子设备制造业	2.15	85	[8500] 新闻和出版业	3.02
40	仪器仪表制造业	4.2	86	[8600] 广播、电视、电影和影视录音制作业	3.74
41	其他制造业	2.43	87	[8700] 文化艺术业	1.43
42	废弃资源综合利用业	2.81	88	[8800] 体育	0.94
43	金属制品、机械和设备修理业	6.96	89	[8900] 娱乐业	4.98

4.企业所得税预警税负率(参考)

序号	行业	预警贡献率	序号	行业	预警贡献率
1	餐饮业	2.00%	26	农副食品加工业	1.00%
2	道路运输业	2.00%	27	批发业	1.00%
3	电力、热力的生产和供应业	1.50%	28	皮革、毛皮、羽毛(绒)及其制品业	1.00%
4	电气机械及器材制造业	2.00%	29	其他采矿业	1.00%
5	房地产业	4.00%	30	其他服务业	4.00%
6	纺织服装、鞋、帽制造业	1.00%	31	其他建筑业	1.50%
7	纺织业	1.00%	32	其他制造业	1.50%
8	纺织业——袜业	1.00%	33	其他制造业——管业	3.00%
9	非金属矿物制品业	1.00%	34	其他制造业——水暖管件	1.00%
10	废弃资源和废旧材料回收加工业	1.50%	35	商务服务业	2.50%
11	工艺品及其他制造业	1.50%	36	食品制造业	1.00%
12	工艺品及其他制造业——珍珠	4.00%	37	塑料制品业	3.00%
13	化学原料及化学制品制造业	2.00%	38	通信设备、计算机及其他电子设备制造业	2.00%
14	计算机服务业	2.00%	39	通用设备制造业	2.00%
15	家具制造业	1.50%	40	畜牧业	1.20%
16	建筑安装业	1.50%	41	医药制造业	2.50%
17	建筑材料制造业	3.00%	42	饮料制造业	2.00%
18	建筑材料制造业——水泥	2.00%	43	印刷业和记录媒介的复制印刷	1.00%
19	金属制品业	2.00%	44	娱乐业	6.00%
20	金属制品业——弹簧	3.00%	45	造纸及纸制品业	1.00%
21	金属制品业——轴瓦	6.00%	46	专业机械制造业	2.00%
22	居民服务业	1.20%	47	专业技术服务业	2.50%
23	零售业	1.50%	48	专用设备制造业	2.00%
24	木材加工及木、竹、藤、棕、草制品业	1.00%	49	租赁业	1.50%
25	农、林、牧、渔服务业	1.10%			

2.3.3 导入纳税评估自测表

期间/税种	2016年度	2017年度	2018年度	2019年度	2020年度											
					1月	2月	3月	4月	5月	6月	7月	8月	9月	10月	11月	12月	全年
增值税																	
营业税																	
个人所得税																	
企业所得税																	
印花税																	
城建税																	
房产税																	
教育费附加																	
地方教育费附加																	
合计																	
收入																	
整体税负率																	
增值税税负率																	

2.3.4 建立定期税务事项审核制度

企业定期组织内部相关人员对税务事项进行审核，也可以聘请第三方专业机构进行审核。

2.3.5 建立税法搜集制度

（1）每周登录国家税务总局网站，查看最新法规栏目。

（2）每周登录当地国、地税局网站，了解当地政策。

2.3.6 建立特殊涉税事项处理制度

由于企业财税人员对融资租赁、并购重组、买卖不动产等属于本企业的特殊业务日常涉及较少，对此特殊事项的涉税问题可能不太了解，因此建议建立这种特殊涉税事项处理的制度予以应对，也可以考虑聘请专业的第三方机构协助。

2.3.7 设立税务专岗

设立税务专岗，专人负责税务事宜。

第 3 章 税务规划系统

3.1 税务规划实质

3.1.1 税是由什么产生的?

很多老板以缴税多与少来评价财务人员的专业水平低与高,自认为企业缴税很少,那就是财务人员水平很高。其实,这是一个错误的概念,企业缴税很少,还有可能是在偷税。税缴得多与少,不是财务部门做账做出来的。企业业务"交易"的经济行为完成时,对应的税便已产生,财务部门仅仅是根据中国税法的有关规定将税费计算出来而已,这与财务部门的做账基本没有太大关系。因此,税并不是做账产生的,而是企业业务"交易"产生的。

什么是"交易"?企业的采购是交易,销售是交易,发工资也是交易,这些交易都产生了税,而如何交易则决定了如何缴税。合同是交易的书面表达,合同规定了交易的形式、地点以及金额。

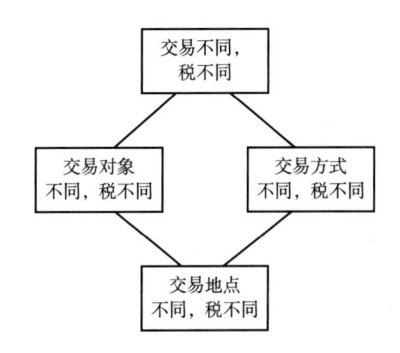

```
        交易不同,
         税不同
       ╱         ╲
  交易对象       交易方式
  不同,税不同   不同,税不同
       ╲         ╱
        交易地点
       不同,税不同
```

3.1.2 税务规划的实质

税务规划实质就是对交易的规划。

【案例】

XX企业进行材料采购时,同样是把总采购额为1000万元的材料入库到企业库房,但交易方式有两种:一种是供应商送货上门(含运输费用总计1000万元),另一种是由XX企业委托第三方物流(20万元费用)到供应商自行提货（980 万元货价）。由于交易方式不同，税也不同，对比如下表所示。

交易方式	含税价款	增值税进项税额
送货上门	1000 万元	1000 万元 ÷(1+13%)×13% =115.04 万元
物流自提	货价：980 万元 物流费：20 万元 总计：1000 万元	980 万元 ÷(1+13%)×13% =112.74 万元 20 万元 ÷(1+9%)×9% =1.65 万元 总计：114.39 万元
税收差异		0.65 万元

3.2 税务规划设计

对于税务规划，可以从企业设立、采购、销售、经营等环节以及税收优惠政策与避税的选择与应用等多维度相结合进行设计。

3.2.1 企业设立环节规划及案例

企业设立环节的税收规划主要从企业性质、注册地点、出资方式、设立方式以及设立顺序等所涉及的税务问题进行规划。

● **企业性质不同的规划**

由于企业的性质不同，其身份也就不同，在纳税上存在较大的差异，因此我们将根据不同情况选择不同的企业身份。以下就有限责任与无限责任的选择、总分公司与母子公司的选择、一般纳税人与小规模纳税人的选择、营利性企业与非营利性企业的选择做一些解释。

➢ **有限责任与无限责任的选择**

（1）纳税税种不同

有限责任公司对于经营所得需要缴纳企业所得税，而后进行股东分红时须再缴纳个人所得税；无限责任公司对于经营所得则不需要缴纳企业所得税，只缴纳个人所得税（如下图所示）。

企业性质	流转税	企业所得税	个人所得税
有限责任	✓	✓	✓
无限责任	✓		✓

（2）通常属于所处产业链终端的企业可以选择无限责任，例如超市作为一个交易平台主体，由各供应商商家入驻营销，可选择有限责任性质的公司，而对于有各生鲜柜台入驻的超市，可选择将生鲜柜台单独设立为无限责任（个体工商户）。

公司性质	主体	本年经营所得	本年企业所得税（25%）	核算方式	法律地位
总分关系	总部	100万元	将总部与分公司的经营所得进行汇总计算，即(100+50-50)×25%=25万元	分公司可以选择独立核算或非独立核算	分公司不具备独立的法人资格，其债务由总公司负责清偿
	分公司1	50万元			
	分公司2	-50万元			
母子关系	母公司	100万元	100×25%=25万元	子公司只能独立核算	子公司具备独立的法人资格，对债务独立承担责任
	子公司1	50万元	50×25%=12.5万元		
	子公司2	-50万元	0		

> **总分公司与母子公司的选择**

企业在进行业务拓展时会遇到设立下属机构的需要，而在开设下属机构时有分公司、子公司两种性质可以选择，这两种性质的机构在纳税、核算方式与法律地位上也有所区别。

从上表可以看出，当年度经营出现亏损时，若是总分关系则可以将亏损与盈利进行相抵后汇总缴纳，而母子关系则各自独立缴纳企业所得税；同时子公司由于是完全独立的法人资格，核算上只能是独立核算并对债务独立承担责任，而分公司可以独立核算也可以非独立核算，其经营债务由总公司负责清偿。

> **一般纳税人与小规模纳税人的选择**

一般纳税人与小规模纳税人的纳税方式不同，一般纳税人是销售货物或提供应税劳务可以开具增值税专用发票，其购进货物或应税劳务可以作为当期进项税抵扣，计算方法为销项减进项后进行纳税；小规模纳税人只能使用普通发票，其购进货物或应税劳务即使取得了增值税专用发票也不能抵扣，计算方法为销售额×征收率（如下表所示）。

一些处于终端或增值较高的企业，可以考虑通过增设法人主体，化整为零，控

纳税人	增值税基本税率	认定标准				
一般纳税人	6%、9%、13%	小规模	≤	年销售额500万元（自2018年5月1日起）	<	一般纳税人
小规模纳税人	3%					

制销售规模，力求不达到一般纳税人的认定标准，保持小规模纳税人状态，从而控制整体税负。

➤ 营利性企业与非营利性企业的选择

从设立的目的来区分，营利性组织以营利为目的，追求利润最大化，追求投资的经济回报；而非营利性组织以促进公益事业为宗旨，不以营利为目的，不追求投资的经济回报。因此非营利性企业是不允许分红的，也不允许上市。

从税收管理角度来看，非营利性企业的增值税、企业所得税几乎都是免除的；而营利性企业都是要缴纳的，只是一定期间内在部分行业、业务存在税收优惠。

● 注册地点不同的规划

为了实现我国对外开放由沿海向内地推进的战略布局、高新技术开发的生产力布局，以及扶持贫困地区发展的目标，我国制定了不同地区税负差别的优惠政策。因此，选择企业的注册地点，对于企业节省税金支出具有十分重要的意义。

（1）利用国家扶持贫困地区发展的税收优惠政策。国家规定：到国家确定的革命老根据地、少数民族地区、边远地区和贫困地区投资新办企业，经主管税务机关批准，可在三年内减征或免征企业所得税。

（2）利用国家对沿海经济开放区、经济技术开发区和上海浦东新区等地的税收优惠政策。国家规定：到上述地区投资办厂，可享受减征税款的优惠。

● 企业出资方式的选择

企业出资形式主要有货币出资、实物出资和无形资产出资。

不同的出资方式对税收影响不同，我们建议对于有形动产的投资，先用货币出资，再用货币去购买相应的有形动产；而对于不动产的投资，除房地产行业以外的企业则直接用实物进行出资。

采取无形资产出资的方式，对于有上市计划的公司不建议采用，同时这种方式出资需要考虑税收成本。

● 企业设立方式的选择

企业设立方式主要有新设、分立、合并以及划拨。

分立的设立方式是指将原有的 A 公司分立为新 A 公司 +B 公司或原有的 A 公司分立为 B 公司 +C 公司；

合并的设立方式可分为新设合并与吸收合并。新设合并是指将原有的A公司+原有的B公司合并为C公司；吸收合并是指将原有的A公司+原有的B公司合并为新A公司。

【案例】

XX家具公司名下有一家A酒店，业务发展后又成立一家B酒店公司。为便于同业管理，拟将A酒店转到B酒店公司名下。如果通过B酒店公司将A酒店直接购买的方式，带来的各项税费成本非常高。因此，我们建议先将XX家具公司分立为新XX家具公司与A酒店公司后，再将A酒店公司与B酒店公司进行合并；分立、合并过程中几乎无税。

● **企业设立顺序的选择**

很多企业家在成立公司时存在较大的随意性，这种随意性也将带来较大的税收成本。在设立公司时，需要考虑设立的层级顺序以及需要先设立公司再做业务。

【案例】

自然人甲名下有一家化妆品生产A公司，现拟投资设立酒店B公司。出于集团化管理以及税收规划的目的，最终需要由自然人甲控制一家X公司，由X公司控制持有A公司与B公司的股权。为达到以上最终目的，有两种实现途径：一种是现在成立B公司时仍由自然人甲直接设立，而后自然人甲再设立X公司，由X公司向自然人甲收购A、B公司的股权；一种是现在由自然人甲先直接设立X公司，再用X公司直接投资设立B公司，然后X公司向自然人甲收购A公司的股权。对于第二种途径，未来将省去X公司向自然人甲收购B公司的股权等一系列事项以及税收问题。这就是设立公司需要考虑的设立层级顺序问题。

同时，在投资酒店业务时如果不是先将B公司设立好再做业务，而是说干就干，买地、盖房、购买设备、开始筹建，公司还没进行注册，投资就完成了成百上千万元；等B公司注册下来才发现，很多资产和B公司的筹办费用都在原有公司名下，发票也是开给原有的公司，要想把这些资产和筹办费用转移到B公司，只能自己跟自己再进行一次买卖，交易一做，税又来了。所以建议企业家们一定要先设立公司再开展业务。

3.2.2 企业采购环节规划及案例

我们所说的采购是指广义的采购，只要是花钱买产品、买服务的都属于采购。在这个采购环节同样会影响纳税，需要进行规划。

● **供应商的选择与管理**

供应商的纳税性质不同，能给企业提供的发票也有所不同，比如供应商是小规模纳税人，取得增值税专用发票可抵扣的仅为3%；若其是一般纳税人，取得增值税专用发票可抵扣6%、9%或13%；当然取得的如果是普通发票，则不可抵扣增值税。

因此，我们需要对供应商的纳税性质进行管理，建议设计《增值税专用发票采购清单》，采购部门在采购合同签订前或采购订单发出前，采购经办人应明确此采购范围是否属于必须获取增值税专用发票的采购事项，并与供应商以合同或其他方式明确。

《增值税专用发票采购清单》例示如下表。

序号	采购事项	税率	备注
1	购买小规模纳税人物资	3%	税务局代开
2	接受小规模纳税人服务	3%	税务局代开
3	接受简易计税下建筑、文化体育服务	3%	
4	高速公路通行费	3%	计算抵扣
5	租赁小规模纳税人不动产	5%	税务局代开
6	接受简易计税下的人力资源外包、劳务	5%	
7	购买或租赁简易计税下的不动产	5%	
8	一级二级公路、桥、闸通行费	5%	计算抵扣
9	会议服务费、广告宣传费	6%	
10	设计服务、知识产权服务	6%	
11	住宿费	6%	
12	电话费、网络费等增值电信服务	6%	
13	车辆保险、财产保险费	6%	

续表

序号	采购事项	税率	备注
14	物业管理费	6%	
15	社会组织的会费、年费		
16	信息技术费		
17	培训费、鉴证服务、咨询费、研发和技术服务		
18	电话费、网络费等基础电信服务	9%	
19	会议场地租赁费		
20	房屋及附属设备租赁、维修费		
21	建筑工程、安装、修缮、装饰服务		
22	邮寄费、运输费		
23	停车费		
24	暖气、冷气、煤气、石油天然气、天然气		
25	水费		
26	绿化费（盆栽花草办公场所摆放）		
27	图书、报纸、杂志		
28	饲料、化肥、农药、农机（整机）、农膜		
29	农产品（指各动、植物初级产品）		
30	食用盐		
31	音像制品、电子出版物		
32	二甲醚		
33	办公用品（文具纸张、打印机、电脑等）	13%	
34	办公设备维修		
35	材料费		
36	消防器材		
37	有形动产租赁（汽车等）		

续表

序号	采购事项	税率	备注
38	劳动保护费	13%	
39	车辆修理费、油料费		
40	印刷装订费		
41	软件购买费		
42	电费		

● 供应链的塑造

重塑供应链实质上也需要改变交易对象，重塑供应链的重点是没有现成的交易对象，需要设计出一个新的交易对象。供应链有内部供应链和外部供应链之分，我们可以通过单独设立企业的方式将内部供应链变成外部供应链，也可以通过收购合并供应商的方式将外部供应链变成内部供应链。

很多企业可以通过重塑供应链来进行税收规划以及降低经营风险，尤其是与农林牧渔相关的行业。

【案例】

江苏某绿化公司主业是绿化工程，其自建苗圃基地。该公司的一个项目收入3000万元，但成本仅为500万元，利润率很高，企业所得税自然也很高。经了解，该公司利润率很高的主要原因是其有自建苗圃基地，绿化所用的树木是自己栽培的，成本很低，只有养护成本，而若是外购树苗则成本很高。

对此建议该公司重新塑造供应链，将苗圃基地分立出去成立苗圃公司或与农民合作成立合作社，也就是将内部供应链变为外部供应链。这时绿化公司要从苗圃公司购买树木，当然按市场公允价格计价结算。苗圃公司开票给绿化公司，绿化公司作为成本列支。这样下来，产业链的利润在两家公司之间进行了分配，同时苗圃公司属于农林牧渔行业，可享受减免税。

【案例】

A机械设备制造公司，在其设备产品

中用到集成电路，含有该集成电路的设备进行销售时，按 13% 的税率作为销项税额计算增值税，同时企业所得税也没有任何优惠政策。

建议将集成电路业务独立为 B 软件公司，作为 A 公司的供应商；B 软件公司的企业所得税自获利年度起"两免三减半"，同时增值税实际税负超过 3% 的部分可以即征即退。

3.2.3 企业销售环节规划及案例

● 赠送视同销售的规划

一些企业销售过程经常使用赠送（买一送一、买大件送小件等）、返货的方式进行促销，但这类促销方式可能被认定为视同销售，征收相应的税款。对于企业来说，如果是将商品作为礼品真实赠送给朋友等，那对应的税款是应该缴纳的；但如果是为了达成销售，以赠送、返货的方式进行促销的商业行为，却因此被视同销售进行税款缴纳，这就有点"冤枉"了。

【案例】

A 品牌家用电器代理商，常以"买微波炉送饭盒"的促销模式进行销售，一个年度赠品的成本约为 3000 万元。对此，税务机关稽查认定该企业的赠送行为视同销售，要求其按赠品成本的 110% 为计税基数补缴增值税（3000×110%×13%=429 万元），同时缴纳滞纳金与罚款。

该代理商出现此问题，其实是没有进行相应的规划，建议如下。

假设微波炉售价 3000 元，促销赠送的饭盒售价为 200 元；那么①转化为商业折扣，开发票内容为微波炉 3000 元、饭盒 200 元、折扣 -200 元、总价 3000 元或微波炉 2812.5 元、饭盒 187.5 元、总价 3000 元；②打包成套销售，开发票内容为微波炉（含饭盒）3000 元。

当然，若客户不需要发票，那企业可在确认无票收入时，根据上述的方法进行入账并申报相应税费。

● 销售方式的选择

（1）会员制销售

一些终端行业的企业会采用会员制销售的模式，只对会员进行服务，收取一定金额的会员费用，同时产品对会员销售时会有相应的折扣。事实上这是一种出于税收的规划行为。

【案例】

A品牌服装公司将原来代理商销售改为代理商会员制销售模式，销售服装适用的增值税税率为13%，而会员费适用的增值税税率为6%。假设公司将原年销售额20亿元代理商销售模式改为收取价款的20%作为会员费，而后对会员打8折进行销售，即：

模式	销售收入	增值税（销项）
代理商销售	服装含税收入20亿元	20亿元÷（1+13%）×13%=23009万元
代理商会员制销售	服装含税收入16亿元 会员费含税收入4亿元 合计：20亿元	16亿元÷（1+13%）×13%=18407万元 4亿元÷（1+6%）×6%=2264万元 合计：20671万元（相比减少2338万元）

通过以上案例可以看出，销售方式的改变对税收影响比较大。

（2）不动产交易改投资

对于不动产的销售交易，在买卖双方不是房地产企业的情况下，可以考虑将其改为投资模式进行税务规划。

【案例】

北京平谷某工厂，原来以800万元购入一块土地自建厂房经营，后因政府整体规划调整需进行搬迁，拟转让给另一公司做商业用途，转让的价格约6000万元（增值5200万元），对此直接转让土地须缴营业税（"营改增"前）及附加、企业所得税、土地增值税、印花税等，测算下来须缴纳税费3000余万元。

对此次交易进行税务规划，建议其将不动产交易改为投资，公司以土地出资与对方合作设立公司，再将股份转让给对方。由于土地投资不需要缴纳营业税（"营改增"前）、城建税、附加费、土地增值税等税，主要缴纳的是土地增值收益所产生的企业所得税。因此改为投资后，将减少税费2000余万元。

当然，上述将交易改为投资需要购买方的配合和同意，买方还要充分考虑这块土地未来销售可能增加的土地增值税。

● **分劈技术的使用**

将一笔业务或一项业务拆分成两项或多项业务，而拆分后各项业务所适用的税率有部分或全部降低，这就是分劈技术。分劈技术在销售环节规划中是一个常用的规划技术，并常用于增值税终端行业，也就是下一环节不再进行增值税抵扣的行业（如下页案例所示）。

【案例】

业务项目	整体混合交易	分劈技术
雕塑业务	产品含安装混合销售 13%	设计服务 6% 安装服务 9% 产品制造 13%
门窗、空调	产品含安装混合销售 13%	安装服务 9% 产品销售 13%

3.2.4 企业经营环节规划及案例

● 经营范围的选择

一些企业的经营范围比较广，经营业务较多，可能导致其无法享受一些税收优惠政策。

【案例】

A公司主要经营的业务为电脑设备销售、系统集成等，公司年销售收入总额1.3亿元，其中电脑设备销售7000万元，系统集成6000万元；年研究开发费用总额400万元。

A公司拟申请高新技术企业享受相关的税收政策，其系统集成业务符合申请高新技术产品认定条件，而电脑销售业务则是不符合的。

在申请高新技术企业时，要求企业高新技术产品（服务）收入占企业同期总收入的比例不低于60%，同时研究开发费用总额也需要占同期销售收入总额的一定比例；而A公司将非高新技术产品的电脑销售业务同系统集成业务放在同一家公司里经营，这意味着增加了A公司申报高新技术企业认定的难度。

建议A公司将系统集成业务（高新技术产品/服务）单独在一家公司经营。详见下表对比。

项目	A公司整体经营	系统集成独立经营
销售总收入	1.3亿元	6000万元
高新技术产品收入	6000万元	6000万元
高新技术产品收入占比	46.15% （不满足认定条件）	100% （满足认定条件）
研究开发费用总额	400万元	400万元
研究开发费用占比	3.08% （不满足认定条件）	6.67% （满足认定条件）

● 经营方式的选择

（1）自产或委托加工

对于处于生产加工行业的企业，在购买原材料环节无法或较难取得相应的发票导致经营风险增大时，可以考虑将自产方式转化为委托加工。

【案例】

A公司为铝材加工企业，其从废品回收站采购废铝时，很难从废品回收站取得发票；这时就可以考虑将A公司采购原材料生产成品销售给客户的经营方式改为由客户自行采购原材料（废铝）委托A公司进行加工，A公司只收取加工费用。

另外，对于采用简易征收或进项税专用发票较多的生产加工企业，可以考虑将自己生产的经营方式改变为由客户自行采购材料（增值专用发票将由客户进行直接抵扣）后委托给生产加工企业进行加工。

（2）出租改为提供仓储服务

【案例】

北京郊区某工业产业园公司，建有大量的车间厂房及仓库，账面价值2亿元。由于园区周围配套设施不完善，无法引进工业生产企业；产业园只好将厂房租赁给其他公司作为库房存放货物，假设每年收取租金总计3000万元。

对于出租房屋属于租赁服务业，需缴纳9%的增值税，同时还需要缴纳房产税；而房产税按租金的12%进行缴纳，即3000×12%=360万元。

实地调研发现该公司出租厂房的同时，还需负责整个园区的安全保卫工作及房屋日常维护。因此，建议公司改变经营方式，将原来的租赁服务改为提供仓储服务；这样厂房就属于自用性质，房产税将按房产原值一次性减去10%~30%（各地方有所不同，北京为30%）后余值的1.2%进行缴纳，即20000×(1-30%)×1.2%=168万元，较之前提供厂房租赁服务的经营方式降低税负192万元（详见下表）。

方式	计税依据	税率	年房产税
租赁服务	租金收入	12%	3000×12%=360万元
仓储服务	房产原值一次性减去30%	1.2%	20000×(1-30%)×1.2%=168万元
税收降低			192万元

方式	建造原值	年房产税	50年房产税总额
整体建造	房屋：20000万元	20000×(1-30%)×1.2%=168万元	8400万元
拆分建造	房屋：15000万元 非房屋：5000万元 总计：20000万元	15000×(1-30%)×1.2%=126万元	6300万元
税收降低		42万元	2100万元

另外，如果对房产的原值进行相应的规划，那缴纳的房产税将更低。房产税属于财产税中的个别财产税，其征税对象只是房屋，因此在自行建造房屋时如果将围墙、绿化、路面、停车场、室外管道等不属于房屋必要的载体单独列示的话，那房屋的原值将有所降低，企业房屋自用时的房产税也将年年降低。详见上表对比。

（3）精装修房屋销售

市场上有很多开发商销售的是精装修房产项目，这源于市场对精装产品的需求，同时还有税收规划的需要。房地产企业除了要缴纳销售不动产增值税、城建税、附加费、企业所得税等税费外，还需要缴纳土地增值税。

通过前面主要税法体系介绍，可以看出土地增值税是按增值率对应不同的税率计征，增值率越高，土地增值税越高，最高税率为60%（房地产企业开发的商品房增值率在20%以下的免征土地增值税），具体见下表。

级数	计税依据	适用税率	速算扣除率
1	增值额未超过扣除项目金额50%的部分	30%	0
2	增值额超过扣除项目金额50%、未超过扣除项目金额100%的部分	40%	5%
3	增值额超过扣除项目金额100%、未超过扣除项目金额200%的部分	50%	15%
4	增值额超过扣除项目金额200%的部分	60%	35%

从上表可以看出来，适用税率取决于增值率，增值率越高，税率越高。而增值率=（销售价格－可扣除成本项目金额）÷可扣除成本项目金额，因而想降低增值率，要么降低分子（销售价格），要么增加分母（可扣除成本项目金额）。

【案例】

某房地产开发商一楼盘建筑面积10万平方米，土地、建安、开发费用等土地增值税可扣除成本为4亿元（4000元/平方米）。

假设：①毛坯房销售售价为8.5亿元（8500元/平方米）；②精装修房销售，每平方米装修成本（含增加的相关税金）为1500元，装修部分不赚取一分利润，则总售价变成10亿元（10000元/平方米），可扣除成本变为5.5亿元（5500元/平方米）。下表对比两种经营方式需要缴纳的土地增值税。

● **经营费用的选择**

企业经常会遇到因为发票问题或是费用性质问题，导致一些费用无法列支，还会存在一些税法不允许全部抵扣的费用。对于企业日常的经营费用需要做到将不能列支的费用尽量列支，同时将能列支的费用最大化列支。

一些的确无法取得发票的费用，可以事前进行性质规划，通过税务局代开发票来处理；一些税法规定不能全额列支的费用通过合法的费用性质转换，转换成能够全额列支的费用。

另外，很多企业存在认识误区，以为老板不给自己发工资，就可以减少缴纳个人所得税。对此可以通过下页表进行对比。

通过上述对比可以看出，当老板给自己一年发50万元的工资时，较不发工资可以少缴纳10万元的税金，多取得10万元的合法个人收入，所以老板不给自己发工资显然不是一个明智之举。

经营方式	售价	扣除成本额	增值额	增值率	税率	应交土地增值税
毛坯房销售	8.5亿元	4亿元	4.5亿元	113%	50%	16500万元
精装修房销售	10亿元	5.5亿元	4.5亿元	82%	40%	15250万元
税负降低					10%	1250万元

项目	老板不发工资的年度金额情况	老板发50万元工资的年度金额情况	税收降低
老板发放工资	0万元	−50万元	
个人所得税（薪金）	0万元	−10万元	
老板实发工资	0万元	−40万元	
企业税前利润	100万元	50万元	
企业所得税	−25万元	−12.5万元	
净利润	75万元	37.5万元	
个人所得税（分红）	−15万元	−7.5万元	
老板分红所得	60万元	30万元	
老板个人合法收入	60万元	70万元	
税金总计	40万元	30万元	10万元

3.2.5 税收优惠政策选择及应用

目前国家对每一税种都存在一些税收优惠政策，企业只要满足优惠政策所适用的范围、条件，都能申请享受。建议每家企业根据自己所处的行业，将税法里每一种税的优惠政策进行梳理，选择与自身较贴近的优惠政策进行申请；当然实际操作中，为达到享用优惠政策，可能需要企业根据优惠政策的要求做出一定的调整。

目前大多数企业可以享受西部大开发优惠政策、软件企业优惠政策、高新技术企业优惠政策、软件集成电路行业优惠政策、研发费用加计扣除、残疾人员工资100%加计扣除、亏损的使用、"废水、废气、废渣"的利用、员工离职补偿金等政策。

- **软件企业优惠政策**

企业所得税方面的优惠：一是我国境内新办软件生产企业经认定后，自获利年度起，第一年和第二年免征企业所得税，第三年至第五年减半征收企业得税；二是国家规划布局内的重点软件生产企业，如当年未享受免税优惠的，减按10%的税率征收企业所得税。

增值税方面的优惠：对增值税一般纳税人销售其自行开发生产的软件产品，按13%的法定税率征收增值税后，对其增值税实际税负超过3%的部分实行即征即退政策。

- **高新技术企业优惠政策**

企业所得税的法定税率是25%，如果企业能够被认定为国家级高新技术企业,则所得税享受 15% 的优惠税率。所得税降低 40%,是一个非常大的优惠。只要企业属于国家鼓励的高新技术行业,电子信息技术、生物与新医药技术、航空航天技术、新材料技术、高技术服务业、新能源及节能技术、资源与环境技术、高新技术改造传统产业,均属于国家重点支持的高新技术领域。按高新技术企业认定要求去匹配企业的条件,主要是知识产权和研发费条件,即可申请认定高新技术企业。

● 研发费用加计扣除

企业所得税法第三十条第(一)项所称研究开发费用的加计扣除,是指企业为开发新技术、新产品、新工艺发生的研究开发费用,未形成无形资产计入当期损益的,在按照规定据实扣除的基础上,按照研究开发费用的 50% 加计扣除;形成无形资产的,按照无形资产成本的 150% 摊销。

【财税[2018]99 号】文件提高了研发费用加计扣除的口径,规定企业开展研发活动中实际发生的研发费用,未形成无形资产计入当期损益的,在按规定据实扣除的基础上,在 2018 年 1 月 1 日至 2020 年 12 月 31 日,可按照实际发生额的 75% 在税前加计扣除;形成无形资产的,在上述期间按照无形资产成本的 175% 在税前摊销。

● 残疾人工资 100% 加计扣除

企业所得税法第三十条第(二)项所称企业安置残疾人员所支付的工资的加计扣除,是指企业安置残疾人员在按照支付给残疾职工工资据实扣除的基础上,按照支付给残疾职工工资的 100% 加计扣除。残疾人员的范围适用《中华人民共和国残疾人保障法》的有关规定。

根据国家税务总局公告 2016 年第 33 号关于发布《促进残疾人就业增值税优惠政策管理办法》的公告,自 2016 年 5 月 1 日起,纳税人享受安置残疾人增值税即征即退优惠政策。月应退增值税额 = 纳税人本月安置残疾人员人数 × 本月当地月最低工资标准的 4 倍。

● 亏损的使用

《企业所得税法》第十八条:企业纳税年度发生的亏损,准予向以后年度结转,用以后年度的所得弥补,但结转年限最长不得超过五年。

【财税[2018]76 号】文件延长了部分企

业亏损弥补年限：自 2018 年 1 月 1 日起，当年具备高新技术企业或科技型中小企业资格的企业，其具备资格年度之前 5 个年度发生的尚未弥补完的亏损，准予结转以后年度弥补，最长结转年限由 5 年延长至 10 年。

- **员工离职补偿金适用政策**

按国家规定，离职获得的经济补偿金在当地上年职工平均工资 3 倍数额以内的部分，免征个人所得税，超过的部分才需要征税。例如 XX 市 20XX 年度全市职工平均工资为 60000 元，3 倍就是 180000 元，经济补偿金超过这个数额的部分，才需要征收个人所得税。

3.2.6 避税的选择与应用

所谓避税是指形式上合法，但实质上却有违立法精神的方式。比如在国家对外资企业有较多税收优惠政策时，"假外资"就是一个典型的避税方式。避税虽然有风险，但很难归为违法，所以反避税的结果就是补税以及按同期银行贷款利息缴纳资金占用费。

- **保值资产的使用**

利用红木办公家具、字画古董装饰等保值资产进行相应的避税处理。

- **工资福利化**

所谓工资福利化是指将对员工发放工资薪金改变为向员工发放选择权利。比如员工的业务提成、年度奖金按薪金进行发放时将产生相应个人所得税，对于员工来说，拿到扣完个人所得税的实发薪金后用于购买车辆。类似这种情况，企业可以考虑以企业的名义购买车辆，然后分配给相应的员工使用；这样对于员工来讲，省去个人所得税，可以购买到更高价值的车辆，同时由于车辆是企业购买的，其日常车辆使用费用均可以在企业列账支出。

- **利润转移**

所谓的利润转移是指将利润从高税率地区向低税率、零税率地区转移，这是一种最常见的避税方法。

第三篇 账系统

账系统，是企业财务系统的第三个模块，也是企业财务系统最基础的模块。众所周知，财务系统是企业经营信息系统的一部分，企业经营信息包含各方面的信息，其中最大和最主要的构成信息，就是财务信息。而财务信息就是由财务系统提供的。在财务系统中，提供财务信息的基础模块就是账系统。

所谓的账系统，是在企业每项业务发生后，通过相应的业务单据，转换为财务单据，即由原始单据到会计凭证的过程。通过会计凭证，又运用财务各式专业的手法，生成账簿和报表等。大家熟知的管理报表，就是基于企业的账务体系产生的。

所以，账系统的一个考核标准，就是能否准确地反映企业的业务。同时，企业的业务时时刻刻都在发生，这必然要求账系统可以及时地反映业务。

准确性和及时性对账系统的工作流程和标准都提出了要求，也就是说，账系统对业务的反映不能扭曲和变形，也不能滞后。同时，记账的目的是辅助企业管理，管理的需求决定了账系统的核算口径和细化要求，随着管理的提升，账系统也需要不断的优化。

所有这些，是账系统设计时对需求的考虑，这些因素与会计核算的专业技术、核算软件等相结合，形成企业的账系统。

第 1 章　企业管理报表系统

何谓管理报表系统（见下图所示）？管理报表与日常会计报送的三张报表（资产负债表、损益表、现金流量表）有什么区别？

简而言之，会计报表是合规性报表，主要是满足外部使用者掌握企业的财务状况、经营成果和现金流量等情况，提供给

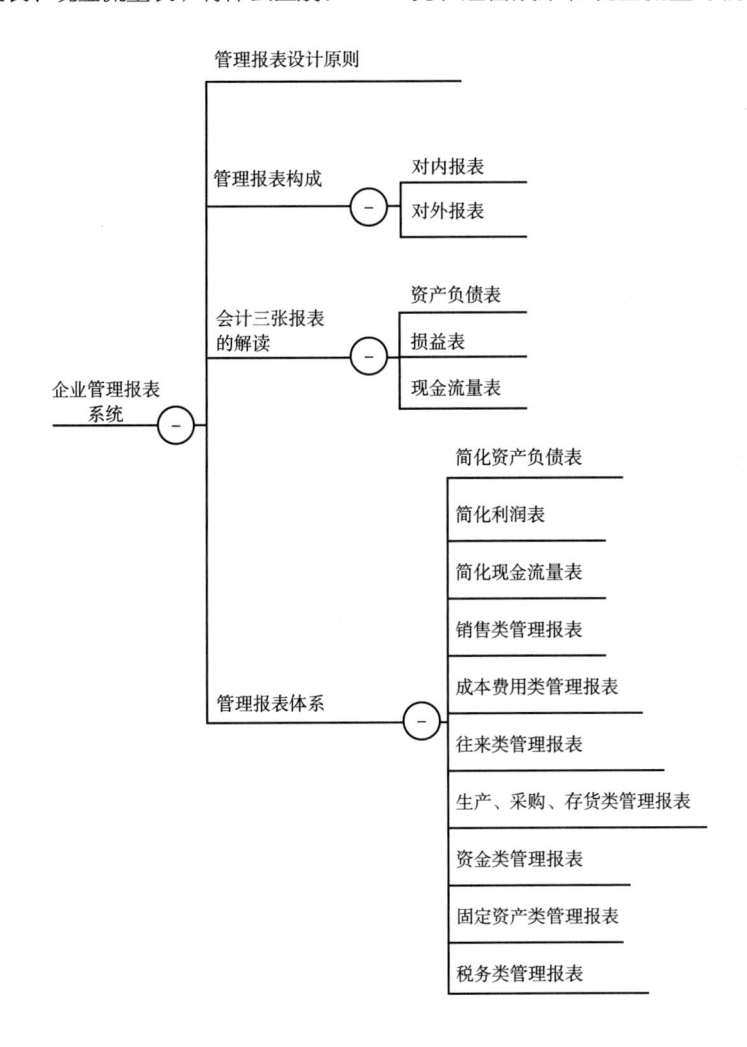

```
企业管理报表系统
├─ 管理报表设计原则
├─ 管理报表构成
│   ├─ 对内报表
│   └─ 对外报表
├─ 会计三张报表的解读
│   ├─ 资产负债表
│   ├─ 损益表
│   └─ 现金流量表
└─ 管理报表体系
    ├─ 简化资产负债表
    ├─ 简化利润表
    ├─ 简化现金流量表
    ├─ 销售类管理报表
    ├─ 成本费用类管理报表
    ├─ 往来类管理报表
    ├─ 生产、采购、存货类管理报表
    ├─ 资金类管理报表
    ├─ 固定资产类管理报表
    └─ 税务类管理报表
```

投资者、债权人或者法定监管单位，比如税务局和银行。因此为了保证会计报表对企业业务的表达没有扭曲和捏造，会计报表需要按照《企业会计准则》进行编制，即用标准的会计语言来表达企业的经营状况；并且很多时候，会计报表还需要经过独立第三方鉴证机构审计并发表审计意见（即会计报表需要经过审计），从而表明其公允、客观地提供了相关信息。

管理报表则是提供给企业内部管理者看的，是帮助管理者深度剖析企业经营管理情况的"仪表盘"。为了让管理报表可以用于企业管理，企业的账务核算设计需要满足管理报表的数据提取。把账算清楚，不仅需要数字正确，时间点正确，按管理单元的切割也要正确。

1.1 管理报表设计原则

1.1.1 简单性原则

管理报表是提供给管理者看的，而管理者一般都不是财务专业人士。因此，管理报表的编制一定要简明扼要、重点突出，不能让阅读者在成堆的表格数据中迷失，无法透过数字看懂企业的真实经营情况。所以管理报表在设计时，要求全部报表的构成简单，单个表单的内容简单。

【案例】

以下两张表为某日化零售企业设计的管理报表目录，报告事项的选择契合企业实际业务类型，共9张表，涉及盈利能力、流动性及经营效率的分析。通过本期财务管理情况说明，以表格为主，辅以文

序号	报表类别	报表名称	本月财务管理情况说明
1	月报	关键财务指标表	1.收入实现情况
2	月报	门店收入明细表	2.资金存量及预测
3	月报	门店营运利润明细表	3.毛利情况
4	月报	门店费用明细表	4.SKU及动销率
5	日报	门店营业与资金稽核表	5.库存总额及周转天数
6	周报	SKU及动销情况表	6.费用预算完成情况
7	周报	库存汇总表	7.人效及坪效提升追踪
8	月报	员工薪酬结构分析表	8.下月财务工作重点
9	月报	门店人效及坪效分析	

字重点点评须关注事项，简明扼要地表达了企业财务表现。

【案例】门店收入明细表

收入报表不仅报告收入金额，还有比率分析，构成比重，反映了各门店的贡献率和排名。从时间维度上，除了本月收入，还有累计收入完成情况，并且与预算完成情况挂钩（见下表所示）。

1.1.2 万元单位原则

管理报表主要是为管理者提供决策支持，能一目了然地看到数字所传达的信息，因此不需要像会计报表那样要求精确到元、角、分或小数点后两位。对于中小型企业，报表选择以万元为单位；对于大型企业，报表可以百万元为单位。而且数据显示到整数位即可，同时为了便于阅读，数字需要使用千位分隔符。

【案例】某电商网站收入分析表（收入和用户统计到万位，每用户平均收入（ARPU）以元为单位）

	2016年	2017年	同比
销售收入（万元）	2003	2890	44%
付费用户数量（万人）	56	91	61.4%
ARPU（元）	36	32	−11%

1.1.3 逐渐美化和完善原则

管理报表的实质是从财务角度为管理者提供企业经营分析表，因此需要具备基本的可读性要素，最好能在一页纸呈现需要表达的信息。我们可以根据企业的实际业务在编制中逐步完善内容呈现，其编制原则可以概括如下：

- 总体概括，条理清晰，逐层展开；
- 报告目录/报告大纲；
- 组织分析内容；

项目\门店	本月 收入	构成（%）	同比（%）	年度累计 环比（%）	收入	占比（%）	同比（%）	预算 年度预算	完成（%）
门店1									
门店2									
门店3									
……									
……									
合计									

- 以财务数据为基础,以数字分析为手段,使用业务语言表达,定性分析和定量分析相结合;

- 详略得当,重点突出,条理清晰,数字图文相结合。

【案例】2016 年管理报表(营业收入篇节选)

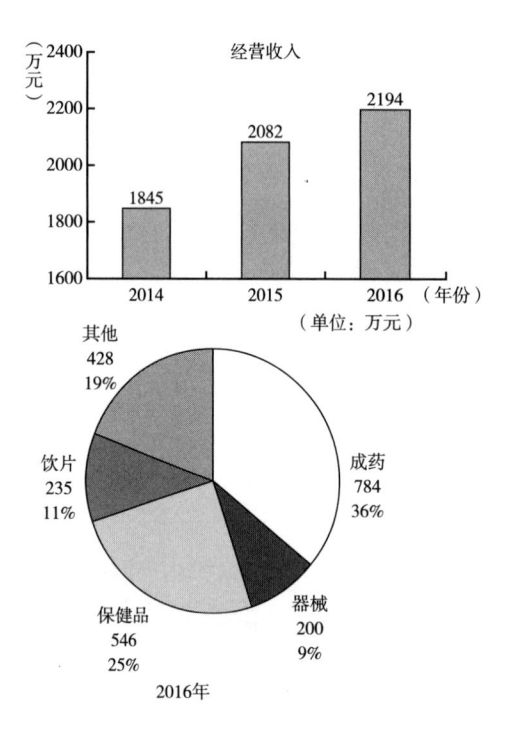

同时,由于管理报表是服务于企业管理的,企业本身的情况千变万化,因此需要随着企业的发展不断地更新报表体系,对一些已经固化了管理手段的事项,可以简化报告,对于新出现的财务管理风险点,则需要设计新的报表来反映问题,引导管理层思路,及时解决问题(详见本页图、表示例)。

- 经营收入持续增长,达到人民币2194万元,同比增长5.4%。
- 器械业务持续下滑,同比下降33%。
- 成药的收入贡献持续提高,从2015年的占比30%上升到36%

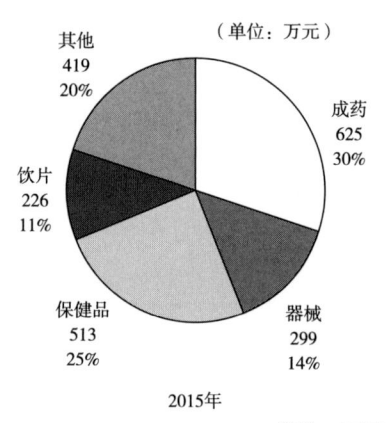

单位:万元

项目	2015 年	2016 年	同比
成药	625	784	25%
器械	299	200	−33%
保健品	513	546	6%
饮片	226	235	4%
其他	419	428	2%
合计	2082	2193	

1.2 管理报表构成

管理报表分为对内报表和对外报表，对外报表简单理解就是"会计三张表"，用于满足各式法定报送要求的。对内报表则是用于企业自身管理决策的，可以报送企业管理层面的老板、总经理，也可以报送经营层面的各部门负责人，还可以针对管理重点报送个人；管理报表的信息和口径也会根据其报送对象的不同而做相应的修改（如下图所示）。

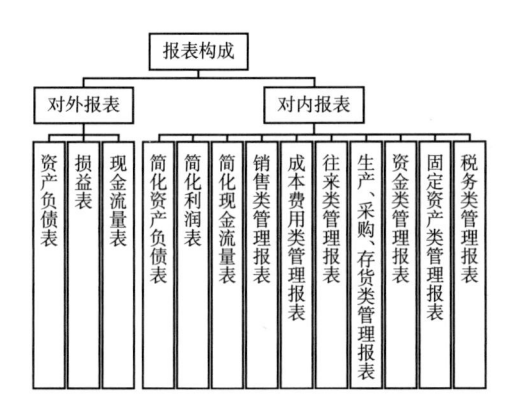

```
                       报表构成
           ┌──────────────┴──────────────┐
         对外报表                      对内报表
    ┌──────┼──────┐     ┌──┬──┬──┬──┬──┬──┬──┬──┐
   资产   损益  现金   简化 简化 销售 成本 往来 生产、采购、 资金 固定资产 税务
   负债    表   流量   资产 现金 类 费用 类   存货类    类  类   类
   表           表    负债 流量 管理 类 管理 管理报表   管理 管理   管理
                      表   表  报表 管理 报表          报表 报表  报表
                              报表
```

1.3 会计三张报表的解读

1.3.1 资产负债表

资产负债表是一张时点表，相当于"照片"，反映的是企业在某个时点（通常为各月初或月末）的资产、负债和所有者权益的状况，只有近期的资产状况对判断企业情况才有意义，所以通常报表阅读者都会要求看"近照"。资产负债表在一定程度上代表了企业的家底和实力，因此我们称之为企业的"底子"。

资产负债表依据会计平衡的原则，将企业的资产负债和股东权益的情况，分列为"资产"和"负债及股东权益"两大区块，其平衡关系为资产 = 负债 + 股东权益，"资产"列示在左边，"负债及股东权益"列示在右边。

负债及股东权益

资产负债表的右边解决了企业经营的资金来源问题。股东权益是股东投入的钱（资金）以及通过经营企业挣来的钱（利润）的累计；企业的资金来源除了股东的钱以外，还可以向其他人"借入"，进行负债经营，比如从银行或者其他金融机构借来的款项（短期借款、长期借款），或者企业出于业务经营向上游企业购买货物或者劳务形成的债务（应付账款），以及企业先使用员工劳动而未支付给员工薪酬的债务（应付薪酬）。所以，管理者在阅读报表时，可以了解到企业运营的资金是从哪些渠道来的，还可以分析这些渠道是否合适、匹配，是否需要支付或归还，是否需要支付

【资产负债表样表】

资产	2015年12月31日	2016年12月31日	负债及所有者权益	2015年12月31日	2016年12月31日
货币资金	497	531	短期负债	30	90
应收账款	538	320	应付账款	450	320
存货	19	124	应交税金	15	58
流动资产合计	1054	975	流动负债合计	495	468
固定资产	120	135	实收资本	400	400
长期资产	50	50	盈余公积	70	70
长期资产合计	170	185	未分配利润	259	222
			所有者权益合计	729	692
资产合计	1224	1160	负债及所有者权益合计	1224	1160

注：为了便于阅读者更好地比较企业家底和实力的变化，资产负债表一般都会列示两个时点的数据，比如2015年12月31日和2016年12月31日，以方便比较。

资金成本，从而决定融资策略。

资产

资产负债表的左边说明了资金占用的情况。企业获得资金后，就要开展经营活动，需要花钱。还没花掉的钱，在资产负债表上叫货币资金。花掉的钱，有些形成了企业的家产，比如固定资产、仓库存放的货物（存货）；有些垫支给客户用（应收账款）或者个人使用（其他应收款）。报表阅读者可以了解企业的钱都花到哪里去了，可以分析花钱的地方是否合理，存货上压了多少钱，应收账款上占了多少钱，固定资产上花了多少钱，如果资金都沉淀在这些地方，不能快速变现，使用效率就会大受影响。

1.3.2 损益表

损益表是期间表，相当于"录像"，反映的是企业在一段时间内（少则一个月，多则一年）的经营结果。损益表里收入是加项，成本是减项，两者的净额就是利润，用公式表示为：收入 − 成本 = 利润。也就是说，企业通过花费成本（资源投入）获得了收入，并在这个过程中实现了利润。一般情况下，当期净利润就等于资产负债表中未分配利润期初数与期末数的差额。损益表实质是企业业务流的成果表达，反映了企业挣钱的能力，是企业的"面子"。损益表反映了企业的业绩和盈利能力。企业有利润，意味着股东的原始投入获得了增值。

损益表是按照权责发生制原则编制的。权责发生制有两个特点。一个特点是承认"白条",无论是客户开具的还是企业自身开具的白条,即收到现金算收入,收到白条也算收入,支付现金是成本,支付白条也是成本,所以,有收入不意味着有现金,有成本也不意味着已经付出了现金。收入减去成本的利润中,可能有现金也可能有白条,即利润≠现金。只有当利润最终转化为现金("白条变现")时,企业也就获得了扩大投资的资本。另一个特点是折旧、摊销的概念,企业发生的一些资产或费用是一次性投入,受益期超过一年,折旧、摊销就是指这类资产或费用,其成本要在后续的受益期内平均记入成本,而不能一次性记入,以确保资产创造的收益与投入成本相配比。

【损益表样表】

项目	本年	
	当月	累计金额
一、营业收入		
减:营业成本		
减:税金及附加		
加:其他业务利润		
减:期间费用		
二、营业利润		

续表

项目	本年	
	当月	累计金额
加:营业外收支		
三、利润总额		
减:所得税费用		
四、净利润		

1.3.3 现金流量表

现金流量表也是期间表,相当于"录像",反映的是企业一段期间内(一个月或者一年)现金流的变化情况。现金流量表实质是企业业务流的现金表达。企业要持续经营,现金流就不能断,日子好不好过是由现金流量决定的,所以,现金流量表反映的是企业的"日子"。

现金流量表是按收付实现制原则编制的。资金有流入和流出两个方向,两者之差就是现金流的净流量,用公式表示为:流入－流出＝净流量。净流量就等于资产负债表上货币资金期初数和期末数的差额。

如果把现金比作企业的血液,企业获取新鲜血液的方法有两个:其一,"输血",即通过筹资活动吸收投资者投资或借入现金,我们称之为筹资性现金流入;其二,"造血",即企业通过经营活

	经营性	筹资性	投资性
现金流入	经营性现金流入	筹资性现金流入	投资性现金流入
现金流出	经营性现金流出	筹资性现金流出	投资性现金流出
现金净流量	经营性现金净流量	筹资性现金净流量	投资性现金净流量

动获得资金的流入,我们称之为经营性现金流入。企业在成立之初,尚未形成造血能力,此时的现金流入主要来自输血,即筹资性现金流入。企业通过自身的业务运营,形成持续稳定的现金流入,从而最终摆脱对股东和债权人的依赖。随着企业实力的增强,不仅可以不依赖股东,还可以通过经营现金流进行积累,实现对外投资,也可以称之为"献血",其对应的现金流动称为投资性现金流。所以,根据现金流量的性质,我们可将其区分为经营性现金流、筹资性现金流和投资性现金流。

所以,我们可以将现金净流量的公式进一步分解,即

现金净流量 = 经营性现金净流量 + 筹资性现金净流量 − 投资性现金净流量 = 造血 + 输血 − 献血

从企业运营管理要求来看,现金净流量应该大于0,才能实现现金的增值,经营性现金净流量也要大于0,而且是越大越好。

1.4 管理报表体系

1.4.1 简化资产负债表

【案例】某单位简化格式资产负债表详见下页表(上)

单位名称:北京xxx食品有限公司

1.4.2 简化利润表

【案例】某单位简化格式利润表详见下页表(下)

单位名称:北京xxx科技创新有限公司

【简化资产负债表】

2019 年 11 月　单位：万元

项目	期初数	期末数	项目	期初数	期末数
流动资产			流动负债		
货币资金			短期借款		
短期投资			应付账款		
应收账款			应付工资		
－坏账准备			应交税金		
其他应收款			其他应付款		
存货			预提费用		
待摊费用			长期负债		
长期资产			长期借款		
长期投资			所有者权益		
固定资产			实收资本		
－累计折旧			资本公积		
无形资产			盈余公积		
递延资产			未分配利润		
合计			合计		

【简化利润表】

2019 年 11 月　单位：万元

项目	本年		上年同期	
	当月	累计金额	当月	累计金额
一、营业收入				
减：营业成本				
减：税金及附加				
加：其他业务利润				
减：期间费用				
二、营业利润				
加：营业外收支				
三、利润总额				
减：所得税费用				
四、净利润				

1.4.3 简化现金流量表

【简化现金流量表】

单位名称：北京xxx商贸有限公司

2019年11月　单位：万元

项目	本期		上年同期	
	本期金额	累计金额	本期金额	累计金额
一、经营性现金净流量				
1.经营性现金流入				
A.X1产品				
B.X2产品				
C.X3产品				
2.经营性现金流出				
A.材料采购付现				
B.生产工人工资				
C.管理人员工资				
D.各项间接费用				
E.各类销售提成				
F.各种税金付现				
G.其他				
二、非经营性现金净流量				
1.非经营性现金流入				
A.与集团往来				
B.与外部往来				
C.银行（或其他机构）借款				
2.非经营性现金流出				
A.与集团往来				
B.与外部往来				
C.银行（或其他机构）还款				
三、现金流量净额				
1.经营性净现金流				
2.非经营性净现金流				

1.4.4 销售类管理报表

● **销售组织及人员分析**

销售类管理报表是对收入实现情况做出深入剖析的表单，表单的设计需要契合企业业务维度。一般而言，企业业务的维度包含以下几个方面：产品或品牌、客户、渠道、销售组织及销售人员。所以表单的设计也从这几个方面展开，力求多方位、立体化地进行分析；同时，收入实现情况需与回款状况和销售费用开支挂钩（如下图所示）。

➢ 单店日报表

店铺基本信息	
日期：	2020年3月5日
星期：	星期日
店铺名称：	双榆树
城市及大区：	北京
总人数：	12
销售人员：	10
非销售人员：	2

品类名称	品类编号	销售数量	销售金额	金额占比%
	合计			

```
销售类管理报表
├── 销售组织及人员分析
│   ├── 单店日报表
│   ├── 门店汇总日报表
│   ├── 门店周报表
│   ├── 门店月报表
│   ├── 销售人员日报表
│   └── 销售人员月报表
├── 收入结构分析表
│   ├── 产品及战区分析表
│   ├── 产品及客户分析表
│   └── 客户及战区分析表
├── 超期应收账款余额明细表
├── 销售预算完成情况分析
└── 销售、回款及费用分析表
```

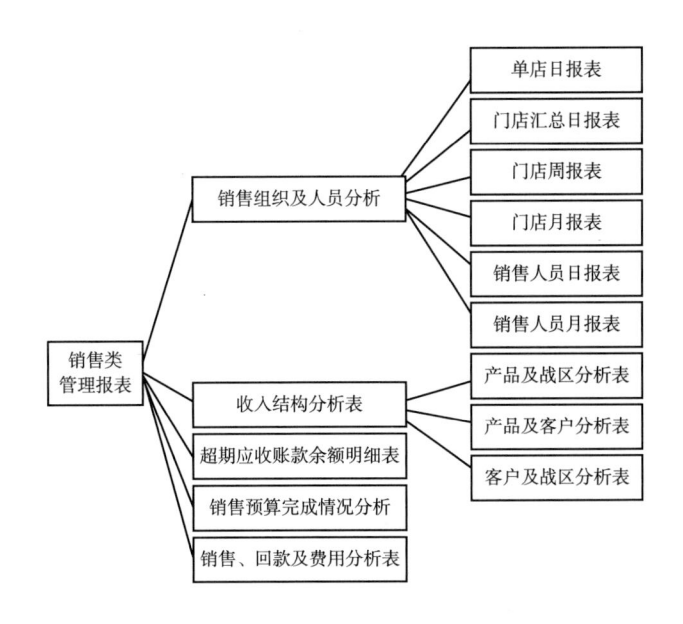

➢ 门店汇总日报表

日期：xx 年 xx 月 xx 日

门店级别	门店名称	销量	平均单价	销售额	人均销售额	总人数	销售人员	非销售人员
	合计							

➢ 门店周报表

门店级别	门店名称	2月1日 星期一		2月2日 星期二		2月3日 星期三		2月4日 星期四		2月5日 星期五		2月6日 星期六		2月7日 星期日		周合计	
		销量	金额	销量	金额	销量	金额	销量	金额	销量	金额	销量	金额	销量	金额	销量	金额
	合计																

➢ 门店月报表

门店级别	门店名称	销量	平均单价	销售额	人均销售额	总人数	销售人员	非销售人员	店铺总运营成本	占收入比重	人均成本
	合计										

➢ 销售人员日报表

销售员	单日排名	主管经理	战区	成交数量	成交金额
	1				
	2				
	3				
	4				
	5				
	6				
	7				
	8				
	9				
	10				
	其他				
			合计		

➢ 销售人员月报表

销售员	月排名	主管经理	战区	成交数量	成交金额	当月回款	客户欠款余额
	1						
	2						
	3						
	4						
	5						
	6						
	7						
	8						
	9						
	10						
	其他						
			合计				

- **收入结构分析表**

战区	城市	事业部xx 产品xx	事业部xx 产品xx	小计	占比（%）	事业部xx 产品xx	事业部xx 产品xx	小计	占比（%）	合计
北区	北京									
	山东									
	东北									
	……									
	小计									
	占比（%）									
东区	上海									
	江苏									
	浙江									
	……									
	小计									
	占比（%）									
南区	广州									
	深圳									
	福建									
	……									
	小计									
	占比（%）									
西区	成都									
	重庆									
	云南									
	……									
	小计									
	占比（%）									
	合计									

- **超期应收账款余额明细表**

发货单号码	发货日期	应收账款余额	欠款天数	业务员	销售经理	城市	战区
合计							

- **销售预算完成情况分析**

序号	战区	部门名称	业务员	2020年销售计划完成分析				2019年同期	
				2020年任务额	本月完成	累计完成	年度计划完成百分比	累计销售额	占全年销售比
		战区小计							
		战区小计							
		合计							

- **销售、回款及费用分析表**

单位：万元

序号	战区	业务员	本月销售分析			累计销售分析			销售回款分析				销售费用分析				
			本月金额	去年同期	同比（%）	累计金额	去年同期	同比（%）	本月回款	累计回款	累计回款率	去年累计同比（%）	本月费用	累计费用	去年同期费用率	去年累计	累计费用率	累计同比（%）
1																		
2																		
3																		
战区小计																	
4																		
5																		
战区小计																	
合计																	

1.4.5 成本费用类管理报表

成本费用水平的高低与企业的收益及获利能力直接相关，提高企业盈利能力的一项重要措施就是加强成本管理，成本优势不一定能使企业做得更大更强，但一定可以让企业"死在最后"。成本费用类管理报表可以对产品制造成本和期间费用的水平及结构进行深入分析，并且通过比率分析、趋势比较、预算完成比较，评价实际发生情况，为管理层提供成本管理决策依据（如下表所示）。

报告名称	主要内容
损益结构报告	（1）逐月/年累计/对比年度预算及完成情况 （2）主要损益表科目及毛利率和费用比率
产品收入成本报表	（1）逐月/年累计/对比年度预算及完成情况 （2）产品销量、收入、成本、毛利及毛利率；单位产品分析
每月产品成本明细表	（1）分产品报告成本明细 （2）成本细化到料工费
部门费用报表	（1）逐月/年累计/对比年度预算及完成情况 （2）企业每个部门的费用开支情况
部门费用报表明细报告	（1）分部门报告费用明细 （2）费用细化到费用要素
个人费用前10名	（1）按费用报销人员筛选前10名 （2）占总费用比率
薪酬报告	（1）逐项列支薪酬明细 （2）分部门报告
重点部门薪酬分析	（1）逐项列支薪酬明细 （2）部门内按人员职级分析薪酬成本
个人薪酬前10名	（1）按工资报表索引个人前10名 （2）薪酬总额及明细

- **损益结构报告**

	2020年1月	占收入百分比	2020年2月	占收入百分比	年累计	占收入百分比	年度预算	达成百分比
营业收入：								
减：营业成本								
毛利								
费用总额								
减：销售费用								
减：管理费用								
减：财务费用								
减：所得税								
净利润（亏损"-"）								
主营业务成本明细								
材料成本								
直接人工								
制造费用								
成本＋费用（无税金）								

- **产品收入成本报表**

产品名称	项目	1月	2月	……	12月	年累计	年度预算	达成百分比
产品一	销售收入							
	销售成本							
	销售毛利							
	销售数量							
	销售单价							
	单位成本							
	单位毛利							
	毛利率（％）							

续表

产品名称	项目	1月	2月	……	12月	年累计	年度预算	达成百分比
产品二	销售收入							
	销售成本							
	销售毛利							
	销售数量							
	销售单价							
	单位成本							
	单位毛利							
	毛利率（%）							
产品三	销售收入							
	销售成本							
	销售毛利							
	销售数量							
	销售单价							
	单位成本							
	单位毛利							
	毛利率（%）							
汇总	销售收入							
	销售成本							
	销售毛利							
	销售数量							
	销售单价							
	单位成本							
	单位毛利							
	毛利率（%）							

- 每月产品成本明细表

项目	产品一	平均	产品二	平均	产品三	平均	产品四	平均	合计	平均
销售数量										
销售收入										
销售税金										
销售成本										
直接材料										
占收入百分比										
材料xx										

续表

项目	产品一	平均	产品二	平均	产品三	平均	产品四	平均	合计	平均
材料xx										
材料xx										
材料xx										
辅料										
直接人工										
占收入百分比										
间接人工										
占收入百分比										
其他制造费用										
占收入百分比										
毛利										
毛利率（%）										

- **部门费用报表**

项目	部门	1月	2月	……	年累计	年度预算	达成百分比
制造费用	采购部						
	计划部						
	生产部						
	品质部						
	设备部						
	货仓						
	小计						
	占比（%）						
管理费用	人事部						
	行政部						
	财务部门						
	小计						
	占比（%）						
销售费用	销售部						
	销售支持						
	小计						
	占比（%）						
合计							
占比（%）							

- **部门费用明细报告**

项目	采购	生产	品质	货仓	小计	占比(%)	人事	行政	财务	小计	占比(%)	销售	占比(%)	合计	占比(%)
人数															
人员薪酬															
房租															
水电费															
办公费															
差旅费															
业务招待费															
维修费用															
低值易耗品															
运输费															
折旧															
摊销															
杂项															
合计															
人均															
预算															
好坏(+/−)															

- **个人费用前10名**

序号	姓名	部门	部门主管	报销金额				合计	占比(%)
				差旅	占比(%)	招待费	占比(%)		
1									
2									
3									
4									
5									
6									
7									
8									
9									
10									
前十名小计									
企业总额									

● 薪酬报告

部门	员工人数	占比（%）	同比上月	基本工资	绩效奖金	占比（%）	福利	其他	薪酬合计	占比（%）	同比上月	人均工资	人均薪酬
	a			b	c	c/b	e	f	g			b/a	g/a
采购部	10												
生产部	200												
品质部	50												
货仓	5												
小计	265												
人事部	8												
行政部	8												
财务部门	10												
小计	26												
销售部	15												
小计	15												
合计	306												

● 重点部门薪酬分析

部门明细	员工人数	占比（%）	同比上月	基本工资	绩效奖金	占比（%）	福利	其他	薪酬合计	占比（%）	同比上月	人均工资	人均薪酬
	a			b	c	c/b	e	f	g			b/a	g/a
级别1													
级别2													
级别3													
级别4													
级别4													
合计													

- **个人薪酬前10名**

机密

排名	姓名	部门	部门主管	薪酬合计	基本工资	绩效/奖金	五险一金	其他
1	xxx	xxx	xxx					
2	xxx	xxx	xxx					
3	xxx	xxx	xxx					
4	xxx	xxx	xxx					
5	xxx	xxx	xxx					
6	xxx	xxx	xxx					
7	xxx	xxx	xxx					
8	xxx	xxx	xxx					
9	xxx	xxx	xxx					
10	xxx	xxx	xxx					

1.4.6 往来类管理报表

往来账款直接关系到企业的资金收付，应收、预付账款占用多少资金，应付账款需要支付多少资金，管理者从报表中能知晓往来账款的金额、状况、期限、形成原因及相关责任人，便于及时跟踪、评估，避免形成坏账，并合理安排资金用度。

- **账龄分析表**

客户名称	余额	账龄分析				原因	责任人
		当期	超期30天	超期60天	超期90天及以上		
合计							

- 客户对账单

客户名称：xxx   对账日期：截止到 xxxx 年 xx 月 xx 日   业务员：xxx

发货单号码	发货日期	金额	备注
合计			

- 往来 Top10 客户分析

| 排名 | 客户名称 | 余额 | 账龄分析 ||||
			当期	超期 30 天	超期 60 天	超期 90 天及以上
1						
2						
3						
4						
5						
6						
7						
8						
9						
10						
Top 合计						
占全部往来余额百分比						

1.4.7 生产、采购、存货类管理报表

存货管理是企业的基础管理活动之一，企业的采购、生产活动都与存货相关，对存货的采购成本、领用、库龄情况进行记录、分析，加强存货管理，控制采购成本，提高存货周转率，从而提高运营效率。

- **采购成本分析**

2020 年度材料采购成本分析

存货类别：xxx　　北京 xx 有限责任公司

存货编码	存货名称	规格型号	单位	2016 年			2017 年			差异分析			说明
				数量	单价	金额	数量	单价	金额	数量	单价	金额	
合计													

- **库存余额报告**

项目	2019 年第 1 季度	2019 年第 2 季度	2019 年第 3 季度	2019 年第 4 季度	2020 年第 1 季度
存货余额	实际	实际	实际	实际	预测
原材料					
在制品					
产成品					
待退货					
废品库					
合计					
销售收入					
销售成本					
库存收入百分比					
库存成本百分比					
库存周转天数					
库存周转率					

- **库龄分析表**

产品编码	产品名称	结存数量	库龄分析				原因	责任人
			当期	超期30天	超期60天	超期90天及以上		
合计								

- **材料收发存月报表**

序号	产品编号	产品名称	规格型号	计量单位	期初结存			本期入库			本期出库			本期结存		
					单价	数量	金额	单价	数量	金额	单价	数量	金额	单价	数量	金额
1																
2																
3																
4																
5																
6																
7																
8																
总计																

- **生产报废统计表**

月废品统计表

班组：　　统计日期：

工序（班组）	零件名称	报废数	单价（元）	总价（元）	故障类型	责任者（代号）

损失合计：xxx 元　废品损失率指标：xx%

废品损失率 = 当月损失合计值 /[单套（台）成本 * 当月产量]

1.4.8 资金类管理报表

资金管理就是管钱，包含收钱、付钱和余额管理。为了避免因账户过多造成的遗漏，需要建立银行开户汇总表（开户台账），并依据汇总表定期对不再使用的账户进行清理；针对每天的资金变动情况，设计资金日报表进行管理，以提升银行对账的效率；为了提高付款效率，对一些例行的用款事项，可以用四周付款计划来进行批量审批，同时，这种付款计划也是形成资金收支预测的基础，可以合理安排用款计划，更好地量入为出。

● 银行开户汇总表

户名	开户行	银行账号	基本户/一般户	币种	网银相关授权人	银行预留印鉴	账户功能

● 现金日报表

序号	银行名称	前日结存	本日收入	本日支出	本日结存
	合计				
收入	前日结存		支出	工资支出	
	现金销售			原材料支出	
	货款收回			资本支出	
				制造费用支出	
				管理费用支出	
				销售费用支出	
				财务费用支出	
	合计			合计	
	备注				

- **资金收支预测表**

项目	期初余额	1月					2月	……	12月
		第1周	第2周	第3周	第4周	合计			
现金流入 – 产品									
现金流入 – 售后服务									
现金流入小计									
现金流出 – 原材料									
现金流出 – 人员工资									
现金流出 – 水电气									
现金流出 – 其他费用									
现金流出小计									
经营净现金流总计									
固定资产投资									
股权融资									
银行贷款									
投融资现金流总计									
账面资金预计余额									

- **付款预测审批表**

	3月5日	3月6日	3月7日	3月8日	3月9日	本周汇总	第二周	第三周	第四周	合计
	周一	周二	周三	周四	周五					
供应商										
xxx										
xxx										
其他付款										
房租										
水电费										
物业										
押金										
员工付款										
工资										

续表

	3月5日 周一	3月6日 周二	3月7日 周三	3月8日 周四	3月9日 周五	本周汇总	第二周	第三周	第四周	合计
个税										
社保										
报销										
借款										
突发付款										
合计										

1.4.9 固定资产类管理报表

固定资产在经营过程中长期保持原有实物形态并发挥作用，其价值随着经营活动逐渐转移到成本费用中去，从而影响企业的经营结果。固定资产管理报表反映固定资产的使用状况，明确资产保管责任人，便于相关人员进行资产的使用和维护工作，确保企业资产完好并提高利用率。

● **固定资产明细表**

编号	类别	名称	规格	数量	账面价值 总价	账面价值 已提折旧	账面价值 净值	使用部门	放置地点
合计									

- **闲置固定资产明细表**

编号	类别	名称	规格	数量	账面价值			使用情况			闲置原因	处理意见
					总价	已提折旧	净值	取得	使用	已使用		
合计												

1.4.10 税务类管理报表

税务类管理报表不仅指法定要求的各类税务申报表，还包括与企业内部经营管控相关、与纳税申报相关的一类报表。比如证照信息与纳税申报信息汇总、税收征期日历就要作为税务档案类资料留存，每月比照时间点完成相应的纳税申报工作，不产生遗漏；还有流转税及附加税计算表、印花税计算表可以将纳税申报数据的计算规范化、标准化，并可对数据进行追溯；企业上缴税费汇总表是企业历年的纳税贡献表，综合反映企业各税种缴纳的情况及趋势，是企业控制税务风险的一个重要工具。

- **证照信息及纳税申报信息汇总表**

	企业名称	
	企业性质	
经营范围	一般经营范围	
	许可经营范围	
营业执照登记信息	统一社会信用代码	
	法定代表人	
	注册资本	
	注册地址	
	执照有效期	

续表

国税申报信息	企业名称	
	企业性质	
	用户名	
	密码	
	一证通/CA 证书时限	
地税申报信息	用户名	
	密码	
	一证通时限	
	纳税申报责任人	

● 税收征期日历（某地某月示例）

	1 日	10 日	16 日	19 日
资源税、电子申报印花税				
增值税、消费税 城市维护建设税、教育费附加、地方教育附加、文化事业建设费				
个人所得税、企业所得税、个人独资企业和合伙企业投资者个人所得税				
核定征收印花税、工会经费税务代收				
土地增值税预缴税款				

● 流转税及附加计算单

xxxx 年 xx 月

月份	序号	购（销）货方名称	发票内容	发票金额	不含税金额	增值税	本年累计
销项税额	1						
	2						
	3						
	4						
	小计			—	—	—	—

续表

月份	序号	购（销）货方名称	发票内容	发票金额	不含税金额	增值税	本年累计
进项税额	1						
	2						
	3						
	4						
	小计		–	–	–	–	–
附加税费	应交增值税						
	城建税						
	教育费附加						
	地方教育费附加						
	小计						

- **上缴税费汇总表**

期间/税种	2017年度	2018年度	2019年度	2020年度			
				1月	2月	……	12月	合计
增值税								
营业税								
个人所得税								
企业所得税								
印花税								
城建税								
房产税								
教育费附加								
地方教育费附加								
合计								
收入								
整体税负率								
增值税税负率								

● 印花税计算单

XXXX 年 XX 月　单位：元

合同类别		应税事项			
		事项描述	计税数量	计税金额	税款
购销合同	0.3‰				
加工承揽合同	0.5‰				
建设工程勘察设计合同	0.5‰				
建筑安装工程承包合同	0.3‰				
财产租赁合同	1‰				
货物运输合同	0.5‰				
仓储保管合同	1‰				
借款合同	0.05‰				
财产保险合同	1‰				
技术合同	0.3‰				
产权转移书据	0.5‰				
营业账簿					
资金账簿	（实收资本＋资本公积）的 0.5‰				
其他账簿	5元／件				
权利、许可证照	5元／件				
合计					

● 各类法定纳税申报表

增值税类纳税申报	• 增值税小规模纳税人申报表 • 增值税一般纳税人申报表
企业所得税类纳税申报	• 居民企业所得税（月）季度预缴纳税申报表 • 居民企业所得税年度纳税申报表 • 非居民企业所得税季度纳税申报表 • 非居民企业所得税年度纳税申报表 • 分支机构企业所得税年度纳税申报表 • ……
个人所得税类纳税申报	• 扣缴个人所得税申报表 • 个人所得税生产经营所得申报表 • ……
附加费类纳税申报	• 城建税纳税申报表 • 教育费附加纳税申报表 • 地方教育费附加纳税申报表
消费税申报	• 消费税纳税申报表
印花税申报	• 印花税明细申报表
房产税申报	• 房产税纳税申报表

第 2 章　企业账务核算系统

账务核算系统，涵盖了从建账、核算到出具报表的全过程。企业经营业务发生后，会计人员对原始凭证进行搜集与整理，通过科目设计、辅助核算等手段，编制会计凭证，将经济业务转化成财务语言，进而根据会计凭证来登记账簿，再以账簿来编制报表，最终以报表来反映企业财务状况、经营结果和资金情况。账簿是全面、系统、连续记录各项经济业务的工具，是编制财务报表的依据，也是保存会计资料的重要工具。

账务核算工作包含日常的原始凭证审核、会计凭证编制、各会计科目账簿的记录和月底的对账结账及出具报表的工作。所谓的会计，每月零星盘算为"计"，一年总盘算为"会"，两者合在一起即成"会计"。

账是企业财务管理活动的基础，账务核算是财务人员的基础工作。现实工作中，能够把账记好，既考核了财务人员的基本功，也体现了财务人员对企业业务的领会和

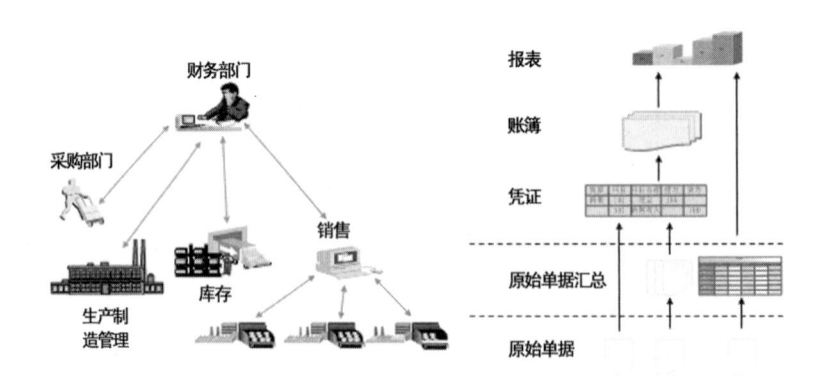

从业务到报表的生产过程

把握。因此，我们从以下六个方面来讲述如何建立企业的账务核算系统，真正把账算清。

2.1 账算不清的原因

在实际工作中，造成账算不清的原因有很多：会计人员专业知识不够，会计人员不了解业务流程，业务信息到财务核算的传递有阻滞，核算体系的设计跟不上企业业务发展等。从大的方向来看，一般有两个原因：核算工艺不达标和原材料（业务原始单据）传递有阻滞（如下图所示）。

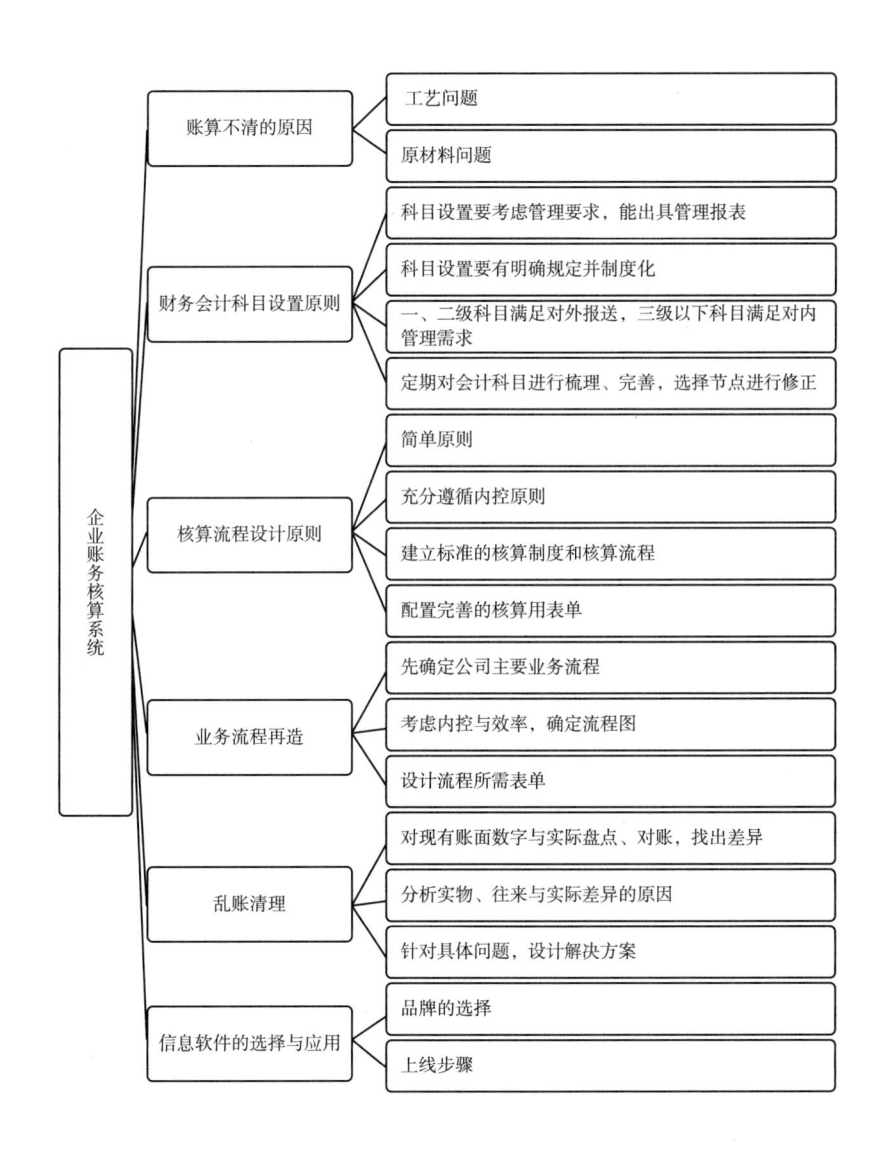

```
企业账务核算系统
├─ 账算不清的原因
│   ├─ 工艺问题
│   └─ 原材料问题
├─ 财务会计科目设置原则
│   ├─ 科目设置要考虑管理要求，能出具管理报表
│   ├─ 科目设置要有明确规定并制度化
│   ├─ 一、二级科目满足对外报送，三级以下科目满足对内管理需求
│   └─ 定期对会计科目进行梳理、完善，选择节点进行修正
├─ 核算流程设计原则
│   ├─ 简单原则
│   ├─ 充分遵循内控原则
│   ├─ 建立标准的核算制度和核算流程
│   └─ 配置完善的核算用表单
├─ 业务流程再造
│   ├─ 先确定公司主要业务流程
│   ├─ 考虑内控与效率，确定流程图
│   └─ 设计流程所需表单
├─ 乱账清理
│   ├─ 对现有账面数字与实际盘点、对账，找出差异
│   ├─ 分析实物、往来与实际差异的原因
│   └─ 针对具体问题，设计解决方案
└─ 信息软件的选择与应用
    ├─ 品牌的选择
    └─ 上线步骤
```

2.1.1 工艺问题

所谓的账务核算工艺,指的是企业的核算流程和核算方法,也就是一件业务发生后,该如何编制凭证。

【案例】某制造业工厂销售业务对应的核算流程及方法

首先,我们对销售业务进行梳理,具体包含业务如下:

1. 收到订金;
2. 销售出库;
3. 对账完毕,开具税务发票;
4. 收到货款。

其次,确定每一步对应的核算流程和支撑单据,后续才可以据此出具各类管理报表,详见下表。

2.1.2 原材料问题

企业日常经营中,业务每天都在进行,每一项业务发生的时候,都意味着目前或者未来的企业资源的流入流出。因此需要让财务人员知晓,后者才能根据专业知识进行记账。如果这一传递发生阻滞,账务核算就会与业务脱节,这也是为什么老板从财务报表看到的信息与其知晓的实际业务情况有偏差的原因。

【案例】

某门窗制造企业,由于客户主要为个人家庭,销售都为定制化产品,接单人员与客户确定订单内容后,会将订单发给生产部门进行加工,订单同时会传递至财务部门进行核算,但也存在客户更改订单

业务模块	序号	细分业务	借方科目	借方辅助核算	贷方科目	贷方辅助核算	支撑单据
销售收款	1.1	收到订金	银行存款		应收账款	客户	收款单 + 银行回单
	1.2	销售出库	发出商品	客户	产成品		仓库出库单
	1.3	对账完毕,开具发票	应收账款	客户	主营业务收入 应交税金 – 增值税 – 销项	产品	销售出库单 + 税务发票
	1.4	同时结转成本	主营业务成本	产品	发出商品	产品	销售出库单
	1.5	收到货款	银行存款		应收账款	客户	收款单 + 银行回单

的情况，时常发生接单人员未将更改的信息传递给财务部门，财务记录的收入与应收账款数据只有在与客户对账时，才能发现差异。

2.2　财务会计科目设置原则

会计科目在整个核算体系中，起的是一个将经济信息归类的作用。既然是分类，就需要有标准，根据会计三张报表的报送要求，我们将会计科目设置成相应的五大类别，即资产类、负债类、权益类、成本类和损益类。会计科目最终要将业务信息所转化成的财务信息分门别类地记录好，方便财务人员抓取信息编制企业管理报表。

同时为了满足企业业务千变万化的需求，会计科目又可以设立级次，逐层展开，满足企业不同层级的信息需求。一般而言，一、二级科目在设计上需要满足对外报送报表的需求，从第三级科目开始，满足的是企业内部管理的需求。从一级科目往下的二级和三级科目如何设置，决定了财务核算提供的信息口径和详略程度，这也是企业财务管理的起点（详见下表）。

【案例】其他应收款科目的设计

有些企业习惯以"其他应收款-个人"和"其他应收款-单位"来设置其他应收款的二级科目。但是顾名思义，其他应收款核算的是企业在日常交易业务以外发生的各种应收、暂付款项，业务会比

一级会计科目表节选

资产类科目	负债类科目	权益类科目	成本费用类科目	收入类科目
1002 银行存款	2001 短期借款	4001 实收资本	5001 生产成本	6001 营业收入
1122 应收账款	2202 应付账款	4002 资本公积	5101 制造费用	6051 其他业务收入
1221 其他应收款	2241 其他应付款	4101 盈余公积	5401 工程施工	6601 销售费用
1403 原材料		4103 本年利润	5402 工程结算	6602 管理费用
1601 固定资产		4104 利润分配		6603 财务费用

1221	其他应收款	辅助核算	核算内容
1221.01	押金	供应商	如桶装水、电话座机、租用复印件的押金
1221.02	保证金	供应商	如投标或履约保证金
1221.03	企业代垫款项	个人	应向职工收取的各种垫付款项，如为职工垫付的水电费、应由职工负担的医药费、房租费
1221.04	应收赔款	供应商	如因企业财产等遭受意外损失而应向有关保险企业收取的赔款
1221.05	出纳备用金	个人	出纳提现用于企业日常现金支付的款项
1221.06	专项备用金	个人	核定拨付给特定员工的，用作差旅费、零星采购、零星开支等用的款项
1221.99	其他	无	其他不在上述科目中核算的内容

较繁杂，仅以单位和个人进行设置，不区分款项性质和用途，实际操作的时候会产生混乱。所以，根据其核算内容，设计如上表。

【案例】费用科目的设计

某企业的费用核算科目，在咨询师介入前，整个科目设计是"摊大饼"模式，即每出现一个新业务，就增加一个二级费用科目，合计有100个。这100个费用科目，导致费用会计使用时极其麻烦，还经常用错或者用串；此外，如果需要报送管理报表，也无法按主要事项进行归类（详见下表）。

会计科目	会计科目编码	会计科目描述	辅助核算		
			部门	职员	项目
办公费用	6601-32	根据公司、部门、车牌号辅助核算			
办公用品	6601-32-01	采购的办公用品（笔、打印纸、空白单据等）			
饮用水	6601-32-02	购买饮用水水票			
快递费	6601-32-03	支付快递费用			
低耗品	6601-32-04	购买价值1000元以下并可反复使用的工具或办公用品			
培训费	6601-32-05	公司交纳的对外培训费用			
咨询费	6601-32-06	聘请咨询公司到我公司服务产生的费用			

续表

会计科目	会计科目编码	会计科目描述	辅助核算		
			部门	职员	项目
其他	6601-32-07	以上费用除外的不经常发生且金额在300元以下的办公费用			
办公车辆	6601-32-08	公司办公用车费用			
人工费用	6601-33	根据公司、部门辅助核算			
基本工资	6601-33-01	基本工资+岗位工资			
绩效工资	6601-33-02	绩效工资			
销售提成	6601-33-03	销售提成			
回款提成	6601-33-04	回款提成			
保密费	6601-33-05	保密费			
电话费	6601-33-06	通信补贴			
生活费	6601-33-07	生活费			
油补	6601-33-08	车辆补贴			
员工保险	6601-33-09	公司交纳的社保金及为员工购买的商业保险			
员工福利	6601-33-10	公司发放的其他补贴及购买给员工的物品、加班费用			
奖励	6601-33-11	奖励员工			
IT费用	6601-35	根据公司、部门辅助核算			
电话费	6601-35-01	支付公司座机电话费用			
网络费	6601-35-02	支付公司网络费用			
软件费用	6601-35-03	购买各种软件费用及支付的服务费			
维修费	6601-35-04	支付办公设备的维修费用			
IT耗材	6601-35-05	购买办公设备耗材，如色带、墨盒等			
房屋费用	6601-36	根据公司、部门辅助核算			
房租	6601-36-01	公司、门店办公室及仓库各地的房租			
物管费	6601-36-02	支付每年物管费用			
水电费	6601-36-03	支付各地水电费			
财产保险	6601-36-04	支付仓库货物担保的保险费用			
装修费	6601-36-05	门店及公司的装修费用			
其他	6601-36-06	以上费用除外的其他房屋费用			
销售支持费用	6601-37	根据公司、部门辅助核算			

续表

会计科目	会计科目编码	会计科目描述	辅助核算		
			部门	职员	项目
托运费	6601-37-01	公司运费及公司租车所有费用			
厂家运费	6601-37-02	由我司承担的厂家运费,不含替厂家垫付			
装卸费	6601-37-03	公司仓库产生的搬运及装卸费用			
赠品	6601-37-05	用于销售随货赠送的礼品费用			
广告费	6601-37-06	由公司实际支付的广告费			
路演费	6601-37-07	由公司实际支付客户的路演费用,包括路演吃饭费用、礼品、住宿、促销等费用			
名片	6601-37-08	公司人员印制名片			
运营车辆	6601-37-09	公司各物流服务中心运货车辆费用			
旅游费用	6601-37-10	公司组织客户旅游费用			
其他	6601-37-99				
出差费用	6601-38	根据公司、部门、职员辅助核算			
市内交通	6601-38-01	支付后勤人员市内办事交通费用			
省内交通	6601-38-02	支付公司人员到省内出差的交通费用			
省外交通	6601-38-03	支付公司人员到省外出差的交通费用			
油费	6601-38-04	支付销售及后勤出差到省内的油费包干费用			
过路费	6601-38-05	总经办人员出差车辆的过路费			
停车费	6601-38-06	总经办人员出差车辆的停车费			
餐费	6601-38-07	支付公司出差人员到外的餐费补贴			
住宿费	6601-38-08	支付公司出差人员住宿费			
应酬费用	6601-39	根据公司、部门、职员辅助核算			
餐费	6601-39-01	招待厂家、客户及相关人员吃饭费用			
住宿费	6601-39-02	招待厂家、客户及相关人员住宿费用			
礼金	6601-39-03	招待厂家、客户及相关人员			
礼品	6601-39-04	赠送厂家、客户及相关人员礼品费用			
娱乐费用	6601-39-05	招待厂家、客户及相关人员			
其他	6601-39-07	以上费用除外的其他应酬费用			
员工会议	6601-40	根据公司、部门辅助核算			
交通费	6601-40-01	用于分公司员工到公司开会的省内交通费			
餐费	6601-40-012	用于公司员工会议吃饭费用			
住宿费	6601-40-013	用于分公司员工到公司开会的住宿费			

续表

会计科目	会计科目编码	会计科目描述	辅助核算 部门	职员	项目
奖励金	6601-40-014	用于公司员工会议上奖励员工的奖金			
娱乐费	6601-40-015	用于公司员工会议组织员工娱乐费用			
场地费	6601-40-016	用于召开公司员工会议租用的场地费用			
经销商会议	6601-41	根据公司、部门辅助核算			
交通费	6601-41-01	召开销售会议客户产生的交通费用			
餐费	6601-41-02	召开销售会议招待客户产生的吃饭费用			
住宿费	6601-41-03	召开销售会议招待客户产生的住宿费用			
礼品	6601-41-04	召开销售会议购买礼品给客户产生的费用			
娱乐费	6601-41-05	召开销售会议招待客户产生的娱乐费用			
场地费	6601-41-06	召开销售会议产生的场地租用费			
照相费	6601-41-07	召开销售会议组织集体合影的费用			
其他	6601-41-08	以上费用除外召开销售会议的其他费用			
税金及附加	6601-42	根据公司、部门辅助核算			
印花税	6601-42-01	根据销售部门开票金额分摊到各销售部门			
附加税费	6601-42-02	根据销售部门开票金额分摊到各销售部门			
财务费用	6603				
利息	6603-01	收到银行或支付借款的利息			
手续费	6603-02	支付银行收取的各种费用			
供应商返利	6603-04	收到厂家给予的现金点返利			
贷款费用	6603-05	贷款担保费用、交际费用等			
其他费用	6603-99				
折旧费	6601-24	根据公司、部门辅助核算,			

实际工作中，为了保证科目设置能够满足企业业务信息分类的要求，需要有相应的制度来规范科目设置的工作。

【案例1】

某跨国公司的会计部门设置全球总账会计的角色，专门负责会计科目的开立和关闭。

全球的各会计中心如因当地业务需要增设会计科目，需要先向全球总账会计提交开立申请，获批后，由总账会计在账套中做出相应设置，并发出启用通知。

同样的，如遇业务分拆和出售，出售的业务在后续交易事项处理完毕后，全球总账会计也会停用相应的会计科目和组织代码（即辅助核算"部门"）。

会计科目设置的目的是更加准确地记录经济业务并能抓取业务信息。因此，需要根据实际业务的发展，不断地进行修订，启用一些新的会计科目，停用旧的会计科目。一般最好选择在年底、年初对科目进行整体梳理或者修订，次选月初，此时需要考虑损益表年度累计数据的连续性。

【案例2】

某食品企业设立之初，产品品类比较简单，财务人员核算收入的时候直接以"营业收入"科目核算。随着企业发展，产品品类增加迅速，因此对会计科目做出修改，如下表。

	之前	之后	过渡方案
600101 营业收入	使用	停用	新的会计科目从 2016 年 7 月 1 日启用，停用原有 600101 科目。同时从财务软件里的报表取数做出相应修改，从 600101 至 600103 都纳入"营业收入"取数方位
600102 营业收入 – 果汁		启用	
600103 营业收入 – 果脯		启用	
600103 营业收入 – 休闲食品		启用	

2.3 核算流程设计原则

财务核算本身要解决的是从企业业务到会计核算的过程，运用流程性思维有助于把握核算过程中的所有步骤，将各步骤细化，清楚地界定上一步和下一步，以及各步骤之间的连接，并通过梳理核算过程，移除过程中无效的步骤，做到精简流程；在分解细化的同时，流程性思维会帮助我们识别哪些是并行步骤，哪些是顺序步骤，从而设计相应的操作步骤，提高处理效率。

现代企业财务管理中，信息系统的使用，使得会计核算所占据的时间比例在逐步下降，企业会计人员的精力从核算录入逐渐转向专项核算流程的设计和优化，以及建立财务核算与业务单据、数据的无缝对接流程上。

2.3.1 简单原则

核算工作涉及企业方方面面，为了更好地记录企业发生的业务，是否科目设置越细越好？为了更好地记录企业的业务，确实需要有明细科目与之对应，但这并不意味着企业的一级科目设置就不能求简，也不代表二级科目可以无限膨胀。一个过度明细的科目设置，一方面会加重核算难度，另一方面制作管理口径报告的时候需要更多的二次加工。

【案例】

企业实际业务中，对某些客户是赊销，另一些客户是预收款销售，还有一部分客户是"一手交钱一手交货"。在进行业务核算流程设计时，不需要对这三种类型分别进行核算，而是将销售回款业务划分为两个流程：①收到款项；②发货并确认收入。不需要区分回款与发货的先后顺序。因此设计的核算流程如下。

● **收到客户款项时**

借：银行存款

贷：预收账款（辅助核算：客户）

核算原始单据为银行进账单或现金缴款单或任何证明现金缴付的凭据。凡是收到的货款，一律按上述分录入账。不区分收到的款项是预收款、赊销款回款还是现销款项。

● **发货并确认收入**

借：预收账款（辅助核算：客户）

贷：产品销售收入（辅助核算视实际业务设定）

核算原始单据为发货单（企业留存联），凡是收到的发货单，一律按上述分录入账。不区分收到的款项是预收款、赊销款回款还是现销款项。

● **月底**：分析预收账款科目下客户余额的方向。所有存在借方余额的客户，余额合计后，填列在资产负债表的资产方"应收账款"科目；所有存在贷方余额的客户，余额合计后，填列在资产负债表的负债方"预收账款"科目。

● **注意**：应收账款和预收账款，实际代表同一类型经济业务，只是余额方向不同。在核算流程设计中，应收/预收科目只允许使用一个，通过月底的报表重分类分别报送应收款和预收款，实际业务处理的时候不再区分这两个科目使用，应付/预付科目做同样处理。

● **点评**：这种核算流程的设计，避免了对每一笔具体销售交易的分析，不必根据是现销赊销还是预收款销售分别使用不同的分录。

2.3.2 充分遵循内控原则

核算流程设计中，要确保不相容岗位职责分离，最重要的一个权限牵制的设计就是管钱、物的不管账。比如，出纳管钱，出纳就不能入账。同样的，固定资产管理人不能负责登记固定资产账簿。其他一些常见的权限牵制的设计还包含签发出货单与确认销售收入（或开具发票）不可以是同一个人。

【案例】

员工出差要借支5000元，已获得相应的业务审批，出纳做什么，会计做什么？

会计	出纳
发起付款申请 →	支付
编制凭证 ←	单据回传
登记会计账簿 ↔	登记出纳日记账

会计：根据员工填报的差旅费借款申请单，按照企业差旅管理制度进行预先审核，并提交相关人等批准签字；之后会计确认借款申请单，并提交给出纳进行支付。

出纳：收到单据后检查签字审批是否充分，金额加计是否正确，再根据借款申请单的收款信息进行支付；如果以现金支付，请收款人在付款申请单的领款人处签字，并加盖付讫戳，之后将单据回传会计；如果银行支付，支付完成后盖付讫戳，连同银行回单传递给会计。同时，出纳登记现金日记账和银行日记账。

会计：收到单据后入账，并在每日终了时，以会计账簿显示的现金余额和银行存款余额，与出纳日记账核对，并盘点实际现金金额和核对实际银行存款余额。

2.3.3 建立标准的核算制度和核算流程

● 参考企业会计准则，制定企业基本的核算原则

【案例】

账务基本核算原则

1. 会计制度

公司执行财政部颁发的《企业会计准则》和《小企业会计制度》及其相关规定。

2. 会计年度

公司会计年度自公历1月1日起至12月31日止为一个会计年度。

3. 记账本位币

公司以人民币为记账本位币。

4. 记账原则和计价基础

公司会计核算以权责发生制为记账原则，以历史成本作为计价基础。

5. 短期投资的核算方法

（a）短期投资指能够随时变现并且持有时间不准备超过1年（含1年）的投资，包括股票、债券、基金等。

（b）短期投资计价方法：短期投资在取得时按投资成本计量，其中，以现金购入的短期投资，按实际支付的全部价款扣除尚未领取的现金股利或债券利息作为投资成本；投资者投入的短期投资，按投资各方确认的投资价值作为投资成本。

（c）短期投资按取得时的初始投资成本入账。短期投资持有期间所收到的股利、利息等，不确认为投资收益，作为冲减投资成本处理。处置投资时，投资的账面价值与实际取得价款的差额，确认为当期投资损益。

（d）期末短期投资按成本与市价孰低的原则计量，对市价低于成本的差额，计提短期投资跌价准备。具体计提方法为以单项投资的市价与成本进行比较，如果市价低于成本，按其差额计提短期投资跌价准备。

6. 应收款项与坏账损失

（a）坏账损失的核算方法

应收款项指应收账款及其他应收款，公司对可能发生的坏账损失采用备抵法核算，应收款项以实际发生额减去坏账准备后的净额列示。

（b）坏账损失的确认标准

因债务人破产或者死亡，以其破产财产或者遗产清偿后，仍然不能收回的应收款项，因债务人逾期未履行偿债义务，并

且具有明显特征表明无法收回的应收款项，上述确实不能收回的应收款项，报经批准后作为坏账予以核销。

7. 存货的核算

公司对存货采用实际成本法进行核算，低值易耗品采用一次摊销法。

8. 固定资产和折旧

公司固定资产包括为试验产品、提供劳务或经营管理而持有的、使用期限在一年以上且单位价值较高的有形资产。

固定资产以取得时的成本入账，公司对所有的固定资产计提折旧。固定资产折旧采用直线法计提。按固定资产类别、预计可使用年限和预计净残值率确定的折旧率如下：

类别	预计使用年限	预计净残值率	年折旧率
房屋建筑物	20年	5%	4.75%
机器设备	10年	5%	9.50%
运输工具	5年	5%	19%
办公设备	5年	5%	19%
电子产品	3年	5%	19%

9. 无形资产和摊销

无形资产在取得时，按其实际成本入账。无形资产在确认后发生的后续支出，在发生时确认为当期费用。

无形资产应自取得当月起，按预计使用年限、合同规定的受益年限和法律规定的有效年限三者中最短者分期平均摊销。合同没有规定受益期，法律亦没有规定有效年限的，按10年期限摊销。

10. 长期待摊费用

长期待摊费用是指已经支出但摊销期限在一年以上（不含一年）的各项费用，按预计受益期间分期平均摊销，并以实际支出减去累计摊销后的净额列示。

如果长期待摊的费用项目不能使以后会计期间受益的，将尚未摊销的该项目的摊余价值全部转入当期损益。

11. 收入确认原则

（a）销售商品：在已将商品所有权上的主要风险和报酬转移给购货方，并不再对该商品实施继续管理和控制，与交易相关的经济利益能够流入本企业，相关的收入和成本能够可靠计量时确认营业收入的实现。

（b）提供劳务：在已经提供劳务，相关的收入和成本能够可靠计量，与劳务相关的经济利益能够流入时确认劳务收入。

（c）让渡资产使用权：在与交易相关的经济利益能够流入企业，收入金额能够可靠地计量时确认收入。

12. 所得税的会计处理方法

公司企业所得税费用的会计处理采用应付税款法，当期所得税费用按当期应纳税所得额及税率计算确认。

- 根据财务核算工作需要，对企业业务梳理后，确定每一个具体业务的核算会计科目、核算所需的业务单据和核算方法。

【案例】某儿童摄影公司的业务梳理（节选）

主要业务	序号	细分事件	信息软件	业务单据	借 科目	借 辅助核算	贷 科目	贷 辅助核算
销售	1	签订订单，客户付款	米菲+金蝶	门店营业日报+金蝶凭证导入模版	库存现金	店名	营业收入-拍照款/二销/其他	店名
					银行存款-账户xx	店名	营业收入-拍照款/二销/其他	店名
					银行存款-POS	店名-POS编号	营业收入-拍照款/二销/其他	店名
					应收账款-大众	店名-平台单号	营业收入-拍照款/二销/其他	店名
					应收账款-天猫	店名-平台单号	营业收入-拍照款/二销/其他	店名
					应收账款-淘宝	店名-平台单号	营业收入-拍照款/二销/其他	店名
	2	线上平台资金结算	网银	银行回单/电商对账单	银行存款-账户xx	店名	应收账款-大众	店名-平台单号
					银行存款-账户xx	店名	应收账款-天猫	店名-平台单号
					银行存款-账户xx	店名	应收账款-淘宝	店名-平台单号
采购	1	供应商发货	供应商SCM系统	厂家送货表	营业成本-制造成本-相册	店名	应付账款-厂商款	店名-客户编号-供应商
					营业成本-制造成本-相框	店名	应付账款-厂商款	店名-客户编号-供应商
					营业成本-制造成本-海报	店名	应付账款-厂商款	店名-客户编号-供应商

续表

主要业务	序号	细分事件	信息软件	业务单据	借 科目	借 辅助核算	贷 科目	贷 辅助核算
采购	1	供应商发货	供应商SCM系统	厂家送货表	营业成本－制造成本－光盘	店名	应付账款－厂商款	店名－客户编号－供应商
					营业成本－制造成本－购物袋	店名	应付账款－厂商款	店名－客户编号－供应商
	2	支付供应商货款	金蝶	供应商对账单	应付账款－厂商款	店名－客户编号－供应商	银行存款－账户xx	店名

- 根据具体业务涉及的核算会计科目和辅助核算要求，启用账套

【案例】会计科目及辅助核算设置（节选）

类别	科目代码	科目 一级科目	科目 二级科目	辅助核算 部门	辅助核算 POS编号	辅助核算 平台单号
资产类	1001	库存现金		店名		
	1002	银行存款				
	100201		公司基本账户	店名	账号	
	100202		POS	店名	POS编号	
	1122	应收账款				
	112202		大众平台	店名		平台单号
	112203		天猫（saosao旗舰店）	店名		平台单号
	112204		淘宝	店名		平台单号

【案例】辅助核算录入规则（节选）

辅助核算－POS编号	
代码	名称
0000	北京泡泡糖摄影服务有限公司
9089	北京乐啊摄影有限公司
0514	泡泡糖华夏户
7690	乐啊华夏户
0912	泡泡糖民生户
0913	乐啊民生户

2.3.4 配置完善的核算用表单

常见的核算表单有《材料采购申请单》《材料入库单》《材料领用单》《销售申请单》《产品出库单》《报废申请单》《付款申请单》《借款单》《差旅申请表》《差旅费报销单》《业务招待费申请单》《固定资产报废、处置申请表》《发票开具申请单》。

实施这些表单的目的是实现从业务到会计凭证的转化，以及业务流转过程的内部控制。因此，这些表单的共同点是：编号控制；多联次；每种单据都需要财务签字。表单在各业务部门流转的同时，相应的会计联会传递到财务部门，作为原始单据，用以编制会计凭证。

【案例】核算表单模板

● 《材料采购申请单》的设计和使用：材料采购申请单由生产部主管根据生产任务的数量和现有库存，填写金额，并报请主管批准；采购部采购员填写市场单价和供应商两项；报财务部门预审，及总经理批准。

材料采购申请单

申请日期：　年　月　日　　　　　　　　　　　　采购申请编号：

序号	材料编号	材料名称	规格型号	计量单位	申请数量	上批次单价	金额	市场单价	供应商
1									
2									
3									
4									
5									
6									
7									
8									
总计									

生产部主管：　　　　采购部采购员：　　　　财务部门审核：　　　　总经理批准：

● 《材料入库单》的设计和使用：材料入库单须关联采购单号，即先有采购，再有入库；同时，入库单需要编号，各部门可以根据入库单编号整理入库单，做到单据无遗漏；入库单由仓储部开具，同时报送财务部门和采购部；入库单一共三个联次，仓库、财务和采购各持一联，用于各自的业务；入库单内容设计上，收货以单个材料为单位进行，而非打包收货；不仅需要填列材料名称，还需填写材料编码，材料编码信息而非材料名称用于信息流转。

材料入库单

采购单号：　　　供应商：　　　入库日期：　年　月　日　　　入库单编号：

序号	材料编号	材料名称	规格型号	计量单位	入库数量	采购单价	金额
1							
2							
3							
4							
5							
总计							

第一联：仓库联　共三联

仓储部：　　　　财务部门：　　　　采购部：

● 《材料领用单》的设计及使用：本单据以登记材料物资明细账和材料卡片；一联转财务部门或月末经汇总后转财务部门据以进行总分类核算。

材料领用单

生产产品型号：　　　　出库日期：　年　月　日　　　材料出库单编号：

序号	产品编号	产品名称	规格型号	计量单位	数量 请领	数量 实发	数量 退库
1							
2							
3							
4							
5							
6							
7							
8							
总计							

生产部主管：　　　财务部门：　　　发料人：　　　领料人：

● 《销售申请单》的设计及使用：本单由销售人员填写拟销售的产品相关信息申请，由生产部、财务部门审核，总经理批准。

销售申请单

申请日期： 年 月 日　　客户名称：　　　　　销售申请编号：（销售订单号）

序号	产品编号	产品名称	规格型号	计量单位	销售数量	拟销售单价	销售金额	拟发货时间
1								
2								
3								
4								
5								
6								
7								
8								
总计								

销售部销售员：　　生产部审核：　　财务部门审核：　　总经理批准：

● 《产品出库单》的设计及使用：仓管人员根据客户销售订单的信息，进行相对应产品的出库。

产品出库单

销售订单号：　　客户名称：　　出库日期： 年 月 日　　出库单编号：

序号	产品编号	产品名称	规格型号	计量单位	出库数量
1					
2					
3					
4					
5					
6					
7					
8					
总计					

仓储部主管：　　财务部门接受人：　　销售部销售员：

● 《材料报废申请单》的设计及使用：呆滞物料进行报废前，由仓管人员填写本单，并经生产部、质量部、采购部、财务部门等相关部门签批后，进行处置。

材料报废申请单

报废单编号：　　　　　　　　　　　　　　　　　　　　　　　编制日期：年 月 日

序号	材料编号	材料名称	规格型号	计量单位	拟报废数量	单价	金额	报废原因
1								
2								
3								
4								
5								
6								
7								
8								
总计								

仓储部：　　　生产部：　　　质量部：　　　采购部：　　　财务部门：　　　　　总经理：

● 《付款申请单》的设计及使用：付款申请人根据付款用途详细填写本单，并报各相关管理部门及财务部门审批。因信息要求比较多，此单按A4纸张尺寸设计。

付款申请单

企业：＿＿＿＿＿＿＿＿＿＿＿＿＿＿＿　　申请单编号：＿＿＿＿＿＿＿＿＿＿＿＿

部门：＿＿＿＿＿＿＿＿＿＿＿＿＿＿＿　　日期：＿＿＿＿＿＿＿＿＿＿＿＿＿＿

付款明细：

账户名 银行账号	开户行名称 企业地址	币种：

付款理由	付款目的 供应商预付款　　　☐ －固定资产采购　　☐ －非固定资产采购　☐ 合同付款　　　　　☐ －固定资产采购　　☐ －非固定资产采购　☐ 其他　　　　　　　☐ 供应商预付款冲销（发票销账）☐ 　　原始申请单号＿＿＿＿＿＿＿	付款方式 支票　　☐ 现金　　☐ 电汇　　☐ 汇票　　☐ 银行卡　☐ 其他　　☐ 领款人 签名 付款日期 　　　付款人：

预算科目	会计科目	借/贷	明细	金额
合计				

大区：	北京 上海 广州			城市：	集团/总公司
申请人	审核	分公司财务负责人	分公司负责人	财务总监	最终审批
日期	日期	日期	日期	日期	日期

● 《借款单》的设计及使用：借款人按照资金用途及对应项目名称填写本单，由主管部门负责人及财务部门审核。

借款单

借款人：		员工编码：		部门：	借款日期：
借款用途	□差旅 □业务费用 □项目基金 □备用金 □其他		出差地点 项目名称 项目名称 备用金用途		出差期间
借款金额（大写）			（小写）		¥
审批金额	¥		* 审批金额与借款金额不一致按审批金额付款		
付款方式	□现金 □存入银行卡 开户行名称：				
	账户名：		卡号：		
审批签字	（1）部门负责人：		（2）财务审核：		
审批日期	（3）财务总监：		（4）出纳签章：	（5）领款人签字：	

● 《差旅申请表》的设计及使用：出差人员根据计划出差的路线及事项详细填写出差申请，由部门经理、行政部及总经理签批。管理必须细化才能进行有效控制。

差旅申请表

申请人签字		部门		分公司：	
联系电话		申请日期		员工编号	身份证（护照）号码：
商旅信息					
出差事由					
出差期间	自 年 月 日			至 年 月 日		
	目的地1	目的地2	目的地3	目的地4	小计
住宿					
火车票\机票					
市内交通费					
餐费					
其他					
小计：					
审批签字					
部门经理签字/日期			行政部签字/日期		
总裁签字/日期			备注		

● 《差旅报销单》的设计及使用：本单结合前一张《差旅申请表》的明细填写，可对计划支出与实际支出进行对比、分析。

差旅报销单

姓名：		分公司：		部门：		日期：
行程（日期/城市）						
出差期间　　　天			开始日期		返回日期	
出差目的						
交通方式：（　）飞机		（　）火车		（　）汽车		（　）其他
费用：		金额		备注		
差旅交通（含火车）						
机票费						
酒店房费						
餐费						
应酬/礼品						
其他（解释）						
费用总计（A）						
借款金额（B）					出纳：	
借款单编号						
净付/净收金额（C=A-B）					付款日期：	

大区：	北京	上海	广州	城市	集团/总公司	
申请人	审核	分公司财务负责人	分公司负责人	财务总监	最终审批	
日期	日期	日期	日期	日期	日期	

● 《业务招待费申请单》的设计及使用：申请人员根据拟进行招待的人员及事项进行事前申请，并报上级审批。招待费的使用需要提前申请，不能等到发生后再控制。

业务招待费申请单

申请人：				申请人职别：		
申请部门：				所属月份：		
日期	客户名称	对方人员姓名	对方人员职别	我方陪同人员	总人数	总金额
合　计　金　额						

部门负责人
批准

执行董事\副总裁（累计超过2000元，单张单据超过1000元）

● 《固定资产处置申请单》的设计及使用：固定资产因盘盈、盘亏、报废等原因需要进行处置时，由申请人填写本单，交主管部门及财务部门审核。

固定资产处置申请单

经办人		员工号	
部门		职位	
资产名称		购置日期	
编号		处置日期	
申请原因 盘盈（ ） 报废（ ） 盘亏（ ） 其他（ ）			
资产类别及型号	处置数量	处置单价	总价
城市/部门审核 日期：	集团财务总监 日期：	最终审核 日期：	

● 《发票申请单》的设计及使用：申请人根据需开发票的信息填写本申请单，作为财务部门开具发票的依据，确保信息无误。

发票申请单

一、	申请人：		申请日期：	
二、	合同全称：		合同编号：	
三、	收款时间：			
四、	收入性质：	技术推广服务收入（ ）	咨询收入（ ） 广告收入（ ）	电子产品销售收入（ ） 其他收入（ ）
五、	发票类型：	服务业普通发票（ ）		
六、	开票信息：			
1	企业名称		2 注册地址	
3	开户行		4 账号	
5	税号		6 联系人/电话	
7	开票金额		8 开票摘要	
会计审核：			部门负责人：	
财务部门经理：			财务总监：	
汇款银行信息				
单位名称：			地址：	
开户行：			银行账号：	
联系人：			联系电话：	

2.4 业务流程再造

核算流程解决的是企业业务到会计凭证的转化过程，即规定了每一种业务对应的凭证处理。在设计核算流程时，除了要处理企业业务到会计凭证的转化，有时还需要向前延伸到业务端，对业务流程进行梳理和再造。

业务流程的梳理从理解企业的一般经营循环开始。企业设立后，开始进行生产经营活动，先买进原材料和固定资产，进行生产，完成后将产成品销售出去，收到钱之后再进行下一轮的循环（如右上图所示）。

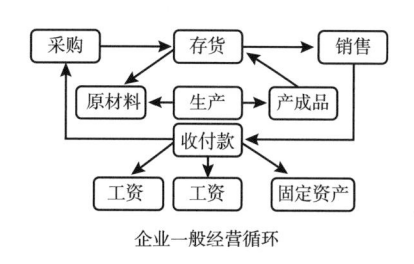

企业一般经营循环

根据企业的一般经营循环，我们将常见企业业务流程及细分流程划分如下图。企业在实际操作中，可以参考常见业务流程的划分来进行设计，并配以相应的管控表单来落地执行。

对于使用信息软件进行企业管理的企业，业务流程再造需要结合信息系统进行，并将相应的控制程序和表单内嵌在系

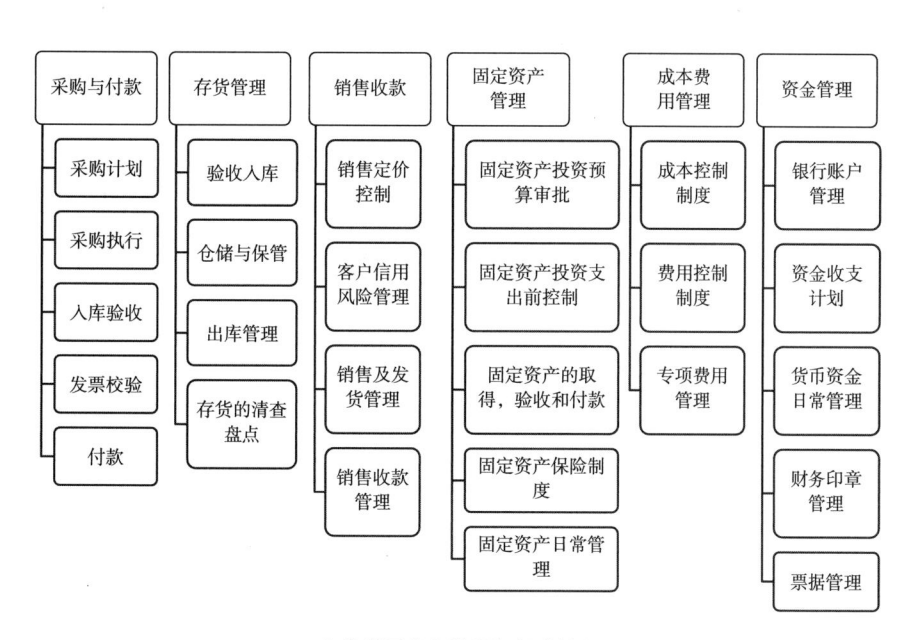

采购与付款	存货管理	销售收款	固定资产管理	成本费用管理	资金管理
采购计划	验收入库	销售定价控制	固定资产投资预算审批	成本控制制度	银行账户管理
采购执行	仓储与保管	客户信用风险管理	固定资产投资支出前控制	费用控制制度	资金收支计划
入库验收	出库管理	销售及发货管理	固定资产的取得、验收和付款	专项费用管理	货币资金日常管理
发票校验	存货的清查盘点	销售收款管理	固定资产保险制度		财务印章管理
付款			固定资产日常管理		票据管理

企业常见业务流程与细分流程

统中，通过系统的单据流和业务流的设定，达到更好的实施效果。如果没有运用信息软件，或者信息软件仅用于部分企业管理的环节（比如财务部门有记账软件，仓库使用进销存软件，销售仍然是手工开单），此时，需要根据再造后的业务流程，分开线上管控和线下管控进行。

2.5 乱账清理

通过设定企业基本核算原则、设置会计核算科目体系，梳理主要业务核算流程，选择一个时点作为节点，则企业可以按照完善、规范的核算体系进行新业务核算。但是在此之前，因未规范操作形成的历史遗留问题怎么处理？这些问题多是长年积累下来的，许多数据很难追根溯源，通过正常调账的方式厘清，因此需要对这一类问题进行专项清理。

在处理这些问题之前，我们先要确定一下公私分开的原则，企业与个人（主要是老板）是两个不同的法律主体，企业业务是企业的，个人业务是个人的，企业与个人业务没有区分清楚，也是造成账务混乱的一个原因。

2.5.1 确定某一时点，对该时点的账面数字与实际进行盘点、对账，找出差异

如下图所示。

货币资金	·进行盘点、清查，确定差异金额
应收账款	·进行对账、核查，确定差异金额
预付账款	·进行对账、核查，确定差异金额
其他应收款	·进行对账、核查，确定差异金额
存货	·进行盘点、清查，确定差异金额
固定资产	·进行盘点、清查，确定差异金额
应付账款	·进行对账、核查，确定差异金额
其他应付款	·进行对账、核查，确定差异金额

2.5.2 分析实物、往来与实际差异的原因

对各项资产清查后所确定的账实差异，逐项进行分析，找出差异产生的原因，是由于原始数据不完整，还是账务处理差错导致，或是属于确实无法正常列账的事项，全部都必须进行确认。

2.5.3 针对具体问题，设计解决方案

根据差异产生的原因，逐一写出书面解决方案，确定处理措施及所需时间、责

货币资金	其他应收款 预付账款 应收账款	存货	固定资产	应付账款 其他应付款
•盘亏盘盈处理 •多拿少补	•坏账处理 •补票处理 •收回处理	•补票处理 •清理处置 •报废处理	•补票处理 •清理处置 •报废处置	•记营业外收入 •清偿支付 •转股处理

任人。在确定处理方案的过程中，还可能会出现无法查清原因的差异，此时需与老板就差异进行书面确认、确权，进行账务调整，不再将差异往后期延续（如上图）。

【案例】

在入驻企业进行财务咨询的过程中，我们发现应收账款、存货对不上的情况比较多见，但是还有些客户的货币资金也存在账实差异，这就是资金安全系统出了问题，如何建立资金安全系统将在下文"钱系统"的内容里进行详细阐述，这里我们先处理账实差异问题。企业货币资金的账实差异经过调账后，若还存在无法查明的原因，一般根据实际金额，采取以下方法处理。

● 盘亏盘盈处理。在资金清查中以资金盘点报告为依据，实际资金大于账面金额的，做盘盈处理，实际资金小于账面金额的，做盘亏处理，将账面资金调整成与实际一致。

● 多拿少补处理。资金盘点后发现的账实差异，主要是由于老板对资金的频繁划转而无法查清的，经与老板协商后，将实际资金大于账面的部分由老板拿走，另行存放，不能与公司资金相混；实际资金小于账面部分，由老板以个人资金补齐，至此将资金账实调至相符。

2.6 信息软件的选择与应用

随着电子计算机和互联网的发展，信息软件的出现彻底地改变了账务核算方式。会计核算从最开始的手工账簿和算盘、计算器，发展到通过软件和信息化实现业务数据和会计凭证的实时无缝对接，最大限度地简化了计算和数据处理，达到了信息共享和流程优化，并通过信息系统更好地实现权限控制，实现了企业内部控制的新高度。

信息软件是企业一系列应用软件的合称，包含销售环节使用的 CRM 系统，产供销一体化的供应链系统，财务软件等。

2.6.1 软件品牌的选择

目前市场知名的通用型信息软件有用友、金蝶、SAP、Oracle 以及针对各细分行业开发的各类信息软件。

企业在选用信息软件时，应根据企业发展战略和未来业务规划选择相应的品牌和版本。举例来说，对一个未来要实行国际化扩张的企业，SAP、Oracle 是比较好的选择，这些通用型软件一般可扩展性比较强，方便企业针对特定业务进行定制或二次开发或与特定的软件、硬件做接口；这些国际化的信息软件还可以支持不同语言环境。同一品牌的软件也会有针对各类企业的不同版本，比如用友软件，目前有三个系列，针对小微企业的畅捷通 T 系列，针对中型及成长型企业的 U8 系列，和针对大型企业的 NC 系列。

此外，软件的实施团队也是选择时的一个考虑因素。比如本地是否有实施团队，还是只有销售团队；本地实施团队的技术和经验；上线后的维护以及远程技术支持服务如何。

2.6.2 按照软件逻辑重新梳理业务流程，必要时进行业务流程再造

信息软件上线之前的业务流程梳理和再造是上线成功的重要因素。实际业务中，企业的信息系统上线容易偏向两个方向：一是没有梳理流程和再造，机械地将企业的手工作业搬到信息系统中进行计算机作业；二是没有梳理流程，完全照搬信息系统设置的作业流程进行操作，而忽视企业的具体业务。

完成流程梳理后，信息软件可以支撑企业业务的运行，但要保证软件出来的信息有用，还需要重视基础数据设置、录入和维护，确保软件所记录的信息的有用性（如下图）。

业务流程不连贯	业务流程与财务流程脱节	基础数据设置
• 计划到生产流程 • 采购到支付流程 • 入库和出库流程 • 订单到收款流程 • ………	• 业务到核算流程 • 核算到报表流程	• 编码没有标准，随意为之比较多 • 基础资料没有整合，各相关部门的信息不一致 • 基础数据、流程和管理制度缺乏维护

所以，选择软件品牌后，上线实施工作非常关键。整个实施过程是将企业的实际业务流程与软件设计的工作流程进行配对，对差异部分不断优化，最后达到无缝承接。

2.6.3 确定具体实施计划

信息软件上线实施，分成项目准备、业务蓝图、系统部署、测试与数据准备以及上线与技术支持五大阶段。项目准备阶段主要就企业具体业务结合软件提供的解决方案进行讨论；确定方案后进入业务蓝图阶段，进行功能设计和方案讲解以及用户培训；同时实施方进行软硬件部署；之后进入测试和数据准备阶段；最后按照上线方案完成新旧系统切换，系统正式上线，进入运行维护阶段（如下图所示）。

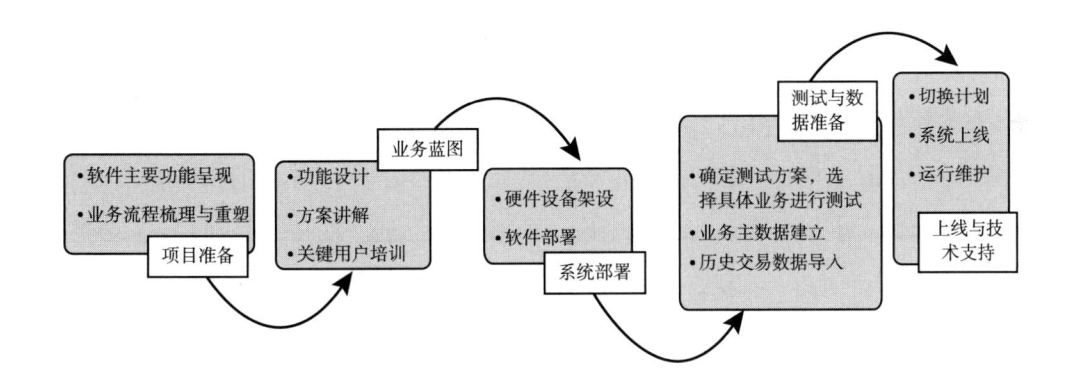

第 3 章　核算账系统

3.1　核算账释义

核算账是用于分钱目的，是员工实行利润分享的依据，不为满足法定要求，因此核算账不是一套完整的账，是在现有财务账的基础上，根据企业与管理层的约定，做出适当调整而形成的一套表，也就是我们说的，调表不调账。之所以出现这种处理方式，一是会计人员在维护一套完整的账务系统的同时，如果再以核算账的口径维护另外一套账务系统的工作量太大；二是这两套系统的数据来源相同，大部分业务的处理方法都是一致的，只有个别业务需要区分处理。因此，为了灵活地设置考核指标和进行利润分享，我们把这种调表不调账的方式生产出来的报表称为核算账。

3.2　核算账的设计及计算步骤

核算账在设计时，先确定其标准和口径，再确认与财务账簿的核算差异，然后设计调整方案，将每个月的财务账表调整为核算账表。

核算账口径及标准

1. 收入计量确认原则：收入按本期实际发货不含税收入确认，即以本期账面收入为基础，调整增加本期发货未开票收入，调整减少以前年度发货本期开票收入。

2. 成本（主营业务成本）计量确认原则：成本按本期实际发货实际成本确认，即以本期账面销售成本为基础，调整增加本期发货未开票成本，调整减少以前年度发货本期开票成本。调整增加关联企业代为支付工人及生产管理人员的工资成本。同时调整本期工人及生产管理人员的实际发放年终奖金与账面预提奖金的差额。

3.期间费用确认原则：期间费用（销售费用、管理费用、研发费用）按权责发生制原则确认。即以本期账面期间费用为基础，调整增加关联企业代为支付的期间费用，调整减少企业代关联企业支付的关联企业费用。

4.成本、费用互转调整：因对外报表需要，账面记录成本、费用与实际成本、费用存在一定差异，内部经营报告对此进行了调整。例如，应计入成本的项目可能在费用项目中核算，内部经营报告按实际情况进行调整。因属于成本、费用项目之间互转，即一项调整增加，另一项调整减少相同金额，故此调整并不影响最后利润。

5.关联企业自营工程项目的产品结算价格按市场零售价的6.5折计算（同代理商），即产品按代理商销售价格计算。由于实际账面开票是按5折进行的结算，故调整增加差价收入。

6.总分公司内部销售进行抵消，即总公司销售给分公司的产品，总公司确认一次收入，分公司销售给客户后又确认一次收入，两次收入只确认销售给客户的收入，成本亦然。此合并调整并不影响最终利润，收入、成本同时减少相同金额。

7.与关联企业之间的OEM业务不作为内部经营结果反映，即调整减少相应业务产生的收入与成本。

8.代购货业务不作为内部经营结果反映，即调整减少相应业务产生的收入与成本。

9.对外原材料及低值易耗品的销售业务不作为内部经营结果反映，即调整减少相应业务产生的收入与成本。

10.样品等非正常发货业务不作为内部经营结果反映，即调整减少相应业务产生的收入与成本。

11.不考虑资产项目预计可能发生的减值损失或增值收益，经营性资产实际发生的损失于发生年度确认损失。

12.不考虑集团内部各关联企业自有资金相互占用可能产生的利息收入及利息费用。

13.流转税中的城市建设税及教育费附加按实际外部报表应缴纳金额确认，所得税费用按汇算清缴实际缴纳金额确认。

14.利息及担保费用按财务费用科目金额确认，其为冲减存款利息收入净金额。

【案例】W（北京）有限公司内部经营审计报告书（2010年度、2011年度）

W（北京）有限公司管理层：

我们对W（北京）有限公司（以下简称贵公司）2010年度、2011年度经营情况进行了审计。现将经营审计结果报告如下。

一、2010年度、2011年度内部经营审计结论

（一）2010年度、2011年度内部经营利润表结果（单位：万元），详见下表（上）

（二）2010年度、2011年度经营财务指标审计结论，详见下表（下）

项目	2010年度	2011年度
一、主营业务收入	16095.52	20900.05
减：主营业务成本	9133.04	12393.56
销售费用	2263.66	2716.87
主营业务税金及附加	13.25	118.83
二、主营业务利润	4685.58	5670.79
加：其他业务利润	12.61	13.10
减：管理费用	1251.52	1320.67
研发费用	237.03	339.84
三、营业利润	3209.64	4023.38
加：营业外收支	0.91	28.22
四、息税前利润（EBIT）	3210.56	4051.60
减：利息及担保费用	274.06	339.45
五、税前利润	2936.50	3712.15
减：所得税费用	292.07	418.04
六、息税后净利润	2644.43	3294.11

财务指标	2010年度	2011年度
营业收入（万元）	16095.52	20900.05
毛利率	43.26%	40.70%
毛利（万元）	6962.49	8506.49
期间费用（万元）	3752.21	4377.38
每1元收入负担的费用（元）	0.2331	0.2094
息税前利润（EBIT）	3210.56	4051.60
息税前利润率	19.95%	19.39%
所得税费用（万元）	292.07	418.04
息前净利润（万元）	2918.49	3633.56
息前净利润率	18.13%	17.39%
利息及担保费用	274.06	339.45
息税后净利润	2644.43	3294.11
经营净现金流（万元）	3240.18	5148.10
员工总数	355	403
人均销售收入（万元）	45.34	51.86

二、内部经营结果核算口径及标准

1. 收入计量确认原则：收入按本期实际发货不含税收入确认，即以本期账面收入为基础，调整增加本期发货未开票收入，调整减少以前年度发货本期开票收入。

2. 成本（主营业务成本）计量确认原则：成本按本期实际发货实际成本确认，即以本期账面销售成本为基础，调整增加本期发货未开票成本，调整减少以前年度发货本期开票成本。调整增加关联企业代为支付工人及生产管理人员的工资成本。同时调整本期工人及生产管理人员的实际发放年终奖金与账面预提奖金的差额。

3. 期间费用确认原则：期间费用（销售费用、管理费用、研发费用）按权责发生制原则确认，即以本期账面期间费用为基础，调整增加关联企业代为支付的期间费用，调整减少企业代关联企业支付的关联企业费用。

4. 成本、费用互转调整：因对外报表需要，账面记录成本、费用与实际成本、费用存在一定差异，内部经营报告对此进行了调整。例如，应计入成本的项目可能在费用项目中核算，内部经营报告按实际情况进行调整。因属于成本、费用项目之间互转，即一项调整增加，另一项调整减少相同金额，故此调整并不影响最后利润。

5. 关联企业自营工程项目的产品结算价格按市场零售价的6.5折计算（同代理商）。即产品按代理商销售价格计算。由于实际账面开票是按5折进行的结算，故调整增加差价收入。

6. 总分公司内部销售进行抵消。即总公司销售给分公司的产品，总公司确认一次收入，分公司销售给客户后又确认一次收入，两次收入只确认销售给客户的收入，成本亦然。此合并调整并不影响最终利润，收入、成本同时减少相同金额。

7. 与关联企业之间的OEM业务不作为内部经营结果反映。即调整减少相应业务产生的收入与成本。

8. 代购货业务不作为内部经营结果反映。即调整减少相应业务产生的收入与成本。

9. 对外原材料及低值易耗品的销售业务不作为内部经营结果反映。即调整减少相应业务产生的收入与成本。

10. 样品等非正常发货业务不作为内

部经营结果反映。即调整减少相应业务产生的收入与成本。

11. 不考虑资产项目预计可能发生的减值损失或增值收益，经营性资产实际发生的损失于发生年度确认损失。

12. 不考虑集团内部各关联企业自有资金相互占用可能产生的利息收入及利息费用。

13. 流转税中的城市建设税及教育费附加按实际外部报表应缴纳金额确认，所得税费用按汇算清缴实际缴纳金额确认。

14. 利息及担保费用按财务费用科目金额确认，其为冲减存款利息收入净金额。

三、账面金额与内部经营结果差异调整

（一）收入项目调整

按上述内部经营结果核算口径将账面收入调整为内部经营报表收入，具体调整过程及金额如下表。

（二）成本（主营业务成本）项目调整

成本项目包含材料成本、人工成本及制造费用三大项目，按上述内部经营结果核算口径将账面成本调整为内部经营报表成本，具体调整过程及金额如下页表。

（单位：万元）

项 目	2010年度	2011年度
会计账面收入	17717.07	22481.25
加：本期发货未开票收入	2645.64	2988.14
自营工程差价收入	82.16	555.30
减：前期发货本期开票收入	−2107.68	−2532.72
代购货业务收入	−501.48	−243.17
OEM收入	−97.86	−261.01
总分企业内部交易收入	−1341.81	−1618.17
原材料及低值易耗收入	−263.28	−405.23
非正常发货（免费样漆等）	−37.24	−64.34
内部经营报表收入	16095.52	20900.05

（单位：万元）

项　　目	2010年度	2011年度
账面成本	10968.14	15290.74
加：本期发货未开票成本	1508.63	1779.17
关联企业代付生产人员工资成本	85.15	60.77
其他渠道发放工资	0.00	14.25
其他渠道发放年终奖	34.32	51.07
转入研发费成本（成本、费用互转项目）	77.97	79.63
代关联企业支付成本项目	285.47	810.41
减：本期开票前期发货成本	−1052.42	−1528.84
代购货成本	−478.29	−246.30
OEM成本	−103.18	−247.99
总分企业内部交易成本	−1341.81	−1618.17
原材料及低值易耗发货成本	−255.25	−376.83
非常发货成本（免费样漆等）	−24.75	−53.53
内部经营报表成本	9133.04	12393.56

（三）期间费用项目调整

期间费用包含销售费用、管理费用和研发费用三大项目，按上述内部经营结果核算口径将账面金额调整为内部经营报表金额，具体调整过程及金额如下。

1. 销售费用项目调整过程及金额

（单位：万元）

项　　目	2010年度	2011年
账面销售费用	1430.98	1804.15
加：关联企业代发工资	394.76	389.53
其他渠道发放年终奖	437.92	304.90
其他渠道发放工资	0.00	28.07
转研发费（费用互转项目）	0.00	209.37
减：管理转入（费用互转项目）	0.00	−19.15
内部经营报表销售费用	2263.66	2716.87

2. 管理费用项目调整过程及金额（下述管理费用明细中不包含高管年终奖金）

（单位：万元）

项　目	2010 年度	2011 年度
账面管理费用	739.22	982.38
加：** 代付工资	272.41	266.29
** 代付房租费	57.74	0.00
** 代付班车费	13.00	0.00
** 代付水电费	4.10	0.00
** 代付装修费	69.97	0.00
其他渠道发放年终奖	95.08	−82.75
其他渠道发放工资	0.00	12.30
转研发费（费用互转项目）	0.00	134.15
转销售费用（费用项目互转）	0.00	19.15
减；代关联企业支付的审计费	0.00	−10.85
内部经营报表管理费用	1251.52	1320.67

3. 研发费用项目调整过程及金额

（单位：万元）

项　目	2010 年度	2011 年度
账面研发费用	732.92	909.70
加：** 代付工资	82.55	73.61
其他渠道发放工资	0.00	5.22
减：代关联企业支付研发费用	−500.47	−175.54
其他费用转入研发费（费用互转项目）	−77.97	−423.15
代付关联企业年终奖	0.00	−50.00
内部经营报表研发费用	237.03	339.84

【案例3】某门窗生产企业核算利润表编制

某门窗生产集团总部位于中山，下设三个工厂，分别位于中山、廊坊和徐州，各工厂除了对口当地市场的生产和销售以外，还各自负担了一些总部职能：中山工厂负责集团的设计打样；徐州工厂负责集采供应商的甄选；集团的会计中心位于廊坊，负责整个集团的财务核算工作。集团总部和三个工厂分别是独立注册的有限公司，负担的总部职能在各自公司开支，没有平摊到各个收益公司。

第一步：确定核算利润表标准和口径

1. 各公司成本费用按实际收益原则承担，对于目前承担的总部职能开支，需由总部负担。

2. 各公司向总部借入的流动资金，按照中国人民银行贷款基准利率收取利息。

3. 总部向下级公司收取管理费，用于集团战略规划、品牌推广、产品设计和质量管理、流程和程序设计及执行、信息技术维护和各种管控职能的开支。管理费按收入金额的10%提取，收入不足500万元的企业，按每年50万元提取。

第二步：确认与财务核算的差异

1. 总部职能没有全部由总部负担。

2. 总部没有向各分子公司收管理费。

3. 中山公司向集团公司折借资金500万元，已使用半年，按5%银行贷款利率算，目前未核算资金的利息收入和成本12.5万元。

2016年度损益表 （单位：万元）

项目	集团公司	中山	廊坊	徐州	合计
营业收入	100	1010	480	830	1720
减：营业成本	40	600	190	520	850
减：期间费用					
本公司费用	80	80	60	40	260
总部职能－设计		100			100
总部职能－采购				50	50
总部职能－财务			100		100
减：所得税费用	5	20	18	30	73
净利润	−25	210	112	190	487

第三步：编制调整方案

1. 总部职能的费用调整

项目	集团公司	中山	廊坊	徐州	合计
期间费用 – 总部职能	+250	−100	−100	−50	0

2. 总部收取管理费

项目	集团公司	中山	廊坊	徐州	合计
营业收入 – 管理费收入	+234				+234
期间费用 – 总部管理费		+101	+50	+83	+234

3. 关联企业的资金占用收入和利息

项目	集团公司	中山	廊坊	徐州	合计
期间费用 – 财务费用	−12.5	12.5			0

第四步：出具核算账利润表

财务账利润表 + 核算账调整表 = 核算账利润表

	项目	集团公司	中山	廊坊	徐州	合计
财务账利润表	营业收入	100	1010	480	830	1720
	减：营业成本	40	600	190	520	850
	减：期间费用					
	本公司费用	80	80	60	40	260
	总部职能 – 设计		100			100
	总部职能 – 采购				50	50
	总部职能 – 财务			100		100
	减：所得税费用	5	20	18	30	73
	净利润	−25	210	112	190	487

	项目	集团公司	中山	廊坊	徐州	合计
核算账调整表	营业收入 – 管理费	234	0	0	0	234
	减：期间费用					
	本公司	250	101	50	83	484
	总部职能 – 设计		−100			−100
	总部职能 – 采购				−50	−50
	总部职能 – 财务			−100		−100
	财务费用	−12.5	12.5			0
	净利润	−3.5	−13.5	50	−33	0

<table>
<tr><td rowspan="5">核算账利润表</td><td>项目</td><td>集团公司</td><td>中山</td><td>廊坊</td><td>徐州</td><td>合计</td></tr>
<tr><td>营业收入</td><td>334</td><td>1010</td><td>480</td><td>830</td><td>1954</td></tr>
<tr><td>减：营业成本</td><td>40</td><td>600</td><td>190</td><td>520</td><td>850</td></tr>
<tr><td>减：期间费用</td><td>330</td><td>181</td><td>110</td><td>123</td><td>744</td></tr>
<tr><td>减：所得税费用</td><td>-7.5</td><td>32.5</td><td>18</td><td>30</td><td>73</td></tr>
<tr><td></td><td>净利润</td><td>-28.5</td><td>196.5</td><td>162</td><td>157</td><td>487</td></tr>
</table>

3.3 核算账辅助记录要求

核算账是以财务账簿为基础，进行若干调整后得出的报表。因此，核算账的编制必须充分利用财务账，凡是可以从财务账簿中提取的数据，直接从账上提取，可以灵活运用财务记账手段进行标记，比如财务账簿中最经常使用的辅助核算功能。账簿记录手段没办法达到的，则辅助电子表格，备查账等记录。

比如，核算账的收入确认以本期实际发货不含税收入确认，而账面收入以开具发票确认，那么从账面收入到核算账收入需要调整增加本期发货未开票收入，调整减少以前年度发货本期开票收入。如何利用财务账簿来进行数据提取？

常规的财务账簿处理

业务	借		贷		支撑单据
	科目	辅助核算	科目	辅助核算	
销售出库	发出商品	客户	产成品		仓库出库单
对账完毕，开具发票，同时结转成本	应收账款	客户	主营业务收入 应交税金-增值税-销项	产品	销售出库单+税务发票
	主营业务成本		发出商品		

进行辅助记录

序号	本期收入 （a）	本期发货未开票 （b）	前期发货本期开票 （c）	调整后收入 （d=a+b-c）	备注
1					·本期收入自账内取数 ·发货未开票数自订单取数 ·前期发货本期开票自账内取数
2					
3					
4					
合计					

第四篇　钱系统

钱系统就是企业的资金管理系统，钱系统是企业财务系统的有机组成部分。资金是企业最容易缺失的资产，对资金的管理首先是要建立资金安全系统。此外，通过管理出资人当期现金投入，提升资金的使用效率，实现资金的保值增值，给投资人带来可持续的未来现金流入，是资金管理的另外一个重要方面。资金管理的最终阶段，是通过投融资体系，带领企业走向资本市场。

钱系统的管理包括几个方面的内涵：第一，预防企业的资金被盗用、侵占、挪用等非法占用，给企业造成损失；第二，进行资金的有效规划，防止因资金链问题，造成企业融资成本不合理上升，甚至严重到企业被收购或不得不申请破产；第三，有效衡量客户占用的应收账款给企业带来的成本和收益，将客户占用的应收账款视为企业的一项投资，建立制度保证投资的收益水平；第四，走上资本市场，从"用人赚钱"走向"用钱赚钱"。因此，即使目前还达不到上市的标准，也建议企业从现在开始，逐步规范运作，为将来上市做好准备。

钱系统，是企业管理者切身感受最深的系统，也往往是最容易造成企业损失的系统。利用本教材提供的制度、方案，切实执行，企业将切实感受到钱系统的好处。

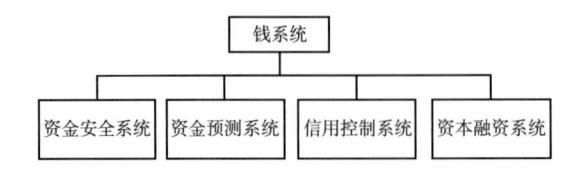

```
                    钱系统
                      │
      ┌───────────┬───┴───┬───────────┐
  资金安全系统  资金预测系统  信用控制系统  资本融资系统
```

第1章　资金安全系统

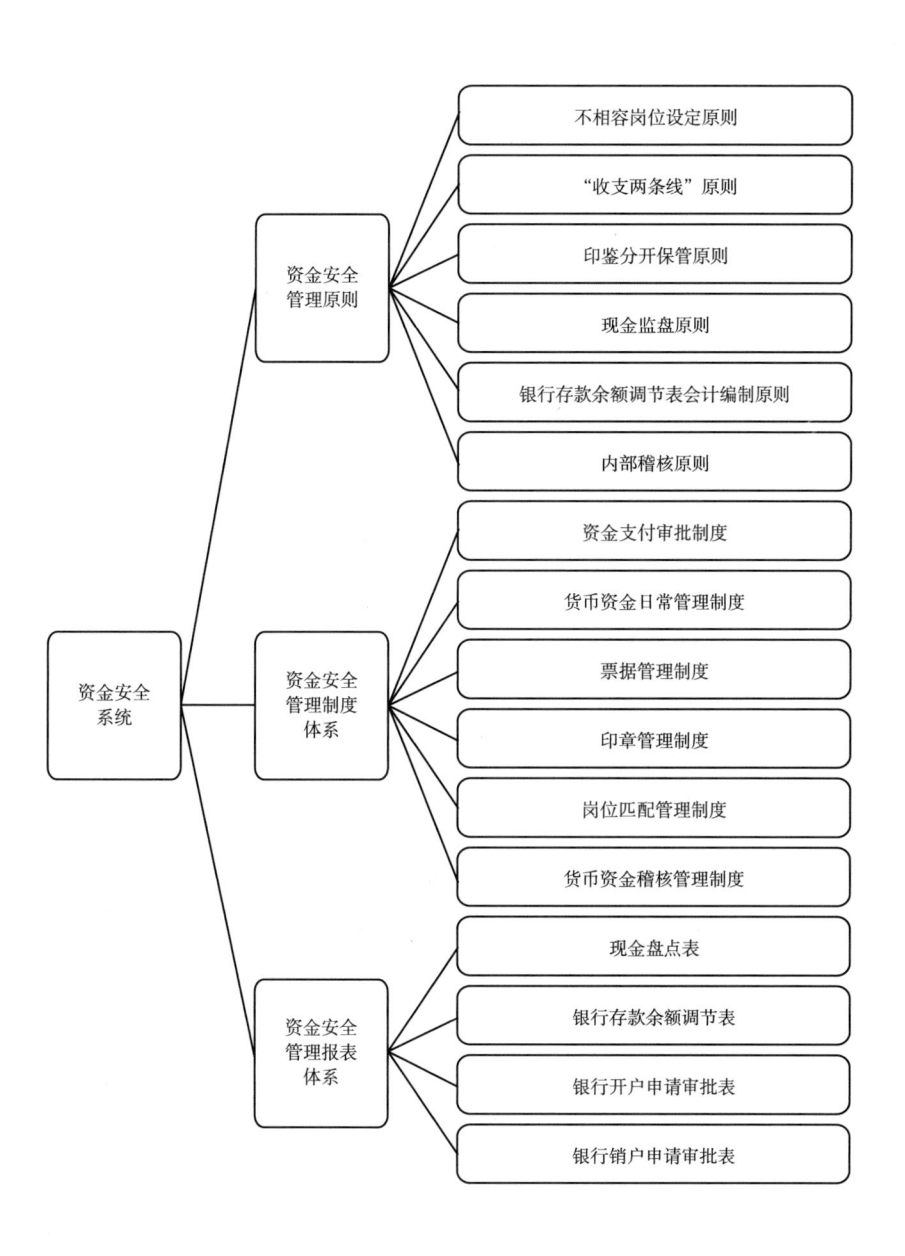

```
                              ┌─ 不相容岗位设定原则
                              ├─ "收支两条线"原则
                              ├─ 印鉴分开保管原则
               ┌─ 资金安全管理原则 ┼─ 现金监盘原则
               │              ├─ 银行存款余额调节表会计编制原则
               │              └─ 内部稽核原则
               │
               │              ┌─ 资金支付审批制度
               │              ├─ 货币资金日常管理制度
  资金安全系统 ─┼─ 资金安全管理制度体系 ┼─ 票据管理制度
               │              ├─ 印章管理制度
               │              ├─ 岗位匹配管理制度
               │              └─ 货币资金稽核管理制度
               │
               │              ┌─ 现金盘点表
               └─ 资金安全管理报表体系 ┼─ 银行存款余额调节表
                              ├─ 银行开户申请审批表
                              └─ 银行销户申请审批表
```

第四篇　钱系统

资金安全系统是所有财务系统中最需要优先建立的系统。资金安全系统，就是确保进到企业的资金不缺失的一个管理体系。很多民营企业，资金的进出完全没有通道的概念。资金一会儿从企业账户出，一会儿从老板个人卡出；有的卡是以老板名义开立用于处理企业业务，有的卡因老板个人收支与企业业务收支牵扯不清，资金收支的路径非常随意。企业应该尽量把资金的通道理清楚。钱怎么进，进哪里，钱怎么出，从哪个口出，入口和出口都要理顺。一个企业与一个家庭一样，进钱、出钱，都必须有规划好的路径。

1.1 资金安全管理原则

资金安全系统包含六个原则：不相容岗位设定；"收支两条线"；印鉴分开保管；现金监盘；银行存款余额调节表会计编制和内部稽核六大原则。资金是企业内部最容易缺失的资产，本书所提供的这几项原则都比较容易落地，企业应逐一对照，检查自身实际情况，及时调整并立刻改正。

1.1.1 不相容岗位设定原则

古时候的人就知道，管钱的不能管账，管账的不能管钱，双方各管一摊，然后核对结果。所以，管账的与管钱的分开是最基本的不相容岗位设定。这个原则看起来简单，但是在很多企业，这一原则很容易遭到破坏，比如，老板为了省事，让出纳兼做会计账，就违背了这个原则。

账钱分离的原则不存在对人的信任问题，即便是老板娘当出纳，也一样是这个要求。对企业而言，资金安全体系的建设不能建立在对某个人信任或者不信任的基础之上。不能因为任用了信任的人做出纳，就可以破坏这个规则。

因为没有遵循账钱分离原则而造成资金缺失的案例很多：北京海淀区的一家设备销售企业，财务人员上岗的时候，使用的是假身份证。老板非常信任这个财务，让他既管账又管钱，一个人就能够动用企业的资金。后来，他利用管理漏洞，挪用企业 70 万元资金，然后辞职不干了。事后老板找了事务所，通过审计才发现。

企业不能为了节约成本，安排同一个人兼任不相容的岗位，更不能因为员工值得信任，从来没有出现过问题，就无视岗位设置的基本原则。

1.1.2 "收支两条线"原则

收支两条线就是资金要有清晰的收支口径。企业应指定专门的账户作为收款账户，仅用来收款，再指定另外一个付款账户，用于付款。对于需要支付的款项，按周或者旬汇总后，以总额从收款账户转入付款账户，再逐笔按照付款流程进行支付。收支两条线，就是收款账户和付款账户要分开，不要在一个账户混用。

对于日常业务中有大量现金收支的企业，尤其需要严格执行收支两条线原则。收现金的企业，最容易发生的事情就是"坐支"。所谓坐支，就是收款人在收到现金后，没有按全额记入收入，就直接拿着花了，仅以差额记账。坐支形成习惯的，资金的安全性必然大受影响。

用收支两条线原则管理资金，也便于老板区分个人的钱和企业的钱。企业经营的钱先全部上收，如需使用，再通过资金支出的渠道付出，不至于到最后完全分不清公私。

1.1.3 印鉴分开保管原则

印鉴分开保管，其实质是付款的操作权和审批权要分开，两个人互相制约，必须对同一笔付款业务都执行动作，才能把钱付出去。不管是用网银付款，还是支票付款，都要遵循这样的原则。就算老板忙得没时间操作，也需要授权出纳之外的人员执行付款审批权限，不能由出纳一个人同时提交付款申请并审批付款。

印鉴分开保管，本质就是指一个人不能动用钱。出纳一个人是无法将钱支付出去的。同理，即使是老板娘管资金，也不能单凭一个人就可以动用钱。

1.1.4 现金监盘原则

现金盘点时不仅要有盘点人，还要有监盘人。所谓监盘，就是监督盘点。盘点可以定期进行，监盘则要定期加不定期。不定期就是没有固定时间点，不知道什么时候盘，随时都可能盘。比如，每周监盘一次，每个月有两三次不定期监盘。

1.1.5 银行存款余额调节表会计编制原则

在企业财务核算中，每月要核对账面的银行存款余额与银行实际的存款余额，对于出现的差异，需要编制银行存款余额调节表。这个核对的过程，相当于对账面的银行存款做了盘点。只有经过核对并对差异进行调查，出具银行存款余额调节表，才能确定报表的银行存款余额确实存在，而不只是一个纸面数字。

银行存款余额调节表是资金安全的重要稽核手段，因此这个表单不是由资金管理人出纳编制，而应该由会计编制。从严格意义上来说，不仅银行存款余额调节表由会计编制，连银行对账单都不应通过出纳取得，而是由会计直接取得。

1.1.6　内部稽核原则

对于会计机构内部稽核的内容，财政部发布的《会计基础工作规范》里作了原则性规定，包括稽核工作的组织形式和具体分工；稽核工作的职责、权限；审核会计凭证和复核会计账簿、会计报表的方法等。

以上六个原则，即是资金安全系统所要遵循的原则。这个系统落地比较容易，企业只要对照以上原则一一检查自己的实际情况，确定系统的执行方案，发现不符合的地方，立刻改正。

1.2　资金安全管理制度体系

本节主要涉及资金安全管理原则应用配套的制度，通过这些制度的执行保证我们在上一节中阐述的资金安全管理原则可以执行到位。

1.2.1　资金支付审批制度

【模板】资金支付审批一般管理规定

1.1　预算范围内审批手续

经办人 → 部门经理审批 → 财务审核 → 总经理 / 分管副总审批。

1.2　预算范围外审批手续

经办人 → 部门经理审批 → 财务审核 → 总经理 / 分管副总审批 → 董事会审批。

1.3　财务管理要求

1.3.1　超过1000元的付款尽量通过银行划账予以结付。

1.3.2　预算范围内的款项支付时，如果财务经理发现支付审批单未按规定由相关责任人员签字批准，或是发现款项与预算审批范围不符，或是与合同协议中的付款条件不符而又无合理解释，有权拒绝付款。预算范围外的款项支付时，如果财务经理发现该款项未经过董事会超过三分之二的董事签字批准，有权拒绝付款。

1.2.2 货币资金日常管理制度

【模板】货币资金日常管理制度

1. 现金使用要求

必须严格按照国务院颁布的《现金管理暂行条例》的规定办理现金的收付。允许使用现金结算的范围有：

- 职工工资、津贴；
- 个人劳务报酬；
- 按规定发给个人的奖金；
- 各种劳保、福利费用以及按规定对个人的其他支出；
- 向个人收购其他物资的款项；
- 出差人员必须随身携带的差旅费；
- 按规定支票结算起点以下的零星支出；
- 中国人民银行确定需要支付现金的其他支出。

2. 库存现金限额

为确保现金的安全，避免库存大量现金，应核定一定数量的库存现金限额。库存现金是为保证日常零星开支的需要，允许留存的现金最高限额一般为3~5天的零星开支需要量，超过库存限额部分的现金应在当天解缴银行，以确保现金的安全。

3. 货币资金收支管理

3.1 现金收入控制

- 出纳人员在收到现金时，应仔细核对销货发票或营业收据同交来的现金金额是否一致。
- 各种收据必须事先按序编号，出纳人员应清点当天开出的所有收据并逐笔登记现金备查登记簿。
- 所有现金收入款项都应及时存入银行，不得坐支现金。

3.2 电汇、信汇收入的控制

- 银行人员上门送达的电汇单和信汇单，需由出纳人员与其办理签字登记手续，注明日期、经办人、单据类别和票面金额。
- 出纳人员根据收到的电汇单和信汇单，登记银行存款备查登记簿，并将单据交给记账人员记账。
- 出纳人员与记账人员应定期核对银行存款备查登记簿和银行存款日记账账面金额是否相符。

3.3 支票收入的控制

- 企业业务部门送达的支票，出纳人员应认真核对支票日期、金额、收款人等要素，并与其办理签字登记手续，注明日期、经办人、单据类别和票面金额。
- 出纳人员应及时填写进账单，连同当日收到的支票一起交给银行上门服务人员，解入银行。交接时出纳人员应同银行人员办理签字登记手续。

· 出纳人员根据银行回单及时逐笔登记银行存款备查登记簿，并将回单交由记账人员记账。

· 出纳人员与记账人员应定期核对银行存款备查登记簿和银行存款日记账账面金额是否相符。

3.4 银行汇票收入的控制

· 企业业务部门送达的银行汇票，需由出纳人员与其办理签字登记手续，注明日期、经办人、单据类别和票面金额。

· 出纳人员应及时填写进账单，连同当日收到的银行汇票一起交给银行上门服务人员。交接时出纳人员应同银行人员办理签字登记手续。

· 出纳人员应在出票金额以内，根据实际需要的款项办理结算，并将实际结算金额和多余金额准确、清晰地填入银行汇票和解讫通知的有关栏内。

· 出纳人员应根据银行回单及时逐笔登记银行存款备查登记簿，并将进账单交由记账人员记账。

· 出纳人员与记账人员应定期核对银行存款备查登记簿和银行存款日记账账面金额是否相符。

3.5 银行承兑汇票收入的控制

· 企业业务部门送达的银行承兑汇票，需由出纳人员审核书面记载事项及背书内容的完整性，与其办理签字登记手续，注明接收日期、到期日、经办人、单据类别和票面金额。

· 出纳人员在收到银行承兑汇票之后，应留取复印件并登记相关事项备查。在汇票到期日前十天将已加盖好企业银行预留印鉴的银行承兑汇票连同托收委托书一起及时送交银行以便转账收款。

· 出纳人员应根据银行入账通知单及时逐笔登记银行存款备查登记簿，并将进账单交由记账人员记账。

· 出纳人员与记账人员应定期核对银行存款备查登记簿和银行存款日记账账面金额是否相符。

4. 货币资金支出的控制

4.1 现金支出控制

· 企业支出现金的范围是：职工工资、津贴；个人劳务报酬；出差人员必须随身携带的差旅费；各种劳保、福利费用以及国家规定的对个人的其他支出。

· 工资的现金支出，由财务部门工资及住房公积金核算岗位人员根据人力资源部提交的《工资核定表》制作《工资发放表》，由出纳人员办理支付手续。

- 各部门（中心）、事业部的零星开支，在预借现金或报销时，必须首先由各部门（中心）、事业部经办人员填制借款单或报销单，根据企业资金使用审批权限的规定履行各项审批流程。

- 预借现金时，出纳人员应根据批准后的借款单支付现金。报销时，出纳人员需得到审核岗位人员签字同意的报销单后支付现金。

- 出纳人员应根据借款单和报销单，连续逐笔登记现金备查登记簿，记录现金支出的时间、用途和金额。

4.2 现金支票支出控制

- 空白支票应妥善保管。有权签署支票人员不能保管空白支票。

- 提取现金时，由出纳人员填写现金支票必填事项，交由审核岗位人员审查，加盖银行预留印鉴后，送交银行上门服务人员。交接时出纳人员应同银行人员办理签字登记手续。

- 任何有文字或数字更改的支票应予作废，加盖"作废"戳记，登记支票作废备查簿。作废的支票应妥善保管并定期整理交回开户银行。

4.3 转账支票及银行汇款支出控制

- 各部门（中心）、事业部如需对外支付款项，应根据企业资金使用审批权限和合同管理办法的规定履行各项审批流程。

- 出纳人员应根据经审批的合同、原始票据、报销凭证或借款单开具转账支票或办理银行汇款业务。

4.4 银行承兑汇票支出控制。

- 业务部门如需对外给付银行承兑汇票，需先填写工作请示报告卡，经总经理审批通过后交出纳人员办理。

- 业务部门需提供接收汇票方的详细账户信息、相关发票的复印件及相关合同复印件。

- 出纳人员应对开出的银行承兑汇票留取复印件并进行登记，并保证在开出的银行承兑汇票到期前将足够的款项存入开票银行账户。

- 如需将收到的银行承兑汇票背书转让，应按照资金审批权限和合同管理办法规定，办理各项审批手续。由出纳人员将票据交由审核岗位人员加盖银行预留印鉴。财务部门留复印件后将汇票交给被背书人。

【模板】备用金管理制度

第1章 总则

第1条 目的

为了加强企业各下属单位备用金的管理，提高资金利用效率，有效控制资金占用，现根据企业《资金管理制度》，特制定本办法。

第2条 名词解释

备用金是企业各下属单位各部门工作人员用作零星开支、业务采购、差旅费等，以现金方式借用的款项，包括临时备用金和定额备用金。

第3条 实行备用金制度有利于各部门工作人员积极、灵活地开展业务，从而提高工作效率，但必须做到专款专用，不得挪用。对于私自挪用备用金等行为，一经发现则严肃处理。

第4条 本办法规定了备用金借用和报账手续及备用金的管理要求。

第5条 企业实施定额备用金与临时备用金相结合的办法。

第2章 定额备用金的管理

第6条 定额备用金限额的计算方法如下列公式所示：

$$定额备用金限额 = \frac{年度日常费用预算总额}{360} \times 100$$

第7条 日常费用包括办公费（包括日常性物料消耗）、市内交通费用（包括车辆使用费）、经常性业务招待费等。日常费用的具体额度由单位负责人申请，经财务总监审定。

第8条 定额备用金由单位负责人指定专人保管，保管人员名单须报财务部门备案。各单位办事人员在办理相关业务时，如需使用备用金，经单位负责人批准后，可向保管人借支；业务办理完毕后，经办人员到财务部门报销并将报销款项还给保管人，补足备用金。

第9条 定额备用金不得跨年度使用，每年12月25日之前，备用金须足额还回财务部门，逾期未还，经两次催收后，财务部门有权从单位负责人和保管人员工资中扣回。

第10条 每年1月份第三周，各单位根据本年度审定的备用金额度到财务部门办理借支手续。若尚未审定额度，延用上年额度，审定后多退少补。

第11条 各下属单位负责人和备用金保管人员岗位变动或离职时，定额备用金必须做相应交接，交接表原件的其中一份交财务部门备案。

第3章 临时备用金的管理

第12条 临时备用金的借用和报销手续一般情况下，不予借支临时备用金，临时备用金借支须依照以下程序进行。

· 企业经总经理和财务负责人批准。

· 工作人员需临时借用备用金时，应先到财务部门索取《借款单》，财务人员根据实际需要向借款人发放一式三联《借款单》，借款人按规定的格式内容填写借款日期、借款部门、借款人、借款用途和借款金额等事项，经相关负责人批准后，方可到财务部门办理借款手续。财务人员审核签字后的《借款单》各项内容是否正确、完整，审核无误后办理付款手续。

- 借款人员完成业务后应在三日内持报销单据到财务部门办理报销手续。报销单据经相关负责人签字批准后，须由财务人员根据财务管理制度及企业其他相关制度审核单据的合法性，审核无误后可办理报销手续。

- 借款人办理报销手续时，财务人员应查阅"备用金"台账，查明报销人员原借款金额，对报销的超支款项应及时付现退还本人；对于报销后低于备用金金额的款项，应让报销人员退回余额，以结清原借款单所借账款。

第13条 临时备用金的管理

- 财务部门应当按照借款日期、借款部门、借款人、用途、金额、注销日期建立备用金台账，按月及时清理。

- 借用备用金的人员应及时冲账，对无故拖延且在财务部门发出最后一次催办通知后还不办理者，财务部门将从下月起直接从借款人工资中抵扣，不再另行通知。

- 跨年度使用备用金时，年底必须重新办理借款手续，并冲销年初的借款。

第4章 附则

第14条 本办法由企业财务部门负责制定、修订，其解释权归财务部门。

第15条 本办法报总经理审核批准后，自颁发之日起生效实施。

1.2.3 票据管理制度

【模板】票据管理制度

第一条 支票由出纳统一保管、开具，每日核对已开支票存根号码与空白支票的号码的连续性，防止支票的遗失。

第二条 支票签发必须注明收款人、写明金额，不得签发空白支票，并加盖"不得转让"；特殊费用支付无法确定金额的，经财务经理批准后，按估计金额在小写中相关格子中填写￥。如估计支付在1万元内，则在支票"万"格中填写￥。

第三条 支付票据必须由领款人在票据存根上签字。

第四条 财务印鉴必须二人保管，如财务经理保管法人章，出纳保管财务章，出纳开具票据后必须交会计审核盖章后方可支付，必须严格保管财务印鉴。

第五条 收到的即期票据，包括支票、本票、银行汇票在一天内解缴银行，不得积压。

【模板】收据管理制度

第一条 使用收据，应当建立收据购买使用登记管理制度，建立登记簿，登记购买册数，使用和交回册数。

第二条 收据每本应当按编号顺序使用。

第三条 作废的收据应将三联订在一起，盖上"作废"戳记。

第四条 收据的使用、保管、监督，应纳入财务档案统一管理

1.2.4 印章管理制度

【模板】财务印章管理制度

1. 印章的基本管理制度

· 印章的代理印制部门，必须登记各类财务印章的使用部门。

· 所有印章必须妥善保管，不得随意摆放，不能擅自将自己保管的印章交由他人使用，也不能私自接受他人保管使用的印章。

· 配有印章人员发生人事变动，必须做到"人走章收"，由财务直属的上级人员进行监交或收回。

2. 印章种类及使用规范、制度

2.1 印鉴

· 定义：专指财务专用章和法人代表章，共两枚，并在结算银行预留式样。

· 用途：主要用于各类结算票据的支付、收款。主要付款结算票据有：支票、本票申请书、汇票申请书、商票承兑和付款、贷记凭证、电汇单等；收款或背书转让时在背书人栏中盖章。

· 使用规范：结算票据中必须同时加盖两枚印章，并保证清晰；印鉴盖章必须使用大红色，不得使用其他颜色，否则支出或收入的票据无效

· 管理制度：

· 两枚印章必须由分处分专人保管，不可一人同时保管使用，一般情况，法人章由财务经理或总账会计保管，印鉴及相关票据由出纳保管，出纳付出结算票据，必须由财务经理或总账会计审核后加盖法人章。

· 上班时间，印鉴必须放在带锁的抽屉中，休息或离开位置时必须上锁；下班时印鉴必须放入保险柜中，不得随意摆放。

· 印鉴外借必须进行登记，注明用途。

· 印鉴必须由分企业财务经理签字批准后方可刻制。

2.2 财务专用章（圆形）

· 用途：作为同往来单位对账及其他与财务事项相关的证明，适用于独立核算子公司

· 管理制度：必须由专人保管，对于各类对账结果和财务证明必须经相关部门或人员审核后才能加盖。

2.3 银行账号章

· 定义：开户名称和开户银行的身份标识

· 用途：用于与开户银行进行结算往来，加盖于付款结算票据（同上）及现金收款解款单、票据收款进账单。

· 使用规范：印章颜色根据不同票据、票据和银行要求而宜，但收款结算票据背面的"收款人"栏中必须同印鉴一样，使用大红色。对于多个开户银行的，必须正确加盖账号章，不可串号。

· 管理制度：

· 账号章专人保管专人使用（一般为出纳），防止发生遗失现象。

· 借用账号章必须及时归还。

2.4 委托收款章

· 定义：委托开户银行向付款人进行收款的证明。

· 用途：向开户银行解入收款的结算票据时，必须在结算票据背面的"收款人"栏加盖"委托收款"，否则会造成退票

· 使用规范：使用大红色印油。

· 管理制度：一般由出纳保管，防止发生遗失现象。

2.5 现金付讫章

· 用途：出纳报销付出现金后必须在自填报销凭证和原始发票上加盖"现金付讫"章。

· 管理制度：由出纳保管，防止发生遗失现象。

2.6 现金收讫章、支票收讫章

· 用途：出纳或收银收到现金或支票时在相关收款单据（收据、发票等）上加盖，作为收款证明。

· 管理制度：

· 为明确责任，必须专人专用，不得擅自借出，特别是门店收银台，对于固定收银员必须保证人手一份收讫章；

· 上班时间休息或离开位置及下班后时必须将收讫章锁入抽屉中，不得随意摆放。

1.2.5 岗位匹配管理制度

【模板】会计人员岗位配备管理制度

第一条 会计人员的工作岗位做到定

岗、定员不定死，有计划地进行岗位轮换，以使会计人员能够全面熟悉财会工作、扩大知识面、增强业务素质、提高工作水平，加强会计工作内部监督。轮换时应按规定办理交接手续。岗位轮换一般2~3年轮换一次，最长不超过5年。

第二条 企业应当配备具备相应专业知识和实践经验的合格人员，分别担任货币资金业务的各个岗位，办理货币资金业务，并且要定期实行财务部门内各岗位之间的轮换制度。

第三条 办理货币资金业务的人员应当具备良好的职业道德，忠于职守，廉洁奉公，遵纪守法，客观公正，不断提高会计业务素质和职业道德水平。

第四条 货币资金业务要有严格的职务分离，不能由一人完成货币资金业务的全部过程。

（1）货币资金的收付及保管只能由经授权的出纳人员来负责处理，其他人员不得接触支付前的任何现金。

（2）出纳和会计工作不能由一人兼任，或是由有亲戚关系的两个人担任，也就是出纳和会计工作必须由两个人担任且两人之间没有亲戚关系。

（3）负责资金管理的出纳，除了需要登记现金银行日记账外，不能登记其他会计账，以确保钱、账分开，做到会计和出纳相互牵制监督。

（4）负责应收账款的人员不能同时负责货币资金收入账的工作；负责应付账款的人员不能同时负责货币资金支出账的工作。

（5）支票印鉴的名章和财务章由出纳和会计分开保管。

（6）银行对账单由会计去银行领取，且由会计负责编制银行余额调节表。

（7）货币资金支出的审批人不能同时担任出纳人员。

（8）负责收款的人员不能同时担任开具发票、收据的工作。

（9）会计机构负责人的直系亲属不得在本单位会计机构中担任出纳工作。

（10）同一家企业的财务负责人和该企业的采购人员，不能有任何亲戚关系，以确保通过财务部门对采购工作进行有效监督。

（11）外聘的分子公司总经理，和其管理的企业的财务人员，包括出纳、会计以及财务主管或经理不能有任何亲戚关系，以确保总公司对分子公司财务工作的有效控制。

（12）开具支票的人员不能同时保留

全部银行预留印鉴。

（13）会计机构负责人的直系亲属不得在本单位会计机构中担任出纳工作。

1.2.6 货币资金稽核管理制度

【模板】货币资金稽核管理制度

第一条 在坚持日清月结制度，由出纳员自身对库存现金进行检查清查的基础上，为了加强对出纳工作的监督，及时发现可能发生的现金差错或丢失，防止贪污、盗窃、挪用公款等不法行为的发生，确保库存现金安全完整，特建立货币资金稽核管理制度。

第二条 财务经理每周对现金清查盘点，定期或不定期地对库存现金情况进行清查盘点，并编制现金盘点表。重点放在账款是否相符、有无白条抵库、有无私借公款、有无挪用公款、有无账外资金等违纪违法行为上。

第三条 财务经理每月5日前检查主管会计提供的上月"银行余额调节表"，对于未达账项查明原因，落实人员跟踪负责。

1.3 资金安全管理报表体系

1.3.1 现金盘点表

【模板】现金盘点表

北京 XXX 有限公司　　　　　　　　报告日期：　年　月　日

现金清点情况			账目核对		
面额	张数	金额	项目	金额	说明
100元			盘点日账户余额		
50元			加：收款未入账		
20元			加：		
10元			加：未填凭证收款据		
5元			加：		
2元			加：		
1元			减：付款未入账		

续表

现金清点情况		账目核对	
5 角		减：未填凭证付款据	
2 角		减：	
1 角		减：	
5 分		调整后现金余额	
2 分		实点现金	
1 分		长款	
合计		短款	

差异分析：

盘点人：　　　　　　　　监盘人：　　　　　　　　　　　　　　　　复核：

1.3.2 银行存款余额调节表

【模板】银行存款余额调节表

北京 XXX 有限公司　　　　　　　　　　　　报告日期：　　年　月　日

户名				账户类型							
开户银行				账号							
单位余额		截止：年 月 日			银行余额		截止：年 月 日			
银行未达						单位未达					
银行已收、单位未收				银行已付、单位未付				单位已收、银行未收				单位已付、银行未付			
序号	日期	金额	备注	序号	日期	金额	备注	序号	日期	金额	备注	序号	日期	金额	备注
1				1				1				1			
2				2				2				2			
3				3				3				3			
4				4				4				4			
5				5				5				5			
小计				小计				小计				小计			
调节后余额							调节后余额								
编制人：							审核人：								
日期：							日期：								

1.3.3 银行开户申请审批表

【模板】银行账户开户申请审批表

北京XXX有限公司　　　　　　　　　　　　　申请日期：　　年　月　日

开户名称	
开户银行	
账户性质	
账户用途	

申请人		财务经理	
财务中心审批意见		总经理审批意见	

1.3.4 银行销户申请审批表

【模板】银行账户开户申请审批表

北京XXX有限公司　　　　　　　　　　　　　申请日期：　　年　月　日

拟销账户名称	
拟销账户账号	
开户银行	
此账户性质	
此账户原用途	
销户原因	

申请人		财务经理意见	
财务中心审批意见		总经理审批意见	

第 2 章　资金预测系统

企业的日常经营管理，不仅要管理存量资金的安全，还要对未来的资金进行计划。对资金进行计划管理的系统，称为资金预测系统。资金预测包括两部分内容，一个是静态资金预测，另一个是动态资金预测。所谓静态预测，即是在宏观层面上对一个周期内（一般为一年）的资金总需求进行预测，并匹配融资渠道；所谓动态预测，就是在微观层面上将现金流与时间挂钩，匹配现金流入与流出的时点，确保资金流不断。比如2017年现金流入是10亿元，流出是8亿元，这个企业的现金有没有问题呢？假设流入的资金要到12月31日才能流进来，那企业就死掉了。

企业有一个现金的"蓄水池"，一般称之为现金池。企业的各项业务活动，有向现金池"注水"的，也有往外"抽水"的，有流入有流出，流入的资金减去流出的资金，结果大于零，则企业现金池的"水位"就会上涨，即企业内的资金余额增加。现金池就是我们常说的货币资金，在企业里起着平衡的作用。有时资金先流出、后流入，就需要用现金池进行平衡，如果现金池内没有资金，那只能先进后出。

现金池的"水"能维持一家企业多长时间，是一个重要的资金安全指标。假设一家企业从现在开始，一分钱不进，账面上的钱能养活企业多久？三个月、两个月，还是十天？如果三天就维持不下去了，那资金就太紧张了；规模大一点的企业，都需要关注这个指标，比如华为，从现在开始一分钱不进，其账面的钱也能够养活企业三个月，这属于比较安全的，因为实际情况中很少三个月不进钱。

所以，应该动态地去看现金流，看资金流动的具体时间，什么时候流进，什么时候流出。还要关注资金进出时间间隔的长短，是一周、一个月还是一年。如果现金池的"水"，能养活企业三个月，那每个月看一下资金的流入流出情况就可以了。如果现金池的"水"能养活企业十年，那年度中间就不用看资金流进流出情况，只要全年看一下就可以。如果现金池的"水"只能养活企业不到一个月，关注的间隔就要缩短到一周。

2.1 静态资金预测

为什么要进行静态资金预测？我们先来看一个故事。

【案例】小和尚烧水

有一个小和尚，想要喝开水。就找了一个壶，装满水，然后再找点柴火，准备烧水。这时候，小和尚突然发现一个问题，就是水太多，柴火太少。把柴火都烧完了，也不够烧开这壶水。那小和尚应该怎么办呢？

他可以有两个选择，第一个选择，倒掉一半的水，现有的柴火，够把半壶水烧开。第二个选择，赶紧去找柴火，多找一点柴火，就可以把整壶水烧开了。

两种决策的结果相同么？小和尚都有水喝了，从这个角度看结果是一样的。但是，两种不同的决策，使小和尚能够得到的开水量是不一样的。所以，两种决策的后果还是不一样的。

静态资金预测比较简单，比如2017年营业额1亿元，2018年营业额准备做到2亿元，那么2018年企业经营差不差钱？是否需要外部融资？如果做到一半才发现钱不够，再去找钱基本上是来不及的。所以，什么时候需要用钱，必须提前做好计划。假设经过测算得知2018年需从外部贷款，还要计划好在2018年贷款的时点。

一个简单的资产负债表的结构如下。如果把资产负债表左边的资产理解为投资，右边的负债及所有者权益理解为融资，投资与融资的对应关系如下图。

资产	投资	负债+所有者权益	融资
流动资产	短期投资	流动负债	短期融资
长期资产		长期负债	长期融资
	长期投资	所有者权益	

【模板】营运资金和营运资本

现金	短期借款
流动资产	流动负债
	↕ 营运资金（需求）
长期资产	长期负债+所有者权益
↕ 营运资本（来源）	

从上面两张图可以看出，比较健康的资金占用与资金来源的关系是：流动资产由流动负债和一部分长期负债来满足，长期资产全部由长期的融资渠道来满足。有些激进的企业，甚至用流动负债来满足长期资产的需求，很容易造成资金链出现问题。

静态预测分为两个部分：资金需求和资金来源，即企业需要多少钱，以及需要的钱从哪里来。

2.1.1 资金需求

企业做一件事情都需要什么钱？一般来说，资金需求有三部分，首先是现金池，其次是买材料占款、客户欠款占用资金等营运资金，最后是固定资金，用于固定投资。

- **现金池**

企业现金池需要多少"水"？教科书上一般按照一个函数公式来计算，在实际工作中，可以按照经验值来计算。现金池留多少"水"？可以分三种情况来考虑：第一类，激进型，假如企业年度销售额为1亿元，现金池保留5%~10%，即500万~1000万元的现金；第二类，温和型，现金池保留10%~20%，即保留1000万~2000万元；第三类，保守型，现金池保留现金余额在年度销售额的20%以上（如下图所示）。

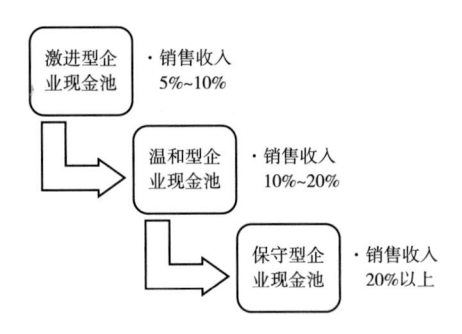

激进型企业现金池 · 销售收入 5%~10%
↓
温和型企业现金池 · 销售收入 10%~20%
↓
保守型企业现金池 · 销售收入 20%以上

- **企业经营周期与营运资金**

做一家企业，要赚钱，第一步是买材料，回来变成产品，然后销售。从材料进场到把产品交给客户的这段时间，叫存货周转天数；货卖掉之后，客户欠款，企业还是没有收到钱，再经过一段时间，有一个关键节点，叫收款，此时企业才收到钱。把产品售出，到收款这段时间，叫作账期，也就是应收账款周转天数。从买材料，到销售收款，是企业的一个经营周期。企业经营，其实就是一个一个经营周期的叠加（如下图所示）。在经营周期中，还有一个关键节点，即支付材料款的节点。企业买材料没付钱的时候，不占用企业的资金，从付款节点开始，企业开始需要垫资，直到收款节点，才把垫资收回。需要企业垫资的时间，就是营运资金的周期（如右图所示）。

不同的企业经营模式，对营运资金的要求有很大的差异。比如，对于代理商而言，应收账款很大，存货很大，但没有应付账款，因此营运资金占用的资金量就比较大。而家电卖场则是完全不同的模式，家电卖场没有应收账款，也没有存货，应付账款金额很大，营运资金为负数，也就是家电卖场不但不用自己垫付营运资金，反而多了很多的资金。这种营运资金为负数的经营模式，称为类金融模式——不是金融企业，但是很类似金融企业。这种企业主要靠钱而不是靠商场中售卖的货品来赚钱。

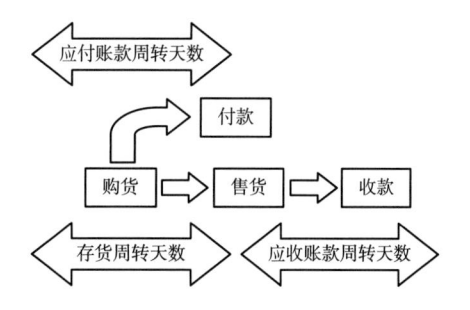

营运资金金额可以近似地用应收账款余额加上存货余额减去应付账款余额加以估算，即：

营运资金 = 应收账款余额 + 存货余额 - 应付账款余额

在管理水平一定的情况下，营运资金的需求与销售规模成正比。假设销售规模是1亿元，营运资金需要3000万元，那么，2亿元的销售规模，则相应需要6000万元的营运资金。销售规模翻倍，应收账款、存货、应付账款也同样翻倍，最后营运资金也翻倍。企业管理者的重要工作目标就是缩小存货余额及应收账款余额，增加应付账款余额，加快营运资金的周转速度。

- 固定资金

企业除了资金池、营运资金占用资金外，还需要固定资金，固定资金就是固定资产投资。

固定资金的变化与销售规模变动成正向关系。今年销售1亿元，明年计划销售2亿元，是否需要固定资产投资呢？在人均单产不变的情况下，1亿元销售需要100人，2亿元销售就需要200人，人员新增的同时需增加生产设备、办公设备、厂房面积，所以就需要增加对固定资金的投资；若企业产能不饱和，则销售额的增加并不一定增加厂房、设备的投资。

2.1.2 资金来源

预测出企业的资金需求，下一步就要考虑从哪里筹集所需的资金，即资金来源。资金来源可分为内部融资和外部融资，内部融资不是指向职工融资，而是靠企业自身经营创造利润而带来资金的增加，内部融资金额可近似地等于利润+折旧；外部融资是指从企业外部渠道进行融资，主要是债权融资、股权融资，即从银行贷款或者股东追加投资。

【案例】静态资金需求预测

第一步：测算总资金需求

项目	今年实际	明年目标	新增资金需求
收入	10000万元	20000万元	
现金池	1000万元	2000万元	1000万元
营运资金	4000万元	8000万元	4000万元
应收账款	3000万元	6000万元	
存货	2000万元	4000万元	
应付账款	1000万元	2000万元	
固定资金			
固定资产投资	2000万元	2500万元	500万元
小计			5500万元

第二步：资金来源规划

其中内部资金来源：2200万元（见下表计算），则还有3300万元的资金缺口，需要通过外部融资渠道解决，才能满足明年2亿元的销售目标。如果外部融资实在无法满足融资需要，只能降低明年的销售目标。

项目	明年目标
收入	20000万元
利润率	10%
净利润	2000万元
折旧	200万元
内部融资额	2200万元

2.2 动态资金预测

动态资金预测就是在既定的时间里，

按周、月、季、年分别对资金的进出进行计划或预测。

企业的日常经营活动按性质可分为经营活动、投资活动和筹资活动。经营活动就是企业购买材料、做成产品然后再卖掉赚钱，投资活动就是企业花钱购买固定资产以扩大产能，筹资活动就是进行资金的筹集。如果把资金比作企业的血液，相对应地，上述现金流活动可以分别称为造血、献血和输血。

从某种程度来说，企业的动态资金预测相比静态资金预测更为重要，造血、献血、输血活动需要保持平衡，确保一定期间内企业的血液不断。

2.3 核算流程设计原则

对于具有一定规模，并且资金比较紧张的企业，资金预测系统的导入也是比较急迫的事情。如果说企业不差钱，那资金预测的职能就可以弱化一些。

2.3.1 设计静态资金预测模型

利用历史数据，建立静态预测模型。根据业务目标，做出资金总体需求目标。

企业要在2017年结束的时候，大概算一下，2018年是不是需要钱。所谓预算，就是要把业务与资源做匹配。正如小和尚烧水这个故事，水就是业务收入，柴火就是企业拥有的现金。如果选择倒掉一部分水，以现有柴火把水烧开，是一种比较消极的决策方案。另找柴火，就是外部融资，要看能不能找回来。如果实在找不回来，再倒掉水。

2.3.2 设计动态资金预测模型

动态资金预测设计包括：现金日报表、四周付款预测审批表、现金收支动态预测表。

现金日报表就是把每一天企业的现金余额报送给管理层。日报的东西比较少，包括销售收入日报表、现金日报表。现金日报表有两种格式，一种格式是列示现金、各银行账户的资金余额表；还有一种格式是不分账户，列示前日余额、本日资金流入、本日资金流出、本日余额几个信息。管理层如果能够持续看到每日资金流入、流出的情况，对企业的资金把控能力就会更强。

四周付款预测表，是一张有计划地花钱的管理报表。这个花钱计划是各个业务部门做好、财务部门负责汇总的。一般做四周滚动的表，一次做四周，每周做一次。最近的一周是实际执行的，后面的三周是付款预测，根据实际情况的变动，每周可能需要做一些修订。这个计划做完之后，老板需要签字，对下周的付款情况，老板心里要有所准备。在计划之内的花钱，不需要重复签字。有了资金付款计划，老板只需要对一个总计划签字。在计划内的付款，管控工作可以交给财务部门。

款预测表进行滚动修订。通过每周滚动修正预测的方法，让所有资金收支项目的预测逐渐与实际相符。

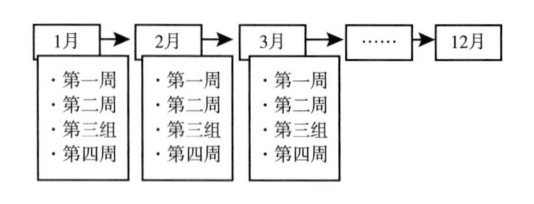

1月	2月	3月	……	12月
·第一周 ·第二周 ·第三组 ·第四周	·第一周 ·第二周 ·第三组 ·第四周	·第一周 ·第二周 ·第三组 ·第四周		

2.4 制定资金预测管理制度

本周	下周	第三周	第四周
·工资费用 ·社保 ·报销款 ·供应商xx	·房租 ·水电费	·税款 ·备用金借支	·贷款到期还款

企业在导入上述工具的时候，先导入现金日报表，其次导入四周付款预测审批表。在导入花钱的管理工具之后，还需要导入进钱的预测工具，做好资金进出的匹配，这就是动态的资金收支预测表。所谓资金预测、资金计划，就是要掌握未来钱的情况。每年年底时，下一年每一个月的进钱、花钱都要计划好。尽管资金收支预测并不一定是完全确定的，但企业管理者还是能够由此对企业的大额资金支出做出准备。也正是因为不确定，还要对四周付

建立相应的制度，保证信息收集，就是要保证其他业务部门配合财务部门，提供花钱的信息。花钱的预测不是一下子就能做出来的，需要3~6个月的时间，需要财务部门的坚持。业务部门在计划外花钱时受到制度的约束，也会逐渐配合财务部门做好资金预测工作，这个工具就能自然导入。即使是在财务系统不健全的情况下，只管钱，也可以把资金预测情况做出来。另外，资金预测需要匹配相应的人员，需要有具体的人去做。

【模板】资金预算管理制度

1. 目的

为提高各企业经营效益，配合财务部

门统筹及灵活运用资金，以充分发挥其经济效用，企业除应按年编制年度资金预算外，并应逐月编列资金预计表，以期达成资金运用的最高效益，特制定本制度。

2. 适用范围

适用于本企业各项资金的预算工作。

3. 定义

本制度所称资金，是指库存现金、银行存款及随时可变现的有价证券而言。为期编表计算及收支运用方便起见，预计资金仅指现金及银行存款，随时可变现的有价证券则归属于资金调度之列。

4. 管理规定

4.1 作业期间

4.1.1 资金提供部门，除应于年度经营计划书编订时，提送年度资金预算外，应于每月24日前逐月、逐周预计次3个月份（13周）资金收支资料送财务部门，以利汇编。

4.1.2 企业财务部门应于每月28日之前编制完成后3个月份资金来源运用预计表按月配合修订，并于次月15日前编制完成上月份实际与预计比较编制资金来源运用比较表各一式二份，呈财务总监、总经理核阅后，一份自存，一份留存总经理室。

4.2 收入预算

4.2.1 内外销收入。营业部门依据各种销售条件及收款期限，预计可收（兑）现数编列。

4.2.2 劳务收入。营业部门收受同业产品代为加工，依企业收款条件及合约规定预计可收（兑）现数编列。

4.2.3 退税收入

（1）退税部门依据申请退税进度，预计可退现数编列。

（2）预计核退营业税虽非实际退现，以其能抵缴现金支出，得视同退现。

4.2.4 其他收入。凡无法直接归属于上项收入者皆属之，包括财务收入、增资收现、下脚收入等。其数额在30万元以上者，均应加以说明。

4.3 支出预算

4.3.1 资本支出

（1）支出：依土地管理小组或特定经办部门依据购地支付计划提供的支付预算数编列。

（2）房屋：营建部门依据兴建工程进度，预计所需支付资金编列。

（3）设备分期付款、分期交纳关税等：会计部门依据分期付款偿付日期予以编列。

（4）机械设备、什项设备、预付工程定金等：工务部门依据工程合约及进度，预定支付预算及资材部门依据外购L/C开立计划，预计支付资金编列。

4.3.2 材料支出资材部门依据请购、采购、结汇作业，分别预计内外购原物料支付资金编列。

4.3.3 人力资源部门依据产销计划等资料及最近实际发生数，斟酌预计支付数编列。

4.3.4 经常费用

（1）委托加工：委托加工经办部门应参照约定付款条件等资料，斟酌预计支付数编列。

（2）制造费用：财务部门依据生产计划，参考制度费用有关资料及最近实际发生数，并斟酌预计支付数编列。

（3）推销费用：营业部门依据营业计划，参照以往月份推销费用占营业额的比例推算编列。

（4）管理费用：财务部门参照以往实际数及管理部门工作计划编列。

（5）财务费用：财务部门依据财务部门资金调度情形，核算利息支付编列。

4.3.5 其他支出凡不属于上列各项的支出皆属之，包括偿还长期（分期）款、股息、红利等的支付。其数额在30万元以上，均应加以说明。

4.4 异常说明。应按月编制资金来源运用比较表，以了解资金实际运用情形，其中实际数与预计比较每项差异在10%以上者，应由资料提供部门填列资金差异报告表列明差异原因，于每月10日前送财务部门汇编。

4.5 资金调度

4.5.1 企业营运资金由企业财务部门协助总经理负责筹划，并由财务部门协助调度。

4.5.2 企业资材部门应按月根据国内外购料借款数额编列"购料借款月报表"于当月24日由送财务部门汇总。

4.5.3 财务部门应于次月5日前按月将有关银行贷款额度，可动用资金、定期存款余额等资料编列能源企业国内银行短期借款明细表呈总经理核阅，以作为经营决策的参考。

4.6 附则

4.6.1 本制度经总经理核准后实施，修改时亦同。

2.5 设计资金预测管理报表

【模板】现金及银行存款每日余额表

北京 xxxx 有限责任公司　　　　　　　　　　　　　　　　2018/03/26 星期五

项目	交行 xx 支行 基本户	交行 xx 支行 一般户（保险等）	招行 xx 支行 一般户（员工支付）	现金	总计
1. 前日余额（+） 截止 2018/03/25					
当日收款(+)					
当日付款(−)					
付款退回(+)					
当日企业账户间转账（+/−）					
当日提现(−)					
手续费扣款(−)					
其他(+)					
2. 当日余额（+） 截止 2018/03/26					
3. 在途支付（−）					
已开出未兑付的票据					
明细：供应商 a 货款					
明细：供应商 b 货款					
银行结算浮游款项					
明细：供应商 c 货款					
明细：社保扣款					
4. 付款退回之重新支付（−）					
明细：员工工资退回					
明细：-----					
明细：-----					
5. 在途收款（+）					
明细：供应商 c 货款					
明细：供应商 d 货款					
预计明日可动用现金 2018/03/27					

编制人：　　　　　　　　　　　　　　　　　　　　　　　　　审核人：

日期：　　　　　　　　　　　　　　　　　　　　　　　　　　日期：

【模板】四周滚动付款预测审批表

项目	期初余额	本月				
		第1周	第2周	第3周	第4周	本月合计
现金流入 – 产品						
现金流入 – 售后服务						
现金流入小计						
现金流出 – 原材料						
现金流出 – 人员工资						
现金流出 – 水电气						
现金流出 – 其他费用						
现金流出小计						
经营净现金流总计						
固定资产投资						
股权融资						
银行贷款						
投融资现金流总计						
企业账面资金预计余额						

【模板】四个星期滚动付款预测表

			5月29日 周一	5月30日 周二	5月31日 周三	6月1日 周四	6月2日 周五	本周汇总	第二周	第三周	第四周	合计
供应商	发票号	参考号										
××××												
××××												
其他付款	发票号	参考号										
房租												
物业												
员工付款	单据号	参考号										
工资												
个税												
社保												
突发付款	备注											
××××												
××××												
	合计											

第 3 章　信用控制系统

信用控制系统，就是应收账款管理系统。实际经营中，很多企业的应收账款存在问题，收不回来，成了坏账。为什么企业会出现坏账？说明企业没有信用控制系统。一个企业如果有需要赊销的业务，可以让客户赊销多少是需要一套体系去确定的，不是拍脑门，更不是客户想赊销多少就赊销多少。所谓信用控制系统，就是企业需要计算可以让客户赊销多少，企业要做好信用控制和信用评估。

信用控制系统属于"大财务"的范畴，财务已经介入企业管理。信用控制系统，就是对客户做管理。不仅要收集客户信息，还要对客户信息背后的信用情况做出评估。企业应该根据对客户信息的评估来确定其信用额度。超过信用额度的，只能现金交易。有了信用额度控制，发生坏账损失的可能性就会降低，即使发生坏账损失，损失金额也可以得到相应控制。

3.1　应收账款的实质

应收账款的实质是对客户的投资。凡是投资，都有资金成本。应收账款不仅有资金成本，还有管理成本、坏账成本。所以，应收账款是企业给客户的无息贷款。

应收账款对于企业来说是很重要的，千万不要仅仅把它当作客户欠我们的钱。这笔钱是没有收益的，因为没有利息。即使有收益，也是间接的收益，而不是直接的收益。假设企业有一百万元应收账款收不回来，那是什么局面？一百万元应收账款收不回来，相当于一千万元甚至更多的业务白干，所以，应收账款一定要有管理，许多企业都是被应收账款生生拖死的。

3.2 应收账款管理步骤

企业的管理，是非常枯燥的事情。在企业规模不大、老板很清楚每一个客户的情况下，确实可以凭感觉给客户信用额度，也不一定完全错误。但是，管理的艺术，决定的是管理的高度，却无法决定管理的宽度。要想管理有宽度，还是要用科学的方法。

当一个企业的客户只有三五个的时候，都是老板跑下来的单子，老板对某个客户的信用额度是可以拍脑袋决定的。但是，如果企业规模大了，客户数量达到了成千上万个，再去拍脑袋决定某个客户能欠多少钱，就会出现问题了。

这个时候，对每一家客户的授信额度，企业就需要用不是最好的但是科学一致的方法，去决定某家客户的信用额度，就需要对应收账款建立管理体系。

应收账款的管理体系，可以按照交易过程划分，可以按照管理环节划分；从技术手段上，还可以细分为客户信息管理，客户信用分析，应收账款管理和拖欠账款催收等四个环节。应收账款的管理流程，蕴含着事前管理、事中管理和事后管理的管理学逻辑（如下图所示）。

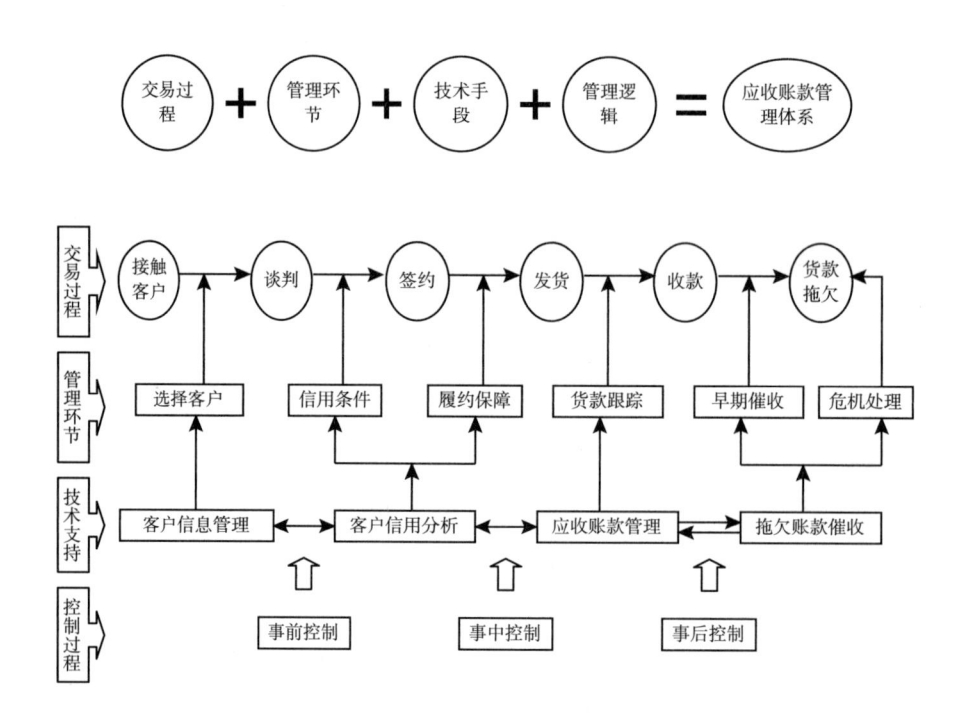

交易过程 + 管理环节 + 技术手段 + 管理逻辑 = 应收账款管理体系

交易过程	接触客户 → 谈判 → 签约 → 发货 → 收款 → 货款拖欠
管理环节	选择客户　信用条件　履约保障　货款跟踪　早期催收　危机处理
技术支持	客户信息管理 ↔ 客户信用分析 ↔ 应收账款管理 ↔ 拖欠账款催收
控制过程	事前控制　　事中控制　　事后控制

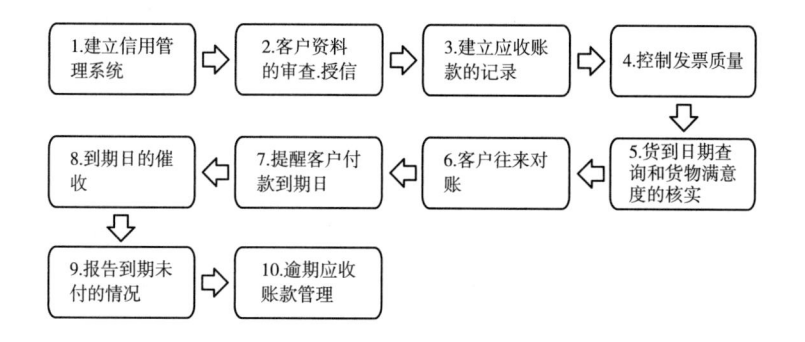

```
1.建立信用管理系统 → 2.客户资料的审查.授信 → 3.建立应收账款的记录 → 4.控制发票质量
                                                                            ↓
8.到期日的催收 ← 7.提醒客户付款到期日 ← 6.客户往来对账 ← 5.货到日期查询和货物满意度的核实
     ↓
9.报告到期未付的情况 → 10.逾期应收账款管理
```

在应收账款管理体系建立后，可以把对应收账款的管理细化到管理步骤（如上图所示）。

【案例】发票开具与应收账款管理

一家企业给汽车整车厂（一汽）做配套，发票正确与否非常关键。

当供应商把货发给一汽的时候，必须将发票同时送到。发票送过去之后，一汽有挂账会计，把发票计入一汽的应付账款账面，如果双方签的协议是三个月账期，供应商不用去一汽催款，只要三个月一到，一汽一定会给供应商付款，因为系统会有提示。一汽是严格遵守信用的，不会违背合同，不守信用。但是，问题在于，如果供应商的发票开错了，一汽并没用义务通知供应商发票开错了。给一汽做配套供应的供应商，数量有几千家，每一家都显得不是那么重要。发票开过来是错的，就会被扔到一边，如果供应商没有做到按月对账，一汽也不会要求供应商对账。到三个月的时候，供应商才发现没有付款，这个时候再去追查为什么没有付款，从而发现是因为发票开错了。三个月账期，是从购买方挂账的那一天开始计算的，发票错了，没有挂账，就不计算账期。怎么办？只能赶紧换票，重新开发票。不过，因账期是从挂账开始计算的，重新开发票，就需要按照新发票的挂账时间开始计算，还要再过三个月。所以，发票的质量是非常重要的。未来，企业往来逐步规范，都会根据发票挂账时间开始计算账期。

【模板】采购及应付账款管理制度

1. 目的

为规范采购操作步骤和方法，应付账款入账、调账等方面的管理要求，防范企业处理应付账款业务过程中的经营风险，特制定本制度。

2. 适用范围

适用于企业的设备、工具、成型软件和固定资产（不含企业长期代理产品）等采购的控制。

3. 定义

3.1 供应商：是指能向采购者提供货物、工程和服务的法人或其他组织。

3.2 抽货检验标准：此标准是对采购物品进行检验的参照标准，由技术部门或其他相关权责部门编写交采购中心汇总成册。

3.3 货物检验报告：是货物验收部门和人员对货物进行验收后对所采购货物给出验收报告和处理意见。

3.4 无票应付款：采购货物的所有权已经转移至本企业，但是供应商的正式发票尚未到达财务部门的应付款项。当供应商的发票送达财务部门时，应将无票应付款转入应付账款。企业的无票应付款和应付账款构成了企业资产负债表上的应付账款。

4. 管理规定

4.1 物资采购报销流程。

4.1.1 物资采购前要由用料申请人先填写采购计划，"采购计划表"经部门领导签字同意后，交与采购人员，采购人员制作"采购订单"并进行采购。

4.1.2 凡购进物料、工具用具，尤其是定制品，采购者应坚持先取样品，征得使用部门及领导同意后，方可进行采购或定制。

4.1.3 物资采购返回单位，须经物资使用部门（库房管理人员）核实、验收签字，出具"入库单"。

4.1.4 物资采购报销必须以发票为据，不准出现白条报销。

4.1.5 物资采购前，预借物资款，必须经财务主管领导签字批准方可借款，执行借款流程；物资采购完毕，需及时报销。

4.1.6 物资采购报销须填写报销单，执行费用报销流程。

4.1.7 凡不按上述规定采购者，财务部门以及各业务部门的财务人员，应一律拒绝支付。

4.2 应付账款入账程序。

4.2.1 有票应付款。

（1）财务部门业务会计对采购订单、供应商发票、检验入库单进行审核，即"三单符合"审核。

（2）三单中的第一单"采购订单"是指由采购合同、采购订单、委托加工单等组成的合同单据。第二单"供应商发票"是指由发票、收款收据组成发票单据。第三单"入库单"是指由入库单、质检单、运输提货单等组成的收货单据。

（3）财务部门业务人员在"三单符合"审核后，制作记账凭证并按照会计复核、批准程序入账。

（4）有关部门对合同、订单的修改原件，应及时传递到财务部门。

4.2.2 无票应付款。

（1）仓库管理员在收到供应商的合格来货（经检验合格）后，填写入库单并将入库信息传递给财务部门。未经质量检验合格的货物不得入库。

（2）财务部门核对每一张入库单，确保信息准确无误。将无票入库货物作为暂估入库进行核算。

（3）对货物入库后超过1个月发票未到的无票应付款，财务部门应及时与采购部联系并跟踪。

4.2.3 应付账款。

（1）供货方开来发票，从无票应付款转入应付账款时，必须经过"三单符合审核"。财务部门业务人员应当在"三单符合审核"后，方可将无票应付款转入应付账款。将暂估入库的项目转入库存项目。

（2）财务部门在"三单符合审核"中发现不符或不完全相符时，应立即通知商务部和物流部门。商务部应及时与供应商联系处理，并在一周内将问题调查清楚并合理解决。财务部门应同时将所有三单不符的情况记录下来，并定期跟踪和向财务经理或总经理汇报。

（3）对在"三单符合审核"中多开票、重开票的供应商应提出警告，情节严重的，要考虑给予处罚或更换。

（4）生产部门应在每月28日前将供应商因质量退货及向供应商索赔的资料传递到财务部门，财务部门应于当月据之调整应付账款。

（5）任何供应商应付账款的调整必须有充分的依据并经财务经理及相关人员的书面批准。这些依据应附在相应的调整凭证后。

（6）更改供应商名称必须得到供应商提供的合法的资料，并经过财务部门经理的批准。这些资料应附在相应的调整凭证后。

4.3 应付账款账龄分析。

4.3.1 财务部门每季度进行一次应付账款的账龄分析，并分析资金安排和使用的合理性。

4.3.2 财务部门每月打印出有借方余额的应付账款，并通知采购部及相关部门。

采购部及有关部门应及时与供应商联系解决，并将结果在一周内告知财务部门。对超过两个月的有借方余额的应付账款，财务部门应向财务经理和总经理作书面汇报。

4.4 对账。

4.4.1 财务部门每月应核对应付账款总账与明细账，对存在的差异及明细账中的异常项目和长期未达项目，财务部门应会同商务部采购人员进行调查，并经财务经理书面批准后及时处理。

4.4.2 财务部门每年至少获得一次供应商对账单，对发现的差异应及时与供应商联系解决。

3.3 应收账款管理责任

管理等于"管"加"理"，"理"不清，"管"不住，"理"比"管"更重要。管理分为管理的科学和管理的哲学。管理的科学决定了管理的宽度，管理的哲学决定了管理的高度。管理最重要的是管理过程，而非结果。管理过程的核心是控制关键节点。而管理，最终是管理人的行为。管理最后总得跟人挂钩。应收账款管理，要确定责任人。

3.3.1 第一责任人：销售人员

应收账款管理中销售人员的责任是什么（如下图所示）？

第一，账款催收，就是要钱。

第二，客户真实信息的收集与反馈。客户的真实信息，实力情况，资产情况，毛利情况等信息。

第三，市场与行业情况的预测与反馈。做市场、做营销的人，要对市场情况有把握。有些企业分市场部、销售部，可以内部分配这些职责。

第四，客户风险信息的反馈。什么是风险信息？如果客户高管离职了，就是风险信息。和销售人员对接的经办人离职了，也是风险信息。客户资金链断掉了，更是风险信息。这些客户的风险信息，要及时地反馈企业的信用控制部门。

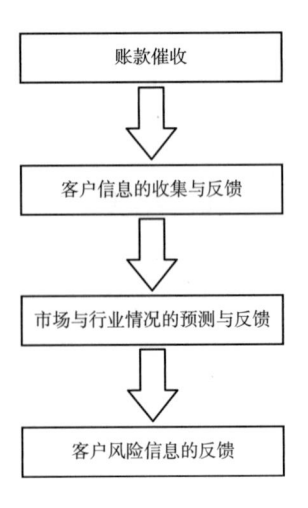

```
┌──────────────────┐
│    账款催收      │
└────────┬─────────┘
         ↓
┌──────────────────┐
│ 客户信息的收集与反馈 │
└────────┬─────────┘
         ↓
┌──────────────────┐
│市场与行业情况的预测与反馈│
└────────┬─────────┘
         ↓
┌──────────────────┐
│  客户风险信息的反馈  │
└──────────────────┘
```

3.3.2 第二责任人：财务人员

财务总监能否去客户那里要账？当然会有这种情况发生。财务总监不都是在企业不出门的。为什么要做客户信息分析？对于企业的前十大客户，财务总监要了解对方的财务总监，搞好工作关系，回款的概率就会大大提高。企业前十名供应商的财务总监，也要了解，万一企业的资金紧张，还可以找供应商通融。

```
财务处理    分析与     发起保护    欠款客户    联系和
与对账     风险提示    性手段      拜访与     推动催收
                                协商
```

应收账款管理中，第一是财务处理、对账，如果由于财务部门没有对账，导致营销部门没有把钱要回来，这个责任应该由财务部门来承担；第二，分析与风险提示；第三，保护性手段的发起，比如不能再增加发货；第四，超期应收账款客户的拜访与协商，也就是直接去找客户要钱；第五，联系和推动催收程序。如果需要打官司，同样需要财务部门推动。责任到位，事情就能解决。管理方法建立之后，明确责任，导入管理工具，就建立了企业的信用控制系统（如上图所示）。

3.4 信用额度的确认

一个新的客户，怎么给他信用额度呢？在信用额度确定之前，先要理解应收账款决策的概念。

什么叫应收账款决策？就是可以让客户欠款多长时间。这是企业的一项经营决策。这不是计算出来的，而是对客户的要求。客户欠款时间的长短，取决于企业的现金情况和市场情况：如果市场上行的时候，可以适度地放宽账期，抢占市场份额，这个时候，牺牲一点现金，换收入；当市场下行的时候，要急于踩刹车，在客户资金状况恶化之前，把应收账款收回来。应收账款决策应该让谁来做？老板、董事长、总经理、销售总监以及财务总监。在决策的时候，要考虑多方面的因素，例如行业交易惯例等。

如何确定一个客户的信用额度？有以下几种方法。使用方法的目的，是用规则代替人为的判断，消除人为的因素。无论采用哪种方法都可以，每一个方法也不是绝对精确，但是，有了方法，就会剔除人为的因素。

3.4.1 比照其他内销企业确定额度

如果已有客户和新客户类似的，可以

比照老客户的信用额度来确定新客户的信用额度。

3.4.2 从低信用额度开始逐步提高

一开始给的信用额度比较小，比如50万元，逐步提高到100万元、200万元，这是常用的方法。

3.4.3 根据客户净资产一定比例确定

比如，客户上年度末的净资产为1000万元，按照10%的比例确定客户的信用额度，那么，这个客户的信用额度就是100万元。

3.4.4 根据客户平均流动资产比例确定

这个方法与上一个方法类似，找到客户的财务报表，如果客户最近三期的财务报表流动资产平均余额为1000万元，按照10%的比例，这个客户可以获得的信用额度就是100万元。

上面两种方法，需要企业在一定规模以上，对客户的谈判地位比较强势，才可以做到。

3.4.5 按一定方法评级计算

设定评分标准，收集客户信息并逐一打分，打分之后，根据分数确定授信比率。

【模板】客户信用评级

- 客户评分标准

评分标准	描述	分值
业主个人品质	好	10
	中	5
	差	1
与企业合作年限	>5年	10
	3~5年	7
	1~3年	4
	1年内	1
净资产	1000万元以上	10
	500万~1000万元	8
	200万~500万元	6
	50万~200万元	3
	50万元以下	1
上年度销售额－看行业	>5000万元	10
	1000万~5000万元	7
	100万~1000万元	4
	100万元以下	1
毛利率	15%以上	10
	7%~15%	7
	3%~7%	4
	低于3%	1

续表

评分标准	描述	分值
速动比率	>1.5	10
	1.1~1.5	8
	0.9~1.1	6
	0.7~0.9	4
	0.5~0.7	2
	<0.5	1
客户国籍	发达国家	10
	中等发达国家（西班牙，意大利，葡萄牙等）	7
	墨西哥，南美，亚洲相对发展较好的国家	4
客户国籍	落后国家，菲律宾，越南，非洲国家等	1
抵押	有	10
	无	1

- 分值对应的授信政策

等级	得分	授信政策
A	90~100	100%
B	80~90	80%
C	70~80	60%
D	60~70	40%
E	50~60	20%
F	50以下	0

这么多方法，企业该如何选用？最容易导入的是第二种方法：从低的信用额度到高的信用额度，按照一定的规则，逐渐提高。举例来说：账期是60天，一年12个月，转6圈，合作一年的客户，上一年度采购额除以6，得出授信最大额度；合作一年的，给50%的授信额度，就是除以6再除以2；合作两年的客户，给60%的授信额度，就是上一年度采购额除以6再乘以60%；如果是合作三年的，给70%的授信额度。如果合作5年以上的，给100%的授信额度。企业可以自行设计一个算法，然后遵照执行。

3.5 应收账款管理制度体系

3.5.1 应收账款管理制度体系

如下图所示。

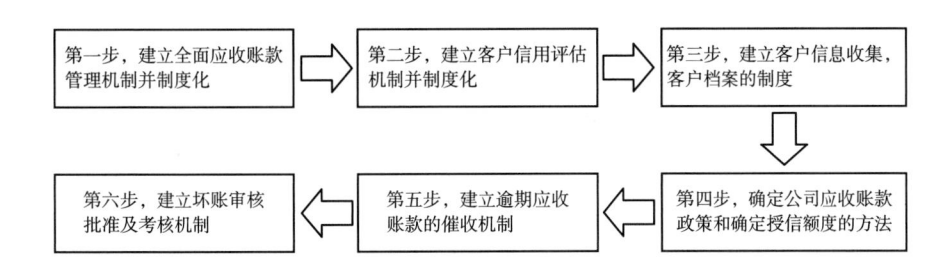

第一步，建立全面应收账款管理机制并制度化 → 第二步，建立客户信用评估机制并制度化 → 第三步，建立客户信息收集，客户档案的制度 ↓
第六步，建立坏账审核批准及考核机制 ← 第五步，建立逾期应收账款的催收机制 ← 第四步，确定公司应收账款政策和确定授信额度的方法

3.5.2　应收账款管理制度模版

【模板】应收账款管理制度

1. 目的

为保证企业能最大可能地利用客户信用拓展市场以利于销售企业的产品，同时又要以最小的坏账损失代价来保证企业资金安全，防范经营风险；并尽可能地缩短应收账款占用资金的时间，加快企业资金周转，提高企业资金的使用效率，特制定本制度。

2. 适用范围

适用于企业的应收账款，包括发出产品赊销所产生的应收账款和企业经营中发生的各类债权——应收销货款、预付账款、其他应收款等的管理。

3. 权责部门

应收账款的管理部门为企业的财务部门和业务部门，业务部门具体负责：账款催收；客户真实信息的收集与反馈；客户品质的判断与反馈；市场及行业情况的预测与反馈；客户风险信息的反馈（采购人员离职，管理团队变更）；解决影响应收款确认的各种事项。财务部门具体负责：

账务处理与对账；分析与风险提示；保护性手段的发起；定期客户拜访；超期应收客户拜访与协商；联系和推动催收程序。

财务部门和业务部门共同负责客户信用额度的确定。

4. 客户资信管理制度

4.1　信息管理基础工作的建立由业务部门完成。

4.2　企业业务部门应在收集整理的基础上建立以下几个方面的客户信息档案一式两份，由业务经理复核签字后一份保存于企业总经理办公室，一份保存于企业业务部门，业务经理为该档案的最终责任人，客户信息档案包括以下内容。

● 客户基础资料：即有关客户最基本的原始资料，包括客户的名称、地址、电话、所有者、经营管理者、法人代表及他们的个人性格、兴趣、爱好、家庭、学历、年龄、能力、经历背景，与本企业交往的时间，业务种类等。这些资料是客户管理的起点和基础，由负责市场产品销售的业务人员对客户的访问收集来的。

● 客户特征：主要包括市场区域、销售能力、发展潜力、经营观念、经营方向、经营政策、经营特点等。

● 业务状况：包括客户的销售实绩、市场份额、市场竞争力和市场地位、与竞争者的关系及于本企业的业务关系和合作情况。

● 交易现状：主要包括客户的销售活动现状、存在的问题、客户企业的战略、未来的展望及客户企业的市场形象、声誉、财务状况、信用状况等。

4.3 客户的基础信息资料由负责各区域、片的业务员负责收集，凡于本企业交易次数在 2 次以上，且单次交易额达到 1 万元人民币以上的均为资料收集的范围，时间期限为达到上述交易额第二次交易后的一月内完成并交业务经理汇总建档。

4.4 客户的信息资料为企业的重要档案，所有经管人员须妥善保管，确保不得遗失，如因企业部分岗位人员的调整和离职，该资料的移交作为工作交接的主要部分，凡资料交接不清的，不予办理离岗、离职手续。

4.5 客户的信息资料应根据业务员与相关客户的交往中所了解的情况，随时汇总整理后交业务经理定期予以更新或补充。

4.6 实行对客户资信额度的定期确定制，成立由负责各市场区域的业务主管、业务经理、财务经理、在总经理（或主管市场的副总经理）的主持下成立企业"市场管理委员会"，按季度对客户的资信额度、信用期限进行一次确定。

4.7 "市场管理委员会"对市场客户的资信状况和销售能力在业务人员跟踪调查、记录相关信息资料的基础上进行分析、研究，确定每个客户可以享有的信用额度和信用期限，建立《信用额度、期限表》，由业务部门和财务部门各备存一份。

4.8 初期信用额度的确定应遵循保守原则，根据过去与该客户的交往情况（是否按期回款），及其净资产情况（经济实力如何），以及其有没有对外提供担保或者跟其他企业之间有没有法律上的债务关系（潜在或有负债）等因素。凡初次赊销信用的新客户信用度通常确定在正常信用额度和信用期限的 50%，如新客户确实资信状况良好，须提高信用额度和延长信用期限的，必须经"市场管理委员会"形成一致意见报请总经理批准后方可。

4.9 客户的信用额度和信用期限原则上每季度进行一次复核和调整，企业市场管理委员会应根据反馈的有关客户的经营状况、付款情况随时予以跟踪调整。

5. 产品赊销的管理

5.1 在市场开拓和产品销售中，凡利用信用额度赊销的，必须由经办业务员先填写赊销《请批单》，由业务经理严格按照预先对每个客户评定的信用限额内签批后仓库管理部门方可凭单办理发货手续。

5.2 财务部门内主管应收账款的会计每10天对照《信用额度期限表》核对一次债权性应收账款的回款和结算情况，严格监督每笔账款的回收和结算。超过信用期限10天内仍未回款的，应及时通知主管的财务部门经理，由财务经理汇总并及时通知业务部门立即联系客户清收。

5.3 凡前次赊销未在约定时间结算的，除特殊情况下客户能提供可靠的资金担保外，一律不再发货和赊销。

5.4 业务员在签订合同和组织发货时，都必须参考信用等级和授信额度来决定销售方式，所有签发赊销的销售合同都必须经主管业务经理签字后方可盖章发出。

5.5 对信用额度在50万元以上，信用期限在3个月以上的客户，业务经理每年应不少于走访一次；信用额度在100万元以上的信用期限在3个月以上的，除业务经理走访外，主管市场的副总经理（在有可能的情况下总经理）每年必须走访一次以上。在客户走访中，应重新评估客户信用等级的合理性和结合客户的经营状况、交易状况及时调整信用等级。

6. 应收账款监控制度

6.1 财务部门应于月后5日前向业务部门、主管市场的副总经理（总经理）提供一份当月尚未收款的《应收账款账龄明细表》，该表由相关业务人员核对后报经业务主管市场的副总经理（总经理）批准后安排进行账款回收工作。

6.2 业务员在外出收账前要仔细核对客户欠款的正确性，不可到客户处才发现数据差错，有损企业形象。外出前需预先安排好路线，经业务主管同意后才可出去收款；款项收回时业务员需整理已收的账款，并填写应收账款回款明细表，若有折扣时需在授权范围内执行，并书面陈述原因，由业务经理签字后及时向财务交纳相关款项并销账。

6.3 业务部门应严格对照《信用额度表》和财务部门报来的《账龄明细表》，及时核对、跟踪赊销客户的回款情况，对未按期结算回款的客户及时联络和反馈信息给主管副总经理。

6.4 业务人员在与客户签订合同或协议书时，应按照《信用额度表》中对应客户的信用额度和期限约定单次销售金额和结算期限，并在期限内负责经手相关账款的催收和联络。如超过信用期限者，按以下规定处理：

● 超过 1～10 天时，由经办人上报部门经理，并电话催收。

● 超过 11～60 天时，由部门经理上报主管副总经理，派员上门催收，并扣经办人该票金额 20% 的计奖成绩。

● 超过 61～90 天时，并经催收无效的，由业务主管报总经理批准后作个案处理（如提请企业法律顾问考虑通过法院起诉等催收方式），并扣经办人该票金额 50% 的计奖成绩。

6.5 清收账款由业务部门统一安排路线和客户，并确定返回时间，业务员在外清收账款，每到一客户处，无论是否清结完毕，均需随时向业务经理电话汇报工作进度和行程。任何人不得借机游山玩水。

6.6 业务员收账时应收取现金或票据，若收取银行票据时应注意开票日期、票据抬头及其金额是否正确无误，如不符时应及时联系退票并重新办理。若收汇票时须客户背面签名，并查询银行确认汇票的真伪性；如为汇票背书时要注意背书是否清楚，注意一次背书时背书印章是否与汇票抬头一致，背书印章是否为发票印章。

6.7 收取的汇票金额大于应收账款时非经业务经理同意，现场不得以现金找

还客户，而应作为暂收款收回，并抵扣下次账款。

6.8 收款时客户现场反映价格、交货期限、质量、运输问题，在业务权限内时可立即同意，若在权限外时需立即汇报主管，并在不超过 3 个工作日内给客户以答复。如属价格调整，回企业应立即填写价格调整表告知相关部门并在相关资料中做好记录。

6.9 业务人员在销售产品和清收账款时不得有下列行为，一经发现，一律予以开除，并限期补正或赔偿，严重者移交司法部门。

● 收款不报或积压收款。

● 退货不报或积压退货。

● 转售不依规定或转售图利。

7. 坏账管理

7.1 业务人员全权负责对自己经手赊销业务的账款回收，为此，应定期或不定期地对客户进行访问（电话或上门访问，每季度不得少于两次），访问客户时，如发现客户有异常现象，应自发现问题之日起 1 日内填写"问题客户报告单"，并建议应采取的措施，或视情况填写"坏账申请书"呈请批准，由业务主管审查后提出处理意见，凡确定为坏账的须报经主管

市场的副总经理（总经理）批准后按相关财务规定处理。

7.2 业务人员因疏于访问，未能及时掌握客户的情况变化和通知企业，致企业蒙受损失时，业务人员应负责赔偿该项损失25%以上的金额（注：疏于访问意谓未依企业规定的次数，按期访问客户者）。

7.3 业务部门应全盘掌握企业全体客户的信用状况及来往情况，业务人员对于所有的逾期应收账款，应由各个经办人将未收款的理由，详细陈述于账龄分析表的备注栏上，以供企业参考，对大额的逾期应收账款应特别以书面说明，并提出清收建议，否则此类账款将来因故无法收回形成呆账时，业务人员应负责赔偿x%以上的金额。

7.4 业务员发现发生坏账的可能性时应争取时效速报业务主管，及时采取补救措施，如客户有其他财产可作抵价时，征得客户同意立即协商抵价物价值，妥为处理避免更大损失发生。但不得在没有担保的情况下，再次向该客户发货。否则相关损失由业务员负责全额赔偿。

7.5 "坏账申请书"填写一式三份，有关客户的名称、号码、负责人姓名、营业地址、电话号码等，均应一一填写清楚，并将申请理由的事实，不能收回的原因等，做简明扼要的叙述，经业务部门及经理批准后，连同账单或差额票据转交业务主管处理。

7.6 凡发生坏账的，应查明原因，如属业务人员责任心不强造成，于当月份计算业务人员销售成绩时，应按坏账金额的X%先予扣减业务员的业务提成。

8. 应收账款交接

8.1 业务人员岗位调换、离职，必须对经手的应收账款进行交接，凡业务人员调岗，必须先办理包括应收账款在内的工作交接，交接未完的，不得离岗，交接不清的，责任由交者负责，交接清楚后，责任由接替者负责；凡离职的，应在30日向企业提出申请，批准后办理交接手续，未办理交接手续而自行离开者其薪资和离职补贴不予发放，由此给企业造成损失的，将依法追究法律责任。离职交接依最后在交接单上批示的生效日期为准，在生效日期前要交接完成，若交接不清又离职时，仍将依照法律程序追究当事人的责任。

8.2 业务员提出离职后须把经手的应收账款全部收回或取得客户付款的承诺担保，若在1个月内未能收回或取得客户付款承诺担保的就不予办理离职。

8.3 离职业务员经手的坏账理赔事宜如已取得客户的书面确认，则不影响离职手续的办理，其追诉工作由接替人员接办。理赔不因经手人的离职而无效。

8.4 "离职移交清单"至少一式三份，由移交、接交人核对内容无误后双方签字，并经监交人签字后，保存在移交人一份，接交人一份，企业档案存留一份。

8.5 业务人员接交时，应与客户核对账单，遇有疑问或账目不清时应立即向主管反映，未立即呈报，有意代为隐瞒者应与离职人员同负全部责任。

8.6 企业各级人员移交时，应与完成移交手续并经主管认可后，方可发放该移交人员最后任职月份的薪金，未经主管同意而自行发放由出纳人员负责。

8.7 业务人员办理交接时由业务主管监督；移交时发现有贪污公款、短缺物品、现金、票据或其他凭证者，除限期赔还外，情节严重的依法追诉民、刑事责任。

8.8 应收账款交接后1个月内应全部逐一核对，无异议的账款由接交人负责接手清收（财务部门应随意对客户办理通讯或实地对账，以确定业务人员手中账单的真实性）。交接前应核对全部账目报表，有关交接项目概以交接清单为准，交接清单若经交、接、监三方签署盖章即视为完成交接，日后若发现账目不符时由接交人负责。

【模板】逾期应收账款管理制度

1. 欠款到追收

对拖欠账款的追收，要采用多种方法清讨，催收账款责任到位。原则上采取大区经理负责制，再由大区经理落实到具体的业务员身上。如果是单一的大区经销商或代理商，则由客服中心定期对其进行沟通、催付。对已发生的应收账款，可按其账龄和收取难易程度，逐一分类排序，找出拖欠原因，明确落实催讨责任。对于确实由于资金周转困难的企业，应采取订立还款计划，限期清欠，采取债务重整策略。应收账款的最后期限，不能超过回款期限的1/3（如期限是60天，最后收款期限不能超过80天）；如超过，即马上采取行动追讨。

2. 总量控制，分级管理

财务部门负责应收账款的计划、控制和考核。销售人员是应收账款的直接责任人，企业对销售人员考核的最终焦点是收现指标。

追款三步骤：

● 联系：电话联系沟通，债务分析，分析拖款征兆销售人员或客服中心要适时与客户保持电话联系，随时了解客户的经营状况、财务状况、个人背景等信息并分析客户拖款征兆。

● 信函：期限实地考察保持压力确定追付方式

销售人员要对客户进行全程跟进，与客户接触率与成功回收率是成正比的，越早与客户接触，与客户开诚布公的沟通，被拖欠的机会就会越低。并且给予客户一个正确的观念，我们对所有欠款都是非常严肃的，是不能够容忍被拖欠的。

● 走访：资信调查合适的催讨方式

销售人员要定期探访客户，客户到期付款，应按时上门收款，或电话催收。即使是过期一天，也应马上追收，不应有等待的心理。遇到客户风险时，采取风险预警和时时、层层上报制，在某个责任人充分了解、调查、详细记录客户信用的情况下，由主管、经理等参与分析，及时对下属申报的问题给予指导和协助。

3. 对已拖欠款项的处理

● 文件：检查被拖欠款项的销售文件是否齐备；

● 收集资料：要求客户提供拖欠款项的事由，并收集资料以证明其正确性；

● 追讨文件：建立账款催收预案。根据情况不同，建立三种不同程度的追讨文件——预告、警告、律师函，视情况及时发出；

● 最后期限：要求客户了解最后的期限以及其后果，让客户明确最后期限的含义；

● 要求协助：使用法律手段维护自己的利益，进行仲裁或诉讼。

● 逾期催收程序见下表：

到期未付	致电对方，提醒付款
超期15天未付	第一封催收函＋电话询问对方负责人
超期30天未付	第二封催收函＋再次通话＋停止发货
超期60天未付	第三封催收函＋对客户进行巡访
超期90天未付	第四封催收函＋与律师接触咨询相关事宜，对债务人进行资产调查，债务分析，诉前准备
超期6个月未付	法律诉讼或仲裁

【模板】应收账款坏账损失审批内部控制制度

1. 目的

为防止坏账损失管理中的差错和舞弊，减少坏账损失，规范坏账损失审批的操作程序，特制定本制度。

2. 适用范围

适用于企业的坏账损失审批。

3. 管理规定

3.1 确认坏账损失的条件和范围。

3.1.1 确认条件。

企业对符合下列标准的应收款项可确认为坏账：

● 债务人死亡，以其遗产清偿后，仍然无法收回。

● 债务人破产，以其破产财产清偿后，仍无法收回。

● 债务人较长时期内未履行偿债义务，并有足够的证据表明无法收回或收回的可能性极小。

● 催收的最低成本大于应收款额的款项。

3.1.2 应收款项的范围。

● 应收账款。

● 其他应收款。

● 确有证据表明其不符合预付款性质，或因供货单位破产、撤销等原因已无望再收到所购货物也无法收回已预付款额的企业预付账款（在确认坏账损失前先转入其他应收款）。

● 企业持有的未到期的，并有确凿证据证明不能收回的应收票据（在确认坏账损失前，先转入应收账款）。

3.2 职责与权限。

3.2.1 不相容岗位分离。

● 坏账损失核销申请人与审批人分离。

● 会计记录与申请人分离。

3.2.2 业务归口办理。

● 坏账损失核销申请由业务经办部门提出。

● 财务部门归口管理核销申请，并对申请进行审核。

● 坏账损失核销审批，在每年第四季度办理。

3.2.3 审批权限。

● 股东大会。负责单笔损失达到企业净资产1%或年度累计金额达5%及关联方的审批。

● 董事会。除须经股东大会批准的事项和授权总经理批准的外，由董事会批准。

● 总经理。单笔金额在1万元以内，或年度累计金额在50万元以内。

3.3 坏账损失核销审批要求。

3.3.1 核销申请报告。

● 收集证据。经济业务的承办部门（或承办人）应向债务人或有关部门获得下列证据：

· 债务人破产证明。

· 债务人死亡证明。

- 催收最低成本估算表。
- 具有明显特征能表明无法收回应收款的其他证明。

● 核销申请报告的内容。企业出现坏账损失时，在会计年度末，由经济业务承办部门（或承办人）向有关方获取有关证据，由承办部门提交书面核销申请报告，书面报告至少包括下列内容：

- 核销数据和相应的书面证明。
- 形成的过程及原因。
- 追踪催讨过程。
- 对相关责任人的处理建议。

3.3.2 核销审批要求。

● 财务部门汇总和审核。财务部门对坏账损失的核销申请报告进行审核，并提出审核意见，并汇总连同汇总表报财务总监审查，财务部门应对申请报告核销申请的金额、业务发生的时间、追踪催讨的过程和形成原因进行核实。

● 财务总监审查。财务总监对申请报告并财务部门的审核意见进行审查，并提出处理建议（包括对涉及相关部门与相关人员的处理建议），报企业总经理审查。

● 总经理审查和审批。企业总经理审查后并根据财务总监提出的处理建议，做出处理意见，在总经理授权范围内，经总经理办公会通过后，对申请报告签批；超过总经理授权范围的，经总经理办公会通过后，由企业总经理或企业总经理委托财务总监向董事会提交核销坏账损失的书面报告。书面报告至少包括以下内容：

- 核销数额和相应的书面证据。
- 坏账形成的过程及原因。
- 追踪催讨和改进措施。
- 对企业财务状况和经营成果的影响。
- 涉及的有关责任人员处理意见。
- 董事会认为必要的其他书面材料。

● 董事会和股东大会审批。在董事会授权范围内的坏账核销事项，董事会根据总经理或授权财务总监提交的书面报告，审议后逐项表决，表决通过后，由董事长签批后，财务部门按会计规定进行账务处理。需经股东大会审批的坏账审批事项，在召开年度股东大会时，由企业董事会向股东大会提交核销坏账损失的书面报告，书面报告至少包括以下内容：

- 核销数额。
- 坏账形成的过程及原因。
- 追踪催讨和改进措施。
- 对企业财务状况和经营成果的影响。

- 对涉及的有关责任人员处理结果或意见。

- 核销坏账涉及的关联方偿付能力以及是否会损害其他股东利益的说明。

董事会的书面报告由股东大会逐项表决通过并形成决议。如股东大会决议与董事会决议不一致，财务部门对决议不一致的坏账，按会计制度的规定进行会计调整。

企业监事会列席董事会审议核销坏账损失的会议，必要时，可要求企业内部审计部门就核销的坏账损失情况提供书面报告。监事会对董事会有关核销坏账损失的决议程序是否合法、依据是否充分等方面提出书面意见，并形成决议向股东大会报告。

3.4 财务处理和核销后催收。

3.4.1 财务处理。

● 财务部门根据董事会决议进行账务处理。

● 坏账损失如在会计年度末结账前尚未得到董事会批准的，由财务部门按企业计提坏账损失准备的规定全额计提坏账准备。

● 坏账经批准核销后，财务部门及时将审批资料报主管税务机关备案。

● 坏账核销后，财务部门应将已核销的应收款项设立备查簿逐项进行登记，并及时向负有赔偿责任的有关责任人收取赔偿款。

3.4.2 核销后催收。除已破产的企业外，企业财务部门、经济业务承办部门和承办人，仍应继续对债务人的财务状况进行关注，发现债务人有偿还能力时及时催收。

第 4 章 资本融资系统

企业老板想上市，与企业能上市，是两个问题。上市需要满足很多客观条件。首先，上市是需要时间去准备的。要想上市，一定要提前几年做准备。从开始计划，然后逐步解决问题，也得要两三年的时间。其次，上市是有成本的，并且是一笔不小的成本。企业在上市之前，应该把所有上市可能新增的成本都测算出来，比如税务方面的成本，新增管理人员的成本，中介机构的费用，员工社保，环保支出等。老板需要对上市的成本情况进行评估，如果觉得上市成本太高，企业暂时还不能承受，那就需要放弃上市计划。中国的资本市场有不同的层次，主板/中小板、创业板、新三板、四板（地方性股权交易场所），不同层次的资本市场，进入的成本不同，得到的收益也不同。企业必须对相关的成本收益仔细测算，进行风险与收益方面的平衡。

所以，对上市问题，企业家需要提前考虑。那么，怎么考虑？有什么影响？首先需要对企业做一个全面的摸底工作，这个摸底不仅有财务问题，还包括法律问题、行业问题。很多工作都需要中介机构去完成。有上市想法的企业，要提前三到五年做出规划，提前消除影响上市的因素。财务合规、财务系统的导入，是准备上市必须要做的工作。

4.1 上市前的规范工作

4.1.1 企业基本情况

股权的历次变更情况。很多企业最初不是自己设立的，是从别人的手里买过来的，对企业之前的情况不清楚，甚至原始资料都找不到。这种情况下，大股东发生过变更，即使最后勉强合规，披露历史沿革也是一件很麻烦的事情。

企业的实际控制人及管理层的情况。要详细清查企业的实际控制人、管理层成员及关联方的情况。夫妻是关联方，父母是关联方，兄弟姐妹是关联方。这些关联方的对外投资、兼职等情况都要清查。这方面的要求是比较高的。

重大资产重组情况。如果企业做过重大资产重组，买过公司，做过并购，近三年业务收购出售的相应文件，都需要完善。

内部职工股情况。内部职工持股一般会比较麻烦，要做详细的调研。

组织架构。企业的组织架构怎么设置，股权架构怎么设置，都要考虑清楚，符合未来上市的要求。尤其是股权设计，看似简单。很多企业自己比照葫芦画个瓢，对股权的本质问题没有想清楚，盲目调整股权架构，最后上市主体不合规，准备了几年时间，白白浪费了。这样的时间损失，其实是本不应该承担的。

4.1.2 财务调查

财务资料及税务事项。税务情况，涉税事项，都要清查清楚。如果企业在涉税事项上出现问题，上市之路基本就被否决了。所以，先要自查企业近三年的纳税情况。如果在哪一年度有问题，不能作为申报年度，那只有往后延，将有问题的年度移出上市申报年度。所以，如果有上市规划，须提前设计好纳税事项，避免因纳税问题给企业上市造成障碍。

财务及内控合规改造调查。财务内控的合规改造更为复杂，所有想上市的企业，都需要做这方面的准备工作。包括准备挂牌新三板的企业。

财务内控合规改造是一项工作量很大的工作。而几乎所有的企业在上市之前，都要做财务内控合规改造。这个事情一般不是承担审计责任的会计师事务所的工作。会计师事务所出具的内控合规的鉴证报告，属于裁判的工作，而教会企业怎样建立一套合规的财务内控体系，属于教练的工作，两者是不能兼容的。会计师事务所不能既当教练，又当裁判。企业在引入会计师事务所评估财务及内控的合规情况的同时，需要建立财务系统，导入"账""钱""税"体系，做到两账合一，并形成持续满足上市公司财务合规要求的能力。

或有事项。或有事项就是可能发生，也可能不发生的事情。比如，有的企业有对外担保，担保就是或有事项。

4.1.3 劳资福利

有的企业可能会有劳资方面的问题，比如没有缴纳员工社会保险费，或者不符合国家规定缴纳。有的企业做上市成本测算，仅仅把拖欠的员工社会保险费补缴，就需要上亿元，而如果此时企业已经为上市投入了很大成本，补还是不补，就成了"骑虎难下"的决策。

4.1.4 资产情况

是指未来上市主体及其控股子公司的所有资产权属情况。有的企业有违章建筑，肯定不符合上市要求。房产证的问题，需要提前解决，实在拿不到的，就要剥离出上市主体。资产情况还包括商标、专利、特许权、土地等无形资产的权属问题。

4.1.5 行业及经营

企业对行业及经营情况要做详细的调查，这方面工作一般需要券商的专家参与。比如大客户依赖。企业对某个大客户非常依赖，对大客户的销售额占全部销售额的80%以上，在一定程度上缺乏经营独立性，这样企业的经营风险就比较大，往往会成为上市的障碍。

4.2 企业上市尽职调查清单（简版）

如下页表所示。

上市之前要做的工作是非常多的，首先要把历史沿革、资产、行业、实际控制人及管理层等几方面的情况做彻底的清查，便于设计上市路径。对企业具体情况的清查，就是企业上市的尽职调查。

每家企业要达到上市的标准，多多少少都会有些瑕疵。通过尽职调查，使企业知晓自身情况，便于提前三到五年做好规划，把影响上市的问题处理掉。在上市的准备阶段，专业机构的力量就显得非常重要。一些企业其实已经在新三板挂牌。但是由于在挂牌的时候，会计师事务所仅是把企业的申报期报表做了调整，对于报表的来源，即企业的财务管理系统没有进一步规范，造成企业挂牌之后的麻烦更大，根本就无法适应新三板股转系统的监管要求。

一、企业基本情况	1.1	设立及历次股权等变化情况
	1.1.1	企业历次股本结构变化以及历次股本总额变化的情况说明
	1.1.2	企业设立时及历次变更的工商底档文件
	1.1.3	企业设立时以及与企业历次股本结构变化有关的验资报告、审计报告、评估报告
	1.1.4	企业设立以及企业历次变更涉及政府部门审批文件（如有）
	1.2	实际控制人以及管理层情况
	1.2.1	企业持股5%以上股东（追溯至企业实际控制人）的营业执照、企业章程、最近一期财务报告及审计报告（如有），控股股东需提供工商登记全套文件
	1.2.2	企业控股股东、实际控制人及董事、监事和高级管理人员最近3年的变化情况说明
	1.2.3	企业实际控制人、董事、监事和高级管理人员的履历
	1.2.4	企业控股股东、实际控制人、董事、监事和高级管理人员及其前述人员的近亲属（配偶、父母及配偶的父母、兄弟姐妹及其配偶、年满十八周岁的子女及其配偶、配偶的兄弟姐妹和子女配偶的父母）的对外投资及兼职情况说明，包括但不限于投资标的企业或任职企业的名称、持股比例、标的企业的主营业务情况、主要财务数据（包括总资产、净资产、收入以及利润）
	1.2.5	企业控股股东、实际控制人以及董事、高级管理人员、监事最近3年所受处罚的情况以及目前正在进行中的重大诉讼情况说明
	1.3	重大资产重组情况（如有）
	1.3.1	企业最近3年若存在资产、业务重组、收购兼并或出售的，提供相关协议、内部决策文件、政府批准文件、评估报告、审计报告、验资报告
	1.4	内部职工股情况（如有）
	1.4.1	内部职工股的审批文件、募股文件
	1.4.2	缴款证明文件、验资报告
	1.4.3	内部职工股历年托管证明文件
	1.4.4	内部职工股发行过程中的违法违规情况、纠正情况及省级人民政府的确认意见

续表

一、企业基本情况	1.4.5	内部职工股转让和交易中的违法违规、法人股个人化等情况的说明
	1.4.6	企业如有工会持股、职工持股会持股、信托持股或股东数量超过二百人的情况，相关股份形成及演变的法律文件；已进行清理的协议文件、决策文件、价款支付凭证等
	1.5	组织结构
	1.5.1	图表列示企业的组织机构设置，组织结构图中包括下属各控股子公司。描述各部门的权力序列、职责范围和运作模式，各子公司的业务范围、各子公司之间的业务联系
	1.5.2	图表列示企业所属集团的组织构架，描述集团各经营实体之间的组织序列及业务联系
	1.5.3	企业下属各控股子公司的营业执照；各公司成立时的验资报告、公司章程、营业执照；历年年检的审计报告、营业执照；历次股权变更、注册资本变更后的验资报告、企业章程、营业执照；各子公司的公司简介和业务简介
二、财务调查	2.1	财务资料
	2.1.1	企业（含控股子公司）近三年一期报送年检的财务报告、审计报告及附注，企业控股子公司最近三年一期的审计报告，上述报表应该和所得税申报表相对应
	2.1.2	近3年1期企业合并报表范围内所有企业的政府补助的账务处理及相关批文
	2.1.3	近3年1期企业合并报表范围内所有企业的税收优惠政策和相关规定、批文
	2.1.4	报告期内企业控股股东、实际控制人或关联方占用资金数及其相关费用情况
	2.2	税务事项
	2.2.1	介绍企业及所控股的子公司所执行的税种、税基、税率
	2.2.2	企业进出口业务所适用的关税、增值税及其他税种的税率
	2.2.3	描述企业享受的增值税、所得税及其他税种的优惠情况，提供税务部门的有关文件
	2.2.4	表格列示企业近三年享受的税务优惠及退回金额明细
	2.3	财务及内控合规改造调查
	2.3.1	检查企业是否设立独立的财务会计部门、建立独立的会计核算体系，具有规范的对分公司、子公司的财务管理制度

续表

	2.3.2	检查企业的会计政策的选用是否恰当（比如：收入确认方法、资产减值准备计提，支出的费用化和资本化等），会计估计的合规性和稳健性，以及是否存在会计政策或会计估计变更
	2.3.3	检查企业是否制定了专门的、操作性强的会计制度，各级会计人员是否具备了专业素质，会计岗位设置是否贯彻"责任分离、相互制约"原则
	2.3.4	检查企业税务申报时提交的财务报表与企业财务报表是否一致
	2.3.5	检查高管人员和董事会、专门委员会之间的责任、授权和报告关系是否明确，高管人员是否促使发行人员工了解企业的内部控制制度并在其中发挥作用
	2.3.6	检查企业关于各类业务管理的相关制度规定，是否建立了审计部门，内部审计是否涵盖了各项业务、分支机构、财务会计、数据系统等各类别
二、财务调查	2.3.7	检查企业各项制度是否执行和监督，并且有记录和反馈
	2.3.8	企业信息系统建设情况、管理制度、操作流程和风险防范制度
	2.3.9	企业高管人员及核心技术人员是否在关联方单位任职、领取薪酬，是否存在由关联方单位直接或间接委派等情况
	2.3.10	取得与关联交易相关的会议资料，检查是否按照企业章程或其他规定履行了必要的批准程序
	2.3.11	企业关联交易定价依据是否充分，定价是否公允，是否存在明显属于单方获利性交易
	2.3.12	企业向关联方销售产生的收入金额占比，检查关联交易产生的利润是否对企业业绩的稳定性产生影响
	2.4	或有事项
	2.4.1	介绍企业目前有效的任何担保事项的具体内容，包括每一笔担保的金额、期限、担保方式、反担保措施及是否承担连带责任
	2.4.2	企业目前的涉诉情况，简要说明诉由、诉讼金额以及目前诉讼的进展以及对企业业务可能产生的重大不利影响
	2.4.3	若企业目前正在接受政府的调查，简要说明调查的原因、企业可能遭受的处罚以及对企业可能产生的重大不利影响

续表

三、劳资福利	3.1	企业近期的员工总数及具体用工方式涉及的人数（包括合同工、临时工、劳务派遣）
	3.2	企业最近3年的五险和住房公积金（养老\失业\工伤\生育\医疗）缴纳情况说明，包括缴费人数、缴费基数和缴费费率
四、资产情况	4.1	企业及控股子公司目前所占用土地清单（清单内容应涵盖土地使用权人、实际使用人、土地证号、土地使用权取得方式、坐落、面积、使用权期限、是否抵押）以及使用权证、土地出让合同和缴费凭证；若所占用土地系租赁取得，请提供土地租赁合同、出租方土地使用权证、土地他项（租赁）权证
	4.2	企业及控股子公司目前所占用房屋清单、产权证；若所占用房屋系租赁取得，请提供房屋租赁合同、出租方房屋产权证和土地使用权证、房屋他项（租赁）权证
	4.3	商标、专利、特许经营权、非专利技术等无形资产清单及权属证明文件、原始凭据
五、行业及经营	5.1	企业最近3年所经营业务涉及的所有依法应取得的资质、许可、证照、备案、认证等
	5.2	企业主要产品及服务用途介绍，主要产品的工艺流程图或服务流程图
	5.3	企业报告期内各期主要产品（或服务）的产能、产量、销量、销售收入
	5.4	企业最近3年的前十大客户和前十大供应商名单以及对应的年度销售额或采购额，并提供原材料采购和产品销售合同范本
	5.5	企业在境外进行生产经营的，取得其境外拥有资产的详细资料
	5.6	企业（含控股子公司）目前全部产能涉及的投资项目的立项批复、环境影响评价、环保验收批复、排污许可证以及排污费缴纳情况说明
	5.7	企业拥有的专利、非专利技术列表（包括名称、证号、取得日、取得方式、权利范围）
	5.8	企业目前有效的商标许可协议、技术许可协议、技术合作协议
	5.9	企业最近3年受到任何行政处罚的，提供相关罚款支出明细以及相关政府部门的处罚决定文件

4.3 资本市场与企业上市

4.3.1 上市的意义

世界500强企业里，大部分是上市企业，不上市而通过自身积累慢慢变大的企业是少数。上市除了可以给股东带来变现和财富增值以外，允许公众投资企业股票也反过来要求企业提高管理能力，从而带来相应的市场效应。这些都有助于企业的长期稳健成长，从而强者越强（如下图所示）。

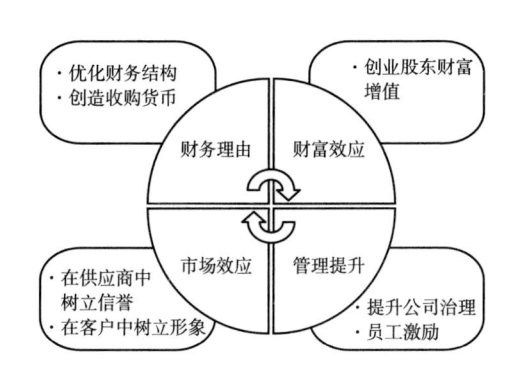

- 优化财务结构
- 创造收购货币

财务理由

- 创业股东财富增值

财富效应

市场效应

- 在供应商中树立信誉
- 在客户中树立形象

管理提升

- 提升公司治理
- 员工激励

4.3.2 A股市场体系

目前中国的股权交易市场分为场外和场内。场外市场的特点是股权可以交易，但是股权无法融资。场内市场在境内即为A股市场，又根据融资企业的特点，细分为创业板、中小板和主板等（详见底部图示）。

4.3.3 上市具体条件比较

企业从由私人投资或者向特定公众募集资金设立，转为向社会公众发行股票从而募集资金的过程叫作上市。一方面，上市是企业补充资本金的有效途径，另一方面，一旦上市，企业经营的风险必然由原来的特定人群承担转为由社会公众承担。因此，各国对于公开发行股票都有一些要求，并且为了便利处于不同发展阶段的企

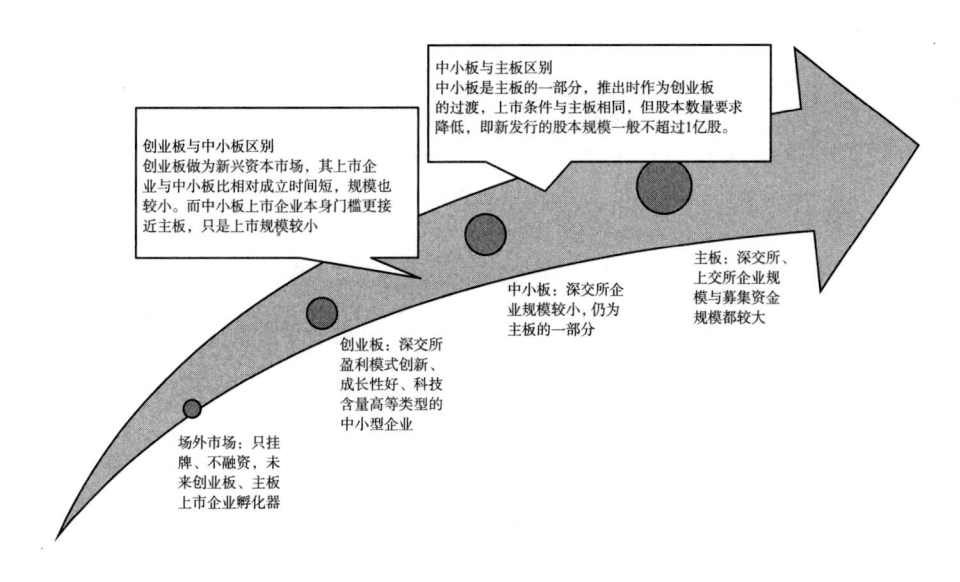

创业板与中小板区别
创业板做为新兴资本市场，其上市企业与中小板比相对成立时间短，规模也较小。而中小板上市企业本身门槛更接近主板，只是上市规模较小

中小板与主板区别
中小板是主板的一部分，推出时作为创业板的过渡，上市条件与主板相同，但股本数量要求降低，即新发行的股本规模一般不超过1亿股。

场外市场：只挂牌、不融资，未来创业板、主板上市企业孵化器

创业板：深交所盈利模式创新、成长性好、科技含量高等类型的中小型企业

中小板：深交所企业规模较小，仍为主板的一部分

主板：深交所、上交所企业规模与募集资金规模都较大

业走股票融资的道路,也都对股票市场进行了细分。在下表中我们对比了 A 股市场中主板市场和创业板市场的不同要求和条件(详见下表)。

条件	主板	创业板
主体资格	依法设立且持续经营三年以上的股份有限公司,经国务院批准的除外	依法设立且持续经营三年以上的股份有限公司
经营年限	持续经营时间应当在 3 年以上	持续经营时间应当在 3 年以上
主营业务	最近 3 年内主营业务没有发生重大变化	最近 2 年内主营业务没有发生重大变化
董事及高管	最近 3 年内没有发生重大变化	最近 2 年内没有发生重大变化
实际控制人	最近 3 年内实际控制人未发生变更	最近 2 年内实际控制人未发生变更
募集资金用途	应当有明确的使用方向,原则上用于主营业务	应当具有明确的用途,且只能用于主营业务
同业竞争	发行人与控股股东、实际控制人及其控制的其他企业间不得有同业竞争	发行人与控股股东、实际控制人及其控制的其他企业间不存在同业竞争
关联交易	不得有显失公平的关联交易,关联交易价格公允,不存在通过关联交易操纵利润的情形	不得有严重影响公司独立性或者显失公允的关联交易
财务要求	最近 3 个会计年度净利润均为正数且累计超过人民币 3000 万元,净利润以扣除非经常性损益前后较低者为计算依据 最近 3 个会计年度经营活动产生的现金流量净额累计超过人民币 5000 万元;或者最近 3 个会计年度营业收入累计超过人民币 3 亿元 最近一期不存在未弥补亏损	最近两年连续盈利,最近两年净利润累计不少于 1000 万元,且持续增长;或者最近一年盈利,且净利润不少于 500 万元,最近一年营业收入不少于 5000 万元,最近两年营业收入增长率均不低于 30%,净利润以扣除非经常性损益前后孰低者为计算依据 最近一期不存在未弥补亏损
资产要求	最近一期末无形资产(扣除土地使用权、水面养殖权和采矿权等后)占净资产的比例不高于 20%	最近一期末净资产不少于 2000 万元
股本要求	发行前股本总额不少于人民币 3000 万元,发行后不少于 5000 万元	发行后股本总额不少于 3000 万元

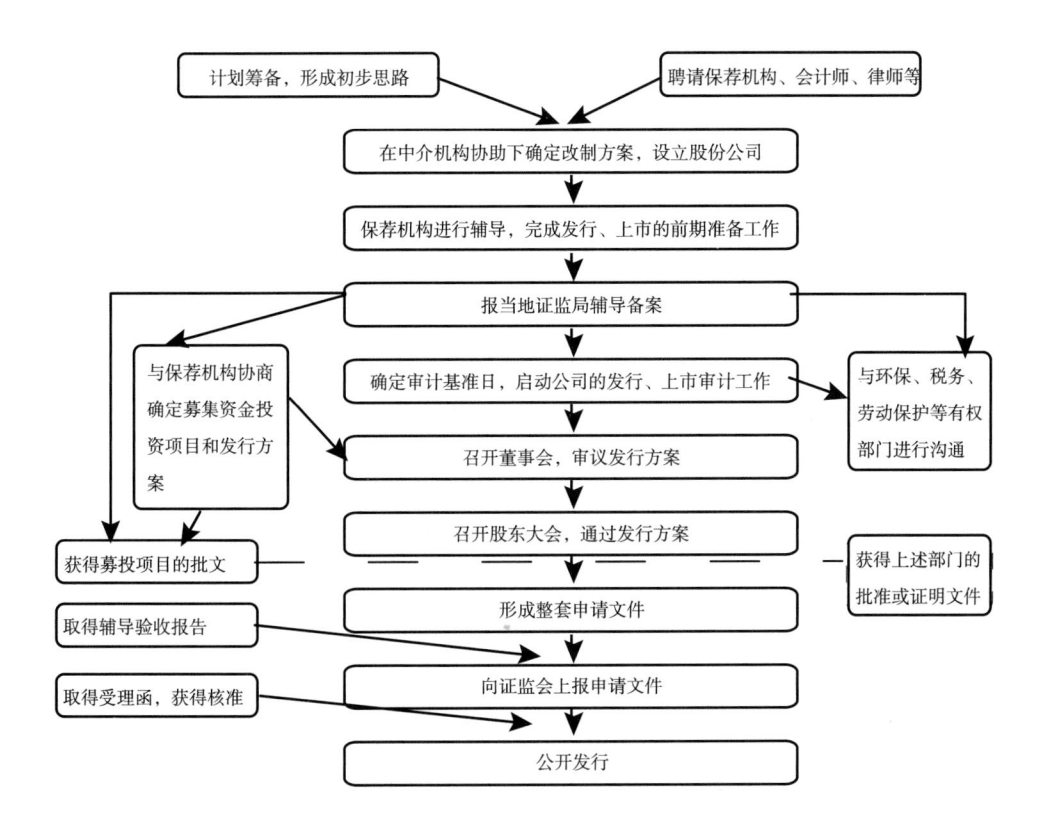

```
计划筹备，形成初步思路                    聘请保荐机构、会计师、律师等
                    ↓                                    ↓
            在中介机构协助下确定改制方案，设立股份公司
                              ↓
            保荐机构进行辅导，完成发行、上市的前期准备工作
                              ↓
                    报当地证监局辅导备案
                              ↓
与保荐机构协商        确定审计基准日，启动公司的发行、上市审计工作    与环保、税务、
确定募集资金投                    ↓                            劳动保护等有权
资项目和发行方              召开董事会，审议发行方案              部门进行沟通
案                              ↓
                        召开股东大会，通过发行方案
获得募投项目的批文                                          获得上述部门的
                                                          批准或证明文件
取得辅导验收报告          形成整套申请文件
                              ↓
取得受理函，获得核准      向证监会上报申请文件
                              ↓
                            公开发行
```

4.3.4 上市基本法律程序

上市从由私人投资或者向特定公众募集资金设立，转为向社会公众发行股票从而募集资金，需要完成一整套法律程序（详见上图）。

4.3.5 上市步骤及主要工作

上市是一个复杂的工作，条件符合者还得经过若干步骤才可以上市，这一过程涉及大量中介机构的工作，有些必须是独立第三方完成的法定业务，有些是第三方协助企业完成的合规性要求（详见下图）。

计划筹备	申报材料制作	发行审核	路演推介	询价发行	上市
•中介机构入场 •尽职调查 •召开董事会 •完成改制 •与政府、监管部门前期沟通 •制订发行方案 •确定时间表	•尽职调查 •三年加一期审计 •申报材料制作 •合成申请文件上报证监会	•证监会发行监管部初审：法律审核+财务审核 •根据反馈意见，修改材料 •发行部初审会 •发审委核准：合法合规审核+实质性判断	•预路演，与分析员、潜在投资者进行初步沟通 •接受市场反馈 •合理评估股票市场需求，确定询价区间 •进行一对一推介和公开路演 •网上路演科学分析市场需求信息	•累计帐簿 •合理评估市场需求，确定发行价格 •定价发行 •战略投资人 •询价对象 •网上和网下的发行 •公告结果 •股票分配原则	•刊登上市公告书 •市场维护

4.3.6 发审委审核程序及审核主要内容

现将上市审核程序及审核的主要内容做如下图梳理，方便大家的理解。

4.3.7 主要中介机构及职责

企业上市涉及三个中介机构：保荐机构（即主承销商），是企业发行股票的总协调人；会计师事务所主要负责企业的财务报告与国内会计准则的符合性以及企业未来的盈利预测审核；律师事务所，主要负责法律法规的符合性以及相应的法律文书起草。各机构的具体职责如下页表所示。

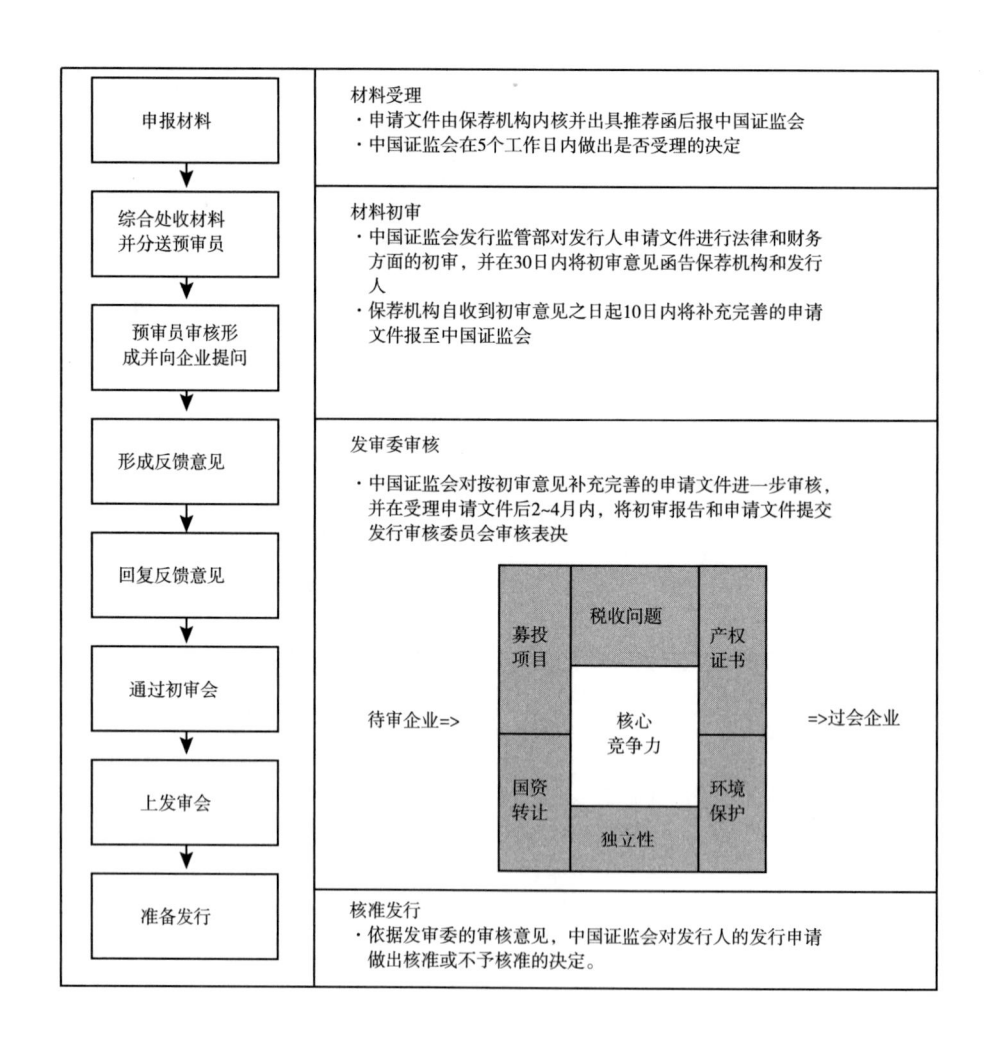

申报材料	**材料受理** · 申请文件由保荐机构内核并出具推荐函后报中国证监会 · 中国证监会在5个工作日内做出是否受理的决定
综合处收材料并分送预审员	**材料初审** · 中国证监会发行监管部对发行人申请文件进行法律和财务方面的初审，并在30日内将初审意见函告保荐机构和发行人 · 保荐机构自收到初审意见之日起10日内将补充完善的申请文件报至中国证监会
预审员审核形成并向企业提问	
形成反馈意见	**发审委审核** · 中国证监会对按初审意见补充完善的申请文件进一步审核，并在受理申请文件后2~4月内，将初审报告和申请文件提交发行审核委员会审核表决
回复反馈意见	
通过初审会	待审企业 => [募投项目 / 税收问题 / 产权证书 / 国资转让 / 核心竞争力 / 环境保护 / 独立性] => 过会企业
上发审会	
准备发行	**核准发行** · 依据发审委的审核意见，中国证监会对发行人的发行申请做出核准或不予核准的决定。

保荐机构（主承销商）	会计师	律师
· 充当企业股票发行上市的总协调人 · 辅导工作和上市保荐工作 · 估值、制定并实施股本设计和发行方案 · 协调其他中介机构、协调各方的业务关系、工作步骤及工作结果 · 起草、汇总、报送全套申请文件 · 负责证监会审核反馈和沟通 · 组织承销团和股票销售 · 上市之后的持续督导	· 按国内会计准则，对企业前三年及最近一期经营业绩进行审计，以及审核企业的盈利预测 · 复核发起设立时的资产评估和验资报告 · 协助企业进行有关账目调整，使企业的财务处理符合规定 · 协助企业完善股份公司的财务会计制度、财务管理制度 · 对企业的内部控制制度进行检查，出具内控鉴证制度报告	· 协助企业修改、制定企业章程、协议及重要合同 · 对股票发行及上市的各项文件进行法律要点审查 · 起草法律意见书、律师工作报告 · 为股票发行上市提供法律咨询服务 · 对相关事项出具专业意见和判断

第五篇 管控系统

管控系统是企业"大财务"的概念。要想导入管控系统，本书前面所讲的"账""钱""税"系统必须先导入，否则，如果分析所依据的数据都不准确，自然没有分析的必要。

管控系统包括分析、决策支持系统，成本改善系统，风险内控系统以及预算目标系统。成本改善系统是在成本能够准确核算的基础上，分析成本改善空间，启动成本改善流程，不断优化企业的成本水平，从而为企业建立成本竞争优势；风险内控系统是企业全面风险管理系统，财务内控是其核心，通过控制环境、方法、程序、控制活动等一系列要素的优化组合，保证企业战略目标的实现；预算目标系统是企业的管理工具，是对企业未来业务实现情况的预演，核心是通过预算活动，完善企业资源配置。

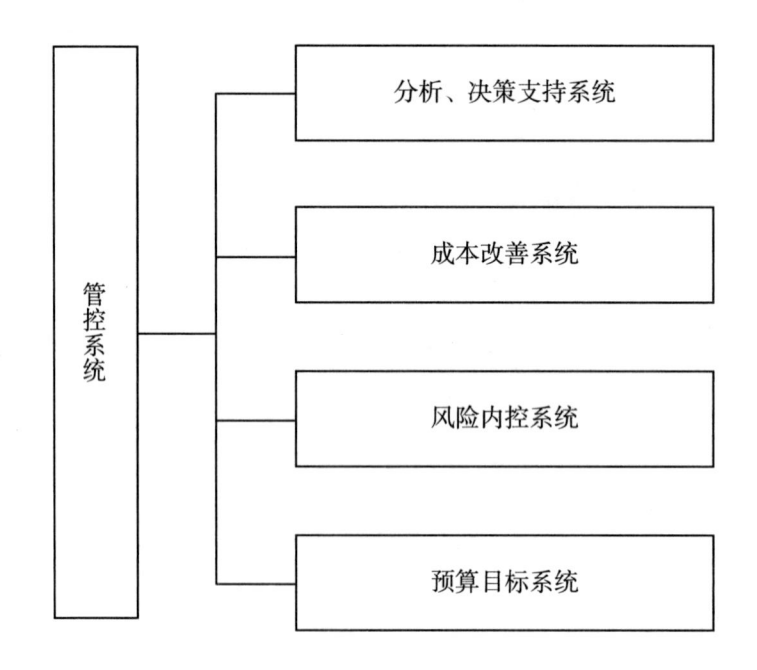

```
                ┌──── 分析、决策支持系统
                │
                ├──── 成本改善系统
  管控系统 ─────┤
                ├──── 风险内控系统
                │
                └──── 预算目标系统
```

第1章 分析、决策支持系统

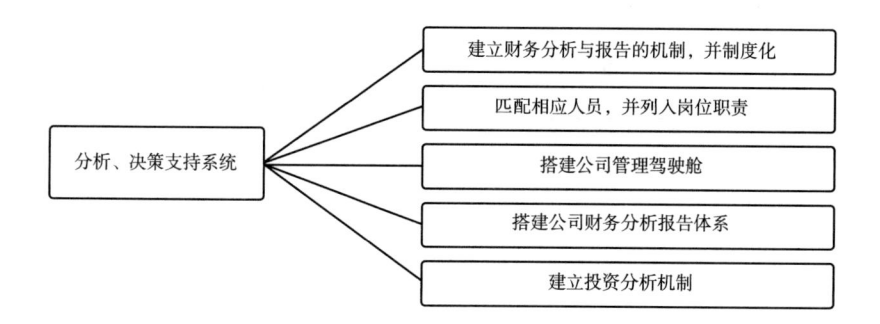

```
                          ┌─ 建立财务分析与报告的机制，并制度化 ─┐
                          ├─ 匹配相应人员，并列入岗位职责 ─┤
      分析、决策支持系统 ──┼─ 搭建公司管理驾驶舱 ─┤
                          ├─ 搭建公司财务分析报告体系 ─┤
                          └─ 建立投资分析机制 ─┘
```

1.1 财务分析概述

财务分析最常见的问题是财务人员手握一堆公式和数据，却不知道要分析什么。因此，很多人会去找模板，希望可以套用模板来完成财务分析工作。

财务分析的对象是企业，企业的情况千差万别，当然"万变不离其宗"，所有企业都要反映财务状况、经营成果和现金流状况。但是因为财务分析的对象是企业，分析便不可能仅停留在财务层面，需要深化到业务层面，结合业务谈财务。因此，财务分析固然有套路可循，但支撑财务分析工作的不是分析模板、比例、公式，而是分析性思维。本书不会提供报告模板，但会提供给读者一个财务分析报告的框架。

1.1.1 财务分析的目的

首先，财务分析是为了跟踪评价企业的实际经营情况，通过分析和随后的反馈机制来支持业务目标的达成。

其次，企业的决策是需要数据支撑的。管理层做决策的时候，需要依据数据做分析，而不是凭感觉或者拍脑门。

最后，财务分析要满足业绩考核使用的指标需求。业绩考核的指标是管理层关注的指标，与企业经营结果息息相关。此外，财务分析如果要形成报告，尽量遵循"一页纸"原则，分析的目的是得出论点，而不是罗列论据（如下图所示）。

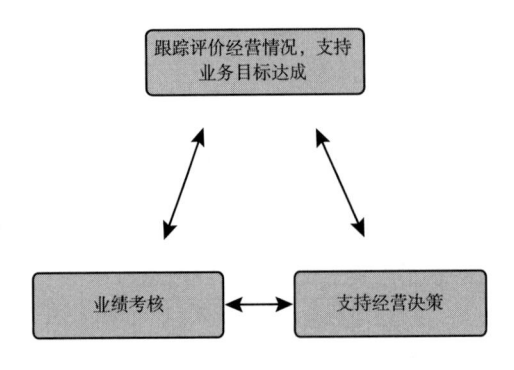

```
         跟踪评价经营情况，支持
              业务目标达成
                ↕        ↕
        业绩考核 ↔ 支持经营决策
```

【案例】某企业财务总监的年终总结

2017年，学习并实施了长财咨询的纳税筹划方案，为企业节约税费300万元；2017年，建立、完善了企业的账务核算系统，现在能够做出一套准确、安全的财务账，并且为管理层提供报表50张；

2017年，学习了长财咨询的"财务系统"课程，导入了财务分析决策系统，能够做到每月为企业经营情况写一份财务分析报告并按时呈交企业管理层。

1.1.2 财务分析的方法

财务分析的直接工作对象是数据：财务数据＋业务数据。所以财务分析的方法按照加工数据的逻辑，可以分为比较分析法、结构分析法、趋势分析法和比率分析法（详见下图）。

- 比较分析法：即做比较，比如财务报表的期初数、期末数比较，本期数与上年同期数比较，本企业数与行业平均数比较等。

- 结构分析法：比如某项费用占该类费用总额的比例是多少，存货占资产总额的比例是多少；又如在资产负债表右

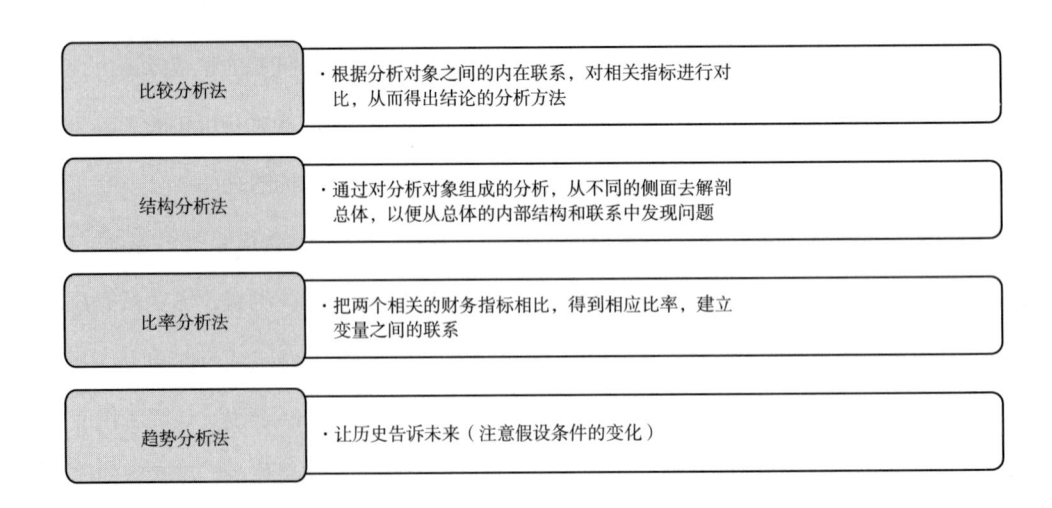

比较分析法	·根据分析对象之间的内在联系，对相关指标进行对比，从而得出结论的分析方法
结构分析法	·通过对分析对象组成的分析，从不同的侧面去解剖总体，以便从总体的内部结构和联系中发现问题
比率分析法	·把两个相关的财务指标相比，得到相应比率，建立变量之间的联系
趋势分析法	·让历史告诉未来（注意假设条件的变化）

边，显示的是企业的钱从哪里来，有哪些需要偿还这叫作资本结构分析。

- 比率分析法：把两个相关的财务指标相比，得出相应比率，根据比率的变化，来评价企业的经营情况，常用比率有毛利率、净利润率、存货周转率等。

- 趋势分析法：一般来说，需要五年以上的数据分析发展趋势，例如以时间为横轴，把某种原材料的价格全部列示出来，从而形成这种原材料价格的历史变动趋势。

1.1.3　财务分析的层次

财务人员做财务分析报告，要明确报告的阅读对象。如果财务分析报告是给老板、总经理看的，那就是企业层面的报告；如果财务分析报告是给销售总监、采购总监等部门总监看的，那就是部门层面的报告；如果是为了某一个人做的财务分析报告，那就是个人层面的报告（如下图所示）。

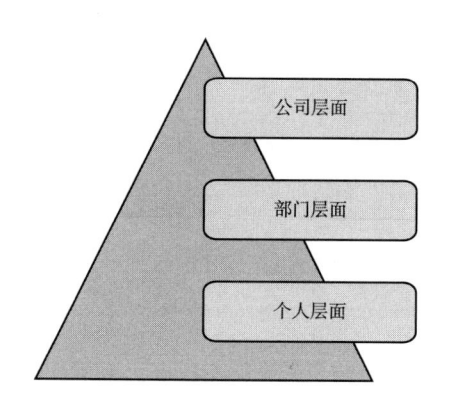

当然，需要明确的是，所谓分层次财务分析报告，都是对企业内部而言。对于向企业外部报送的财务报告，需要按照法律规定的格式和内容进行编写与报送。

1.1.4　财务分析的项目

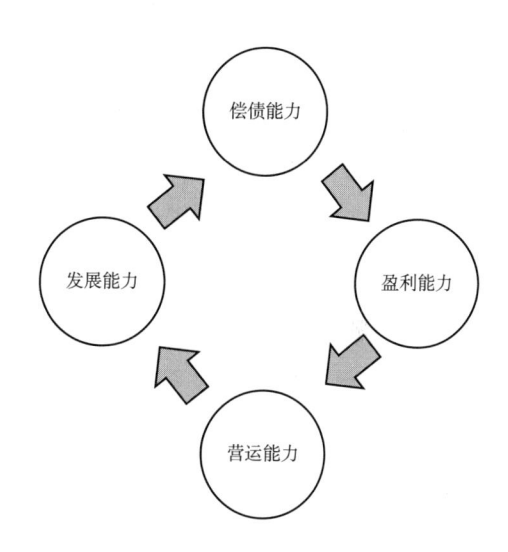

通常来讲，财务分析需要对企业以下四个方面的能力进行分析（如上图所示）。

第一，偿债能力分析。一般来说，偿债能力不是管理层关注的重点，却是债权人关注的重点，比如贷款银行、供应商等。偿债能力包括负债总额、财务杠杆、偿债现金流等。

第二，盈利能力分析。盈利能力是管理层需要重点关注的，如分析企业成本控制、利润率、毛利率、费用率等。

第三，运营能力分析。这也是管理层重点关注的方面，运营能力代表了效率，企业管理层的职责就是充分利用股东投入的资源，创造更高的投资回报。未来企业之间的竞争，是经营效率的竞争，谁的效率高，谁就能在竞争中胜出。

第四，发展能力分析。通过数据分析企业经营的发展趋势，以及未来的发展状况。

【案例】运营效率对投资回报率的影响

某人投资10000元，做小食品零售生意。第一个月，他进了10000元的货，到学校门口摆摊销售，经过一个月的时间，他把进的货全部卖掉，一共卖了15000元。这个月，他的投资回报率是多少？赚的5000元除以本钱10000元，投资回报率是50%。

他将收到的钱分成两部分，第一部分10000元，准备继续用来做生意，第二部分5000元，准备拿回去做家用。但是他不慎遗失了做生意的那10000元。没有办法，生活还得继续。他只好把剩下的5000元留下2500元用于家庭开支，另外的2500元用来进货，还是到学校门口摆摊销售。

销售情况还是和第一个月一样，2500元进的货，只够卖一周时间，一周卖完后，继续用2500元进货，再卖一周，如此循环，一个月过去了，总共进了4次货，每次进货2500元，4次进货总额是10000元，卖货收到的钱还是与上个月一样，也是15000元。那如何计算他第二个月的投资回报率呢？

第二个月进货总额10000元，卖货得到的钱总额为15000元，赚的钱与上个月一样，都是5000元。但是，上个月投入的本钱是10000元，而第二个月投入的本钱是2500元。这样，第二个月的投资回报率应该是赚的5000元除以本钱2500元，计算出来第二个月的投资回报率是200%。

为什么两个月的投资回报率不同呢？前后两个月的业务规模是一样的，都卖了15000元，但是卖货周转的次数是不同的，第一个月只进一次货，卖了一个月。而第二个月进了4次货，每次都是卖一周时间。从这个案例，我们可以看出，同样的投资额，周转越快，投资回报率就越高。

1.2 财务分析指标

财务分析的指标有很多，书本上的指

标，更多适用于对上市企业进行分析，而企业在实际工作中应用的指标，会远多于教科书，除了销售额、利润率，还有人均单产、上座率、入住率、翻台率、单位面积营业额等指标。

1.2.1 常见财务分析指标

● 一元收入费用负担率。即形成一元的收入，需要多少费用来支撑。例如，把一元收入费用负担率控制标准定为0.2元，如果实际发生的一元收入费用负担率为0.19元，那说明控制的效果比较好，而如果实际发生的一元收入费用负担率为0.22元，则说明费用控制情况不理想。

● 营运资金周转天数。营运周期是指企业自购货起至销售并收回货款的整个经营过程；营运资金周转天数是指企业在营运周期中对资金的需求天数。企业对营运资金的需求并不一定从购货开始，在赊购的情况下，是从支付供应商货款的日期开始算起。这个指标代表了企业对营运资金的使用效率（如下图所示）。

● 投资回报率。通俗来讲投资回报率代表股东投入多少钱，赚多少钱。投资回报率 = 利润 / 权益，也叫净资产收益率、权益报酬率。这是一个综合指标，可以进一步分解。

【模型】企业赚钱模型

假如某个企业的股东要求的投资回报率是30%，那如何实现这个投资回报率呢？需要对实现过程进行分解（详见下页表）。

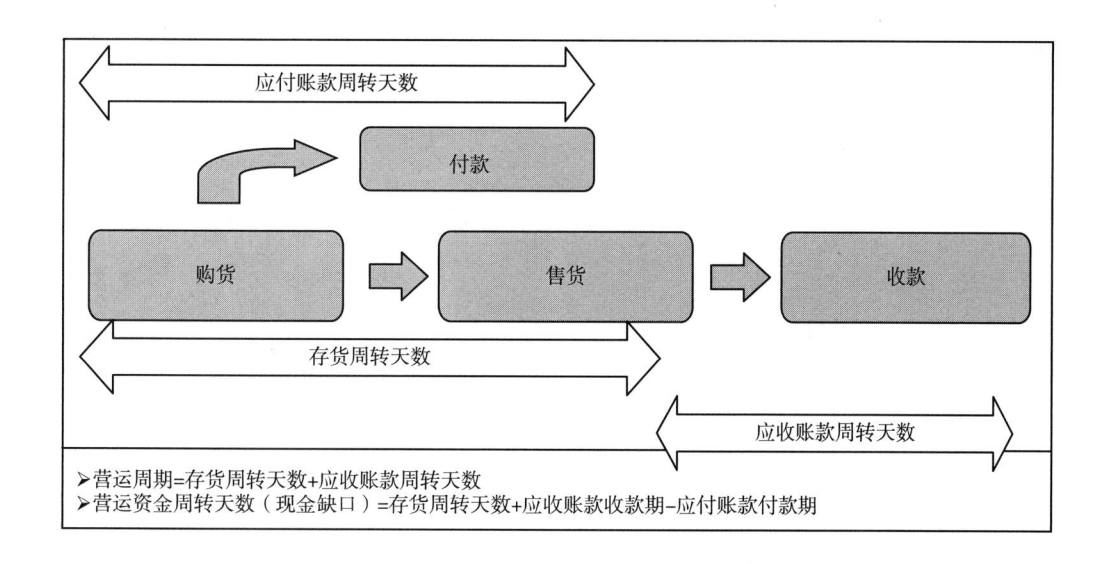

```
┌─────────────────────────────────────────────────────────────┐
│       ←——— 应付账款周转天数 ———→                              │
│                    ┌──────┐                                 │
│              ↱     │ 付款 │                                  │
│         ┌──────┐   └──────┘   ┌──────┐        ┌──────┐      │
│         │ 购货 │ ⇒            │ 售货 │ ⇒      │ 收款 │      │
│         └──────┘              └──────┘        └──────┘      │
│            ←——— 存货周转天数 ———→                             │
│                              ←——— 应收账款周转天数 ———→       │
└─────────────────────────────────────────────────────────────┘
```

➢ 营运周期=存货周转天数+应收账款周转天数
➢ 营运资金周转天数（现金缺口）=存货周转天数+应收账款收款期–应付账款付款期

运营财务模式设计模型

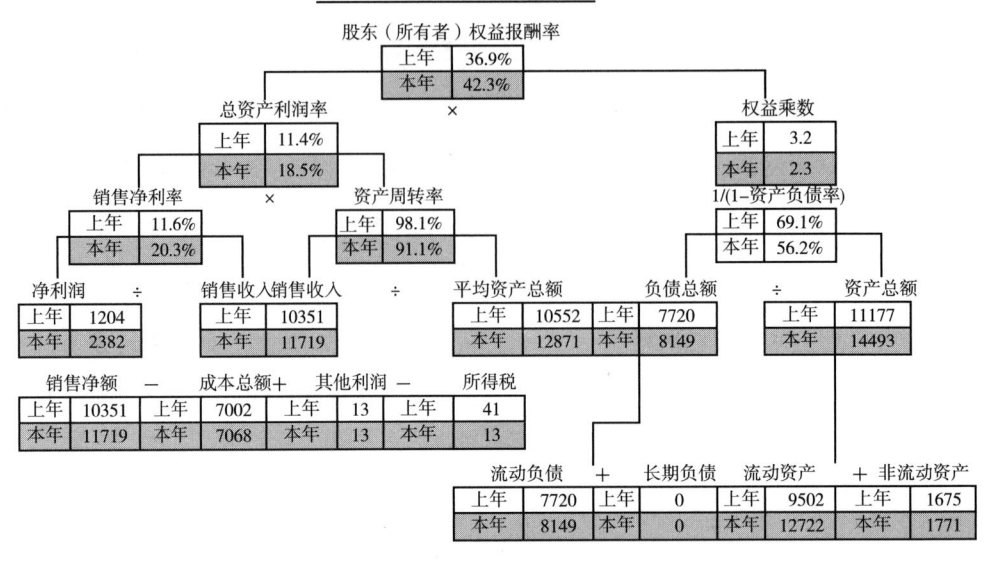

```
                    股东（所有者）权益报酬率
                         上年  36.9%
                         本年  42.3%
                              ×
      总资产利润率                                  权益乘数
      上年  11.4%                                  上年  3.2
      本年  18.5%                                  本年  2.3
           ×                                  1/(1−资产负债率)
销售净利率        资产周转率                           上年  69.1%
上年  11.6%      上年  98.1%                         本年  56.2%
本年  20.3%      本年  91.1%
   ÷                ÷                      负债总额        ÷     资产总额
净利润        销售收入 销售收入         平均资产总额       上年  7720        上年  11177
上年  1204    上年  10351               上年  10552      本年  8149        本年  14493
本年  2382    本年  11719               本年  12871
销售净额 − 成本总额 + 其他利润 − 所得税
上年 10351  上年 7002  上年 13  上年 41
本年 11719  本年 7068  本年 13  本年 13
                              流动负债 + 长期负债    流动资产 + 非流动资产
                              上年 7720  上年 0      上年 9502   上年 1675
                              本年 8149  本年 0      本年 12722  本年 1771
```

投资回报率	模式
= 利润 / 权益 =（利润 / 收入）×（收入 / 资产总额） ×（资产总额 / 权益） = 销售利润率 × 总资产周转率 × 财务杠杆	
=30%×0.5×2=30%	（一）
=5%×3×2=30%	（二）
=5%×1×6=30%	（三）

通过上述分解可以看出，投资回报率主要由三个指标决定，这三个指标就像三匹马，企业的战略不同，每匹马的作用也就不同，从而会形成不同的经营模式。

模式（一），属于低成本战略，也可以是差异化战略，产品销售价格高，成本不变。

模式（二），是轻资产战略，提高第二个指标，尽量降低资产总额，从而提高总资产周转率。企业可以考虑从重资产模式转变为轻资产模式，比如把自购设备、自建厂房改为租用。

模式（三），是类金融战略，财务杠杆高达6倍，比较常见的是从供应商处进行融资，这就是大型超市、某些家电卖场的经营模式。

该公式还可以进一步分解，销售利润率由毛利率和一元收入费用负担率决定，总资产周转率由应收账款周转率、存货周转率、固定资产周转率等指标决定，总资产周转率由总经理负责，应收账款周转率由销售总监负责，影响存货周转率的因素比较多，销售部门、采购部门、生产部门等都对存货的周转承担相应的责任：销售部门对销售数量预测的准确性差，会导致成品堆积；生产部门的生产周期过长，就会导致存货在生产线上的存量比较大；采购部门为了不承担缺货责任，会倾向于提高采购量，因而造成购进材料过量。而财务杠杆和企业的现金管控水平有关系。对这些指标进行分解之后，要找到每个指标的具体负责人员，进行跟踪、考核。

1.2.2 财务指标选择的原则

在企业实际工作中如何选择财务指标？一般来说，选择的原则如下。

第一个原则，简单原则。提供给管理层的指标不需太多，包含财务指标和非财务指标在内，最好不超过 10 个。

第二个原则，操作性要强。如果老板要一个指标，财务人员都要算好几天，那操作性就较差，需要健全账务系统，或者寻找替代指标。

第三个原则，业务部门要听得懂。如果业务部门的人员不具备基本的财务知识，财务人员要将财务指标转化为业务部门能够理解的指标，比如，销售部门不知道应收账款周转率，但是他们知道账期，就可使用账期这个指标作为替代。大部分仓管不知道存货周转率，就可以转换为 30 天以内、30~60 天、60~90 天、90 天以上的存货占比等。酒店的前台人员，一般不理解固定资产周转率，就可以转换为入住率。转换前后的指标本质含义一样，对管理的指导作用也是等效的。

1.2.3 搭建经营管理驾驶舱

管理驾驶舱的指标，可以图表的形式呈现给管理层，清晰、一目了然。

除了展示指标当期值外，一般要在同一张图中展示历史对比数据、目标数据等。下面列示了几个指标的展示方式。

258　第五篇　管控系统

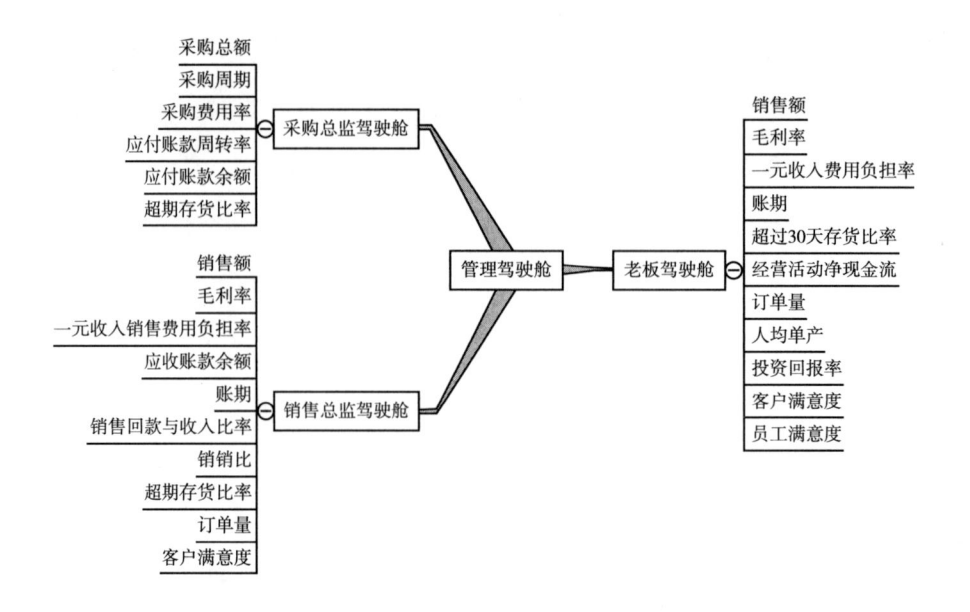

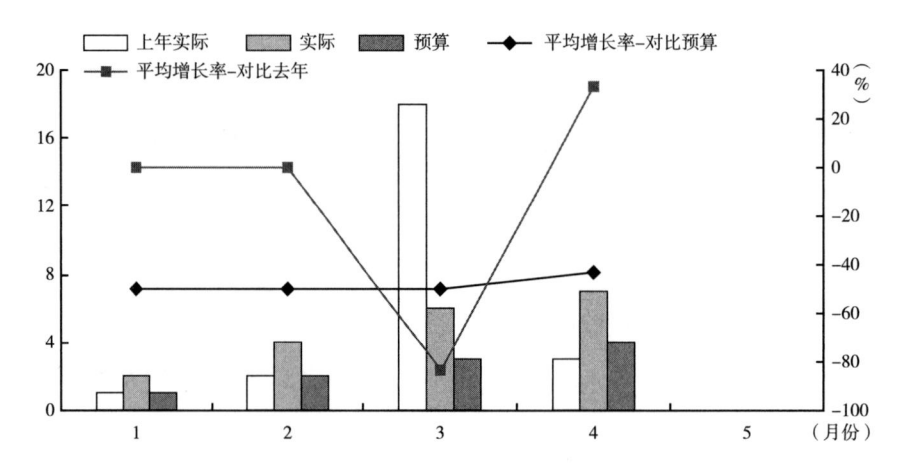

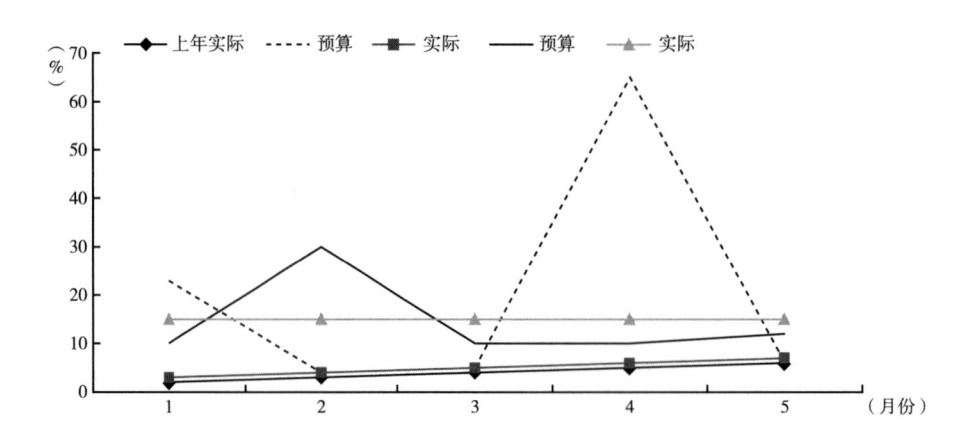

盈利能力指标	营运能力指标	发展能力指标	偿债能力指标
·收入 ·成本 ·期间费用 ·毛利润率 ·成本费用利润率 ·息税摊销折旧前利润率 ·息税前利润率 ·税前利润率 ·净利润率 ·总资产报酬率 ·净资产收益率 ·销售现金收益率 ·净资产现金收益率	·应收账款周转率/天数 ·存货周转率/天数 ·应付账款周转率/天数 ·营运资金周转率/天数 ·固定资产周转率/天数 ·总资产周转率/天数	·营业收入增长率 ·毛利润增长率 ·净利润增长率 ·再投资现金比率 ·固定资产成新率 ·总资产增长率 ·净资产增长率	·流动比率/速动比率 ·现金流动负债比率 ·资产负债率 ·产权比率 ·已获利息倍数 ·经营现金流量偿付短期债务比率 ·经营现金流量偿付总债务比率 ·长期资产适合率

【工具】财务指标计算公式

指标分类	财务指标	计算公式	指标点评及应用
盈利能力指标	毛利润率	毛利润率＝主营业务利润÷主营业务收入×100%	毛利润率水平的高低主要是由行业性质决定的，与企业的经营管理、资本运作基本无关系，所以说"男怕入错行，女怕嫁错郎" 案例：卖面粉的毛利率永远干不过卖白酒的毛利率
	成本费用利润率	成本费用利润率＝净利润÷企业总成本费用×100%	形象地揭示企业每花出去100元，能挣回来多少钱
	息税摊销折旧前利润率	息税摊销折旧前利润率＝（税前利润＋利息＋摊销＋折旧）÷主营业务收入×100%	这个指标主要是针对那些有着大量固定资产投入的企业所设置的，重资产型企业必备 比如电信行业，这个是最重要的盈利指标，由于有着前期大量的电信设施投入，每年的折旧费用巨大，常规的净利润率等盈利指标基本处于钝化状态，失去指导意义
	息税前利润率	息税前利润率＝（税前利润＋利息）÷主营业务收入×100%	这个指标主要是针对那些有着大量银行贷款和利息负担的企业所设置的，高资产负债率型企业必备
	税前利润率	税前利润率＝税前利润÷主营业务收入×100%	税前利润率与（税后）净利润率的比较，可以看出企业的实际税负水平
	净利润率	净利润率＝净利润÷主营业务收入×100%	净利润率才是真正对应着企业股东赚到的钱

续表

指标分类	财务指标	计算公式	指标点评及应用
盈利能力指标	总资产报酬率	总资产报酬率＝净利润÷平均总资产×100%	总资产是股东的投入加上债权人的投入，总资产报酬率就是对应着总资产的投入产出比
	净资产收益率	净资产收益率＝净利润÷平均净资产×100%	净资产就是股东的投入，净资产收益率就是股东在这个企业最终能得到的投入产出比 由于财务杠杆的存在，一个总资产报酬率仅为7%的项目，如果采用7成投入为银行贷款，则净资产报酬率完全可以做到11%
	销售现金收益率	经营活动现金净流量/主营业务收入	
	净资产现金收益率	经营活动现金净流量/净资产平均余额	
营运能力指标	应收账款周转率	应收账款周转率（次）＝营业收入净额÷平均应收账款	应收账款周转率转得越快，每万元销售收入所需占用的流动资金就越少，同一笔资金在一年内可以完成更多的交易次数
	应收账款周转天数	应收账款周转天数（平均应收账款回收期）＝360÷应收账款周转率	本质上就是企业给客户的收款信用期
	存货周转率	存货周转率（次）＝营业成本÷平均存货	存货周转率转得越快，每万元销售成本所需占用的流动资金就越少，同一笔资金在一年内可以完成更多的交易次数
	存货周转天数	存货周转天数＝360÷存货周转率	本质上就是供应商给企业的付款信用期
	应付账款周转率	应付账款周转率（次）＝主营业务成本净额/平均应付账款余额×100%.	应收账款周转率转得越快，每万元销售收入所需占用的流动资金就越少，同一笔资金在一年内可以完成更多的交易次数
	应付账款周转天数	应收账款周转天数（平均应收账款回收期）＝360÷应付账款周转率	本质上就是供应商给企业的付款信用期
	营运资金周转率	营运资金周转率＝360÷营运资金周转天数	
	营运资金周转天数	营运资金周转天数＝应收账款周转天数＋存货周转天数－应付账款周转天数	企业新陈代谢的速度快，既消除了资金风险，又提高了赚钱的效率

续表

指标分类	财务指标	计算公式	指标点评及应用
营运能力指标	固定资产周转率	固定资产周转率（次）= 营业收入净额 ÷ 平均固定资产	
	固定资产周转天数	固定资产周转天数 = 360 ÷ 固定资产周转率（次）	
	总资产周转率	总资产周转率（次）= 营业收入净额 / 平均资产总额	
	总资产周转天数	总资产周转天数 = 360 ÷ 总资产周转率（次）	
发展能力指标	营业收入增长率	营业收入增长率 = 本年营业收入增长额 ÷ 上年营业收入总额 × 100%	
	毛利润增长率	毛利润增长率 = 本年毛利润增长额 ÷ 上年毛利润总额 × 100%	
	净利润增长率	净利润增长率 = 本年净利润增长额 ÷ 上年净利润总额 × 100%	
	再投资现金比率	经营现金净流量 / 资本性支出	
	固定资产成新率	固定资产成新率 =（平均固定资产净值 ÷ 平均固定资产原值）× 100%	
	总资产增长率	总资产增长率 =（本期总资产增长额 ÷ 年初资产总额）× 100%	
	净资产增长率	净资产增长率 =（本期净资产增长额 ÷ 年初净资产总额）× 100%	
偿债能力指标	流动比率	流动比率 = 流动资产 ÷ 流动负债	
	速动比率	速动比率 =（流动资产 − 存货 − 其他流动资产）÷ 流动负债	
	现金流动负债比率	现金流动负债比率 = 经营现金净流量 ÷ 流动负债	
	资产负债率	资产负债率（或负债比率）= 负债总额 ÷ 资产总额	
	产权比率	产权比率 = 负债总额 ÷ 所有者权益	
	已获利息倍数	已获利息倍数 = 息税前利润 ÷ 利息费用	
	经营现金流量偿付短期债务比率	经营现金净流量 / 流动负债平均余额	

续表

指标分类	财务指标	计算公式	指标点评及应用
偿债能力指标	经营现金流量偿付总债务比率	经营现金净流量／总负债平均余额	
	长期资产适合率	长期资产适合率＝（所有者权益＋长期负债）÷非流动资产	

上述财务指标非常多，多数企业并不需要全部使用，财务总监可根据企业的实际情况，挑选出老板、经营管理层需要掌握的指标，再加上一些经营上的非财务指标，搭建出经营管理驾驶舱。非财务指标包括员工满意度、客户满意度指标，做工程项目的企业，还需要订单量指标。

1.3 财务分析报告

管理报表本身就是分析报表，但是中国的民营企业中，老板、管理层懂财务的人很少，有时很难理解财务指标、管理报表中数字表达的意义。因此，财务人员还需另外给老板及管理层出具一份带有文字描述的财务分析报告。

1.3.1 财务分析报告意义

财务总监加班加点，写出一份图文并茂的财务分析报告，意义何在？

第一，财务专业人员从财务视角对业务做出评价。财务人员从盈利能力、偿债能力、运营能力、发展能力等方面对企业的经营结果进行分析，以满足分析报告的使用者对企业经营情况的信息需求。

第二，寻找业务存在的问题。财务人员通过指标计算、数据对比，掌握经营数据变动的规律与趋势，对异常情况进一步跟踪、分析，找出企业经营管理中存在的问题。

第三，提出解决问题的建议。在提出问题的同时，财务人员应该给出相应的解决方案，如果有多个方案，可把各方案的利弊分别列示，以便管理层决策。

【案例】某外企的财务分析报告

某外企有个售后服务部，由一个老工程师A负责，A业务做得很好，但是英文水平不行，与他外籍上司的沟通存在一定障碍，上司对这个A工程师就不满意，考虑将其换掉。

因为A的工作能力不错，业务做得很好，所以企业其他的人都不同意把A换掉。上司一意孤行，启用工程师B担任售后服务部负责人。B工程师喜欢汇报工作，经常向领导汇报成果。

B工程师做了售后服务部门的负责人之后，就向领导汇报："自我上任之后，我们售后服务的成本下降了。原来服务成本为人均800元/天，我上任之后，服务成本下降为人均500元/天。"上司一看，还是B干得不错。

实际情况是怎样的？B工程师真的节约了售后服务成本吗？原来A工程师对业务很熟悉，知道工程师出去做售后服务需要的天数，比如，执行业务的工程师接到任务，申请出差5天，A知道2天时间就可以完成工作，只会批准2天，飞机往返，机票款1000元，平均为每天500元，住宿费每天300元，因此，工程师每天的服务成本是800元。

为什么B工程师担任售后服务部门负责人后，服务成本会下降呢？道理很简单，执行任务的工程师说要5天才能完成工作，B工程师不懂具体业务，就批准5天，两天干活，三天旅游。在这种情况下，机票还是往返1000元，平均到5天，每天是200元，加上每天的住宿费是300元，这样每天的服务成本一共500元。从表面看来，工程师每天服务成本从800元下降到500元，看似节约了企业的成本。但是，做同样的事情，原来是2天时间，总成本1600元，后来是5天，总成本是2500元。企业实际支付的总成本上升了，而且运营效率也下降了。

1.3.2　财务分析报告方法

撰写财务分析报告，应该对报告的受众和使用者的需求有足够的理解，除此以外，表达的逻辑性以及和业务的结合程度也会极大地影响报告的可读性，具体来说如下。

1.3.3　财务分析报告框架

财务分析报告没有固定的模板，但需要按一定的框架结构出具，做到重点突出，层次分明，内容全面，结构精简。下面以给老板、总经理的财务分析报告为例，说明一下分析报告的框架（详见下页图表）。

```
┌─────────────────┐
│ 一、清楚报告阅读的 │  · 报告的写作应因人而异
│      对象       │  · 准确把握报告的框架结构和分析层次
└────────┬────────┘
         ▽
┌─────────────────┐
│ 二、必须明白、理解 │  · 财务分析人员要尽可能地多与企业高管沟通
│    使用者需求    │  · 理解他们"真正需要的关键点"
└────────┬────────┘
         ▽
┌─────────────────┐    · "管理层提示""财务总监评述"主要是针对本期报告在新增内容或
│ 三、要有一个清晰  │      须加以重大关注的问题事先做出说明
│      的框架     │    · 旨在展示企业高管重视的"核心内容"
│                │    · 具体内容同顺序按月、年报格式上做策略性调整
└────────┬────────┘    · 目的是针对"最重要的内容"做出解释
         ▽
┌─────────────────┐    · 深刻领会财务数据背后的业务背景——每一个财务数据背后都有非常生动的
│ 四、要与公司经营业务│      增减费用的发生、负债的偿还等
│    紧密结合     │    · 财务分析要始终"抓重点业务问题、关注主要问题"
└────────┬────────┘
         ▽
┌─────────────────┐    · 对企业政策尤其是近期大的方针政策有准确的把握
│五、提出合理的解决方案,│  · 在"吃透企业现状"的前提下,分析中还应尽可能地立足当前,瞄准未来
│    切忌轻易下结论! │  · 为管理层提供有价值的改进建议
└─────────────────┘
```

编号	内容	明细
一	年度主要业绩指标	与其他的年终总结报告一样,先把结果告诉报告使用者,让报告使用者知道结果是好是坏 把主要业绩指标的实际执行结果与目标值进行对比,哪些指标实现了,哪些指标没有实现,这些指标就是老板驾驶舱里所选取的指标
二	管理评述	用最精练的一段话,总结企业的运营情况,要求财务分析人员用自己的话来描述企业一年来的经营情况,比如,"企业本年度达成了经营目标"
三	市场表现	· 企业市场份额、占有率,变化的主要驱动因素 · 市场:总体、销售区域变化 · 客户:客户分布、特点、消费特征、趋势 · 竞争对手:销售策略、产品服务策略、营销等
四	战略目标执行情况	· 研发:新产品开发、研发投入、对业绩的影响 · 产品质量:产品质量评估、准时交货率,生产周期 · 人力资源:人员、培训、 · 企业组织结构变化、新增分支机构
五	主要业绩分析和解释	综合采用数据,图表及文字说明

续表

编号	内容	明细
	－订单完成情况	新增订单，订单收入转化率，订单数量及单价变化，对比业务单元和销售区域的分析
	－损益	利润变化的原因（收入／成本结构……），盈利结构的变化，损益变动趋势；本期主要影响事项的持续性
	－运营成本费用及效率	本期运营费用数额及效率；成本费用的结构变化，驱动因素及对企业竞争力的影响和风险应对能力
	－营运资金	应收账款回收天数（DSO）；应付账款付款天数（DPO）；存货周转天数（DIH）
	－投资目标达成情况	新投资分布及运行；投资财务收益点评
六	前景展望	预算及预测

【模板】企业财务分析制度

1. 目的

为全面反映企业经济活动情况，及时提供经济运行活动中的重要信息，增强内部管理的时效性、针对性及对未来发展趋势的预见性，全面提高企业经济效益，特制定本管理制度。

2. 适用范围

本制度规定了企业财务分析的评价指标、分析内容、分析方法和程序，适用于本企业及下属各业务部门。

3. 管理规定

3.1 财务分析时间

每月在报出财务报表之后5日内做出财务分析。

3.2 财务分析方法

采用比较分析法、因素分析法。

3.3 财务分析的要求

财务分析必须对分析当期的财务状况、经营情况、资金运用情况等进行评价。因而，要求各单位在作财务分析前必须对不属于当期的而计入当期的、属于当期的而未计入当期的损益、非常规的账务调整等一些非常情况进行分析说明，计算累计影响数并予以剔除，然后再对当期的真实情况进行分析、评价。

3.3.1 利润分析

· 分析本期利润完成及构成情况，没有利润的说明亏损原因。

· 测算盈亏临界点销售额测算，进行

保本经营分析。

3.3.2 销售分析

· 分析当期销售商品的收入构成，能够说明畅销品种及滞销品种，为企业的产品结构的改善提供依据。

· 分析半年或全年销售情况，根据本期签订订单、合同、已签订合同成交的概率，预测企业全年或下期产品销售指标可完成程度，并说明预测依据。

3.3.3 成本、费用分析

· 分析产品的成本构成，阐明本期生产成本的结构特点及异常情况，内部考核指标完成情况，并能够提出降低成本的合理化建议。

· 管理费用与销售费用的增减变化情况，并与本期计划数及上期实际数进行对比，分析变化的原因，分析内部考核指标完成情况，对业务招待费、佣金单列分析。

3.3.4 存货分析

· 通过产值核算，即现有成品按售价计算，分析成品周转天数，分析库存量是否合理、是否能够满足销售的需要、是否有不合理库存积压；分析库存的结构，看储备是否合理、是否需要进行结构调整。

· 分析原辅料储备对后续生产保障的情况，并对在产品存在的异常成本做出说明。

3.3.5 偿债分析

· 根据负债比率、流动比率及速动比率分析企业的偿债能力及经营风险的大小。

3.3.6 营运能力分析

· 对应收账款进行账龄分析，计算应收账款周转率，揭示企业目前应收账款的现状。对于大额欠款客户要进行详细说明，同时对企业重点客户进行信用评价。

· 通过对存货周转率、主营业务利润率、成本费用利润率等财务指标的计算，评价各企业目前的整体经营状况，指出存在的问题，提出解决的可行性建议。

3.3.7 现金流量分析

· 按当期口径测算现金流量，即扣除上期影响及转入下期因素测算当期现金收入及各项支出，测算现金净流量，据此分析企业投入现金总量可能出现的增减变化。

· 预计下期收入、支出及下期现金收支总体趋势，下期经营需要资金概算。

3.4 财务分析报告的内容与格式

3.4.1 生产经营状况分析

· 从产量、产值、质量及销售等方面对企业本期的生产经营活动作一简单评价，并与上年同期水平作一对比说明。

3.4.2 成本费用分析

· 原材料消耗与上期对比增减变化情

况，对变化原因做出分析说明。

- 管理费用与销售费用的增减变化情况（与上期对比）并分析变化的原因，对业务费、销售佣金单列分析。

- 以本期各产品产量大小为依据确定本企业主要产品，分析其销售毛利，并根据具体情况分析降低产品单位成本的可行途径。

3.4.3 利润分析

- 分析主要业务利润占利润总额的比例（主要业务利润按工业、贸易和其他行业分为产品销售利润、商品销售利润和营业利润）。

- 对各项投资收益、汇总损益及其他营业收入做出说明。

- 分析利润构成情况及其原因。

3.4.4 资金的筹集与运用状况分析

- 存货分析

  - 根据产品销售率分析本企业产销平衡情况。

  - 分析存货积压的形成原因及库存产品完好程度。

  - 本期处理库存积压产品的分析，包括处理的数量、金额及导致的损失。

  - 应收账款分析

  - 分析金额较大的应收账款形成原因及处理情况，包括催收或诉讼的进度情况。

  - 本期未取得货款的收入占总销售收入的比例，如比例较大的应说明原因。

  - 应收账款中非应收货款部分的数量，包括预付货款、定金及借给外单位的款项等。对借给外单位和其他用途而非应收账款科目的款项应单独列出并做出说明。

3.4.5 负债分析

- 根据负债比率、流动比率及速动比率分析企业的偿债能力及财务风险的大小。

- 分析本期增加的借款的去向。

- 季度分析和年度分析应根据各项借款的利息率与资金利润率的对比，分析各项借款的经济性，以作为调整借款渠道和计划的依据之一。

3.4.6 其他事项分析

- 对发生重大变化的有关资产和负债项目做出分析说明（如长期投资等）。

- 对其他影响企业效益和财务状况较大的项目和重大事件做出分析说明。

3.4.7 提出措施与建议

通过分析对所存在的问题，应提出解决措施和途径，包括：

- 根据分析结合具体情况，对企业生产、经营提出合理化建议；

- 对现行财务管理制度提出建议；

- 总结前期工作中的成功经验；

- 季度、年度分析应对应收账款进行账龄分析，予以分类说明。

各项财务指标说明如下：

- 应收账款周转天数 =（应收账款平均占用额 ×30）÷ 本月销售收入（或营业收入）；

- 流动资金周转天数 =（全部流动资金平均占用额 ×30）÷ 本月销售收入（或营业收入）；

- 存货周转天数 =（存货平均占用额 ×30）÷ 本月销售收入（或营业收入）；

- 销售利润率 = 销售利润（或营业利润）÷ 本月销售收入（或营业收入）× 100%；

- 产品销售率 = 本月产品销售收入 ÷（Σ 各产品产量 × 销售单价）× 100%；

- 负债比率 = 负债总额 ÷ 资产总额 × 100%；

- 投资收益率 = 税后利润 ÷ 实收资本（或上级拨入资金）×100%。以上各项指标的平均占用额是指该指标的月初数与月末数的平均数。年度财务分析则将上述公式中的30改为360，销售收入以全年累计数计算，各项指标的平均占用额则指该指标的年初数与年末数的平均数。

3.5 财务分析报告签名与提交

- 财务分析报告应有企业负责人和填表人签名，并在第一页表上的右上盖上单位公章。如栏目或纸张不够，请另加附页，但要保持整齐、美观。

- 各单位财务分析报告应在每月10日前报财务部门，一式两份。

【模板】财务报告及管理报表编制制度

1. 目的

为了规范企业财务会计报告，保证财务会计报告的真实、完整，切实发挥财务报告在企业管理中的作用，为企业对下属产业经营考核提供考核依据，根据《企业会计准则》，结合本企业管理需要，特制定本制度。

2. 适用范围

适用于企业本部及所属分公司。

3. 对外报告管理规定

3.1 财务会计报告的构成

财务会计报告分为快报，年度、半年度财务会计报告，季度和月度财务会计报告。

3.1.1 快报

快报是企业每月在正式编制会计报表前，所提供的主要财务指标完成情况报告。通过快报可以及时地了解企业本月生产经营的完成情况，正确地采取有效措施，解决生产经营的问题。

（1）集团所属企业每月1日上午（节假日不顺延）必须将快报以电传和电子信箱形式上报集团企业财务部门。不得迟报、漏报、谎报、瞒报，报表内的指标不得缺项，各项数据要真实、准确，与正式报表不得有较大误差。

（2）集团企业汇总快报，必须每月4日前报出，要保证各项数据的完整性、合理性。同时，要对快报进行简单的分析，以便向领导和有关部门提供合理的决策依据。

3.1.2　年度、半年度财务会计报告

（1）年度、半年度财务会计报告应当包括会计报表、会计报表附注、财务情况说明书。

（2）会计报表应当包括资产负债表、利润表、现金流量表、所有者权益变动表及相关附表以及集团企业为管理需要增加的有关报表。

3.1.3　季度、月度财务会计报告

季度、月度财务会计报告通常仅指会计报表，会计报表至少应当包括资产负债表和利润表。国家统一的会计制度规定季度、月度财务会计报告需要编制会计报表附注的，从其规定。

3.2　各项报表的编写要求

年度、半年度财务会计报告至少应当反映2个年度或者相关2个期间的比较数据。

3.2.1　资产负债表

资产负债表是反映企业在某一特定日期财务状况的报表。资产负债表应当按照资产、负债和所有者权益（或者股东权益，下同）分类分项列示。其中，资产、负债和所有者权益的定义及列示应当遵循下列规定：

（1）资产，是指过去的交易、事项形成并由企业拥有或者控制的资源，该资源预期会给企业带来经济利益。在资产负债表上，资产应当按照其流动性分类分项列示，包括流动资产和非流动资产。非银行金融机构的各项资产有特殊性的，按照其性质分类分项列示。

（2）负债，是指过去的交易、事项形成的现时义务，履行该义务预期会导致经济利益流出企业。在资产负债表上，负债应当按照其流动性分类分项列示，包括流动负债和非流动负债等。非银行金融机构的各项负债有特殊性的，按照其性质分类分项列示。

（3）所有者权益，是指所有者在企业资产中享有的经济利益，其金额为资产减去负债后的余额。在资产负债表上，所有者权益应当按照实收资本（或者股本）、资本公积、盈余公积、未分配利润等项目分项列示。

3.2.2 利润表

利润表是反映企业在一定会计期间经营成果的报表。利润表应当按照各项收入、费用以及构成利润的各个项目分类分项列示。其中，收入、费用和利润的定义及列示应当遵循下列规定。

（1）收入，是指企业在销售商品、提供劳务及让渡资产使用权等日常活动中所形成的经济利益的总流入。收入不包括为第三方或者客户代收的款项。在利润表上，收入应当按照其重要性分项列示。

（2）费用，是指企业为销售商品、提供劳务等日常活动所发生的经济利益的流出。在利润表上，费用应当按照其性质分项列示。

（3）利润，是指企业在一定会计期间的经营成果。在利润表上，利润应当按照营业利润、利润总额和净利润等利润的构成分类分项列示。

3.2.3 现金流量表

现金流量表是反映企业一定会计期间现金和现金等价物（以下简称现金流入和流出的报表）。现金流量表应当按照经营活动、投资活动和筹资活动的现金流量分类分项列示。其中，经营活动、投资活动和筹资活动的定义及列示应当遵循下列规定。

（1）经营活动，是指企业投资活动和筹资活动以外的所有交易和事项。在现金流量表上，经营活动的现金流量应当按照其经营活动的现金流入和流出的性质分项列示；非银行金融机构的经营活动按照其经营活动特点分项列示。

（2）投资活动，是指企业长期资产的购建和不包括在现金等价物范围内的投资及其处置活动。在现金流量表上，投资活动的现金流量应当按照其投资活动的现金流入和流出的性质分项列示。

（3）筹资活动，是指导致企业资本及债务规模和构成发生变化的活动。在现金流量表上，筹资活动的现金流量应当按照其筹资活动的现金流入和流出的性质分项列示。

3.2.4 会计报表附注

会计报表附注是为便于会计报表使用者理解会计报表的内容而对会计报表的编制基础、编制依据、编制原则和方法及主要项目等所做的解释。会计报表附注至少应当包括下列内容：

（1）不符合基本会计假设的说明；

（2）重要会计政策和会计估计及其变更情况、变更原因及其对财务状况和经营成果的影响；

（3）或有事项和资产负债表日后事项的说明；

（4）关联方关系及其交易的说明；

（5）重要资产转让及其出售情况；

（6）企业合并、分立；

（7）重大投资、融资活动；

（8）会计报表中重要项目的明细资料；

（9）有助于理解和分析会计报表需要说明的其他事项。

3.2.5 财务情况说明书

财务情况说明书至少应当对下列情况做出说明：

（1）企业生产经营的基本情况；

（2）利润实现和分配情况；

（3）资金增减和周转情况；

（4）对企业财务状况、经营成果和现金流量有重大影响的其他事项。

3.3 财务会计报告的编制

3.3.1 编制时间

企业应当于年度终了编报年度财务会计报告。国家统一的会计制度规定企业应当编报半年度、季度和月度财务会计报告的，从其规定。

3.3.2 编制的基本原则

（1）企业编制财务会计报告，应当根据真实的交易、事项以及完整、准确的账簿记录等资料，并按照国家统一的会计制度规定的编制基础、编制依据、编制原则和方法。企业不得违反《企业会计制度》和国家统一的会计制度规定，随意改变财务会计报告的编制基础、编制依据、编制原则和方法。

（2）任何组织或者个人不得授意、指使、强令企业违反《企业会计制度》和国家统一的会计制度规定，改变财务会计报告的编制基础、编制依据、编制原则和方法。

（3）企业应当依照《企业会计制度》和国家统一的会计制度规定，对会计报表中各项会计要素进行合理的确认和计量，不得随意改变会计要素的确认和计量标准。

（4）企业应当依照有关法律、行政法规和《企业会计制度》规定的结账日进行结账，不得提前或者延迟。年度结账日为公历年度每年的12月31日；半年度、季度、月度结账日分别为公历年度每半年、每季、每月的最后一天。

3.3.3 编制前的准备工作

（1）全面清查资产、核实债务。企业在编制年度财务会计报告前，应当按照下列规定，全面清查资产、核实债务：

— 往来款项，包括应收款项、应付款项、应交税费等是否存在，与债务、债权单位的相应债务、债权金额是否一致；

— 在产品、自制半成品、库存商品等各项存货的实存数量与账面数量是否一致，是否有报废损失和积压物资等；

— 投资是否存在，投资收益是否按照国家统一的会计制度规定进行确认和计量；

— 建筑物、机器设备、运输工具等各项固定资产的实存数量与账面数量是否一致；

— 工程的实际发生额与账面记录是否一致；

— 清查、核实的其他内容。

企业通过前款规定的清查、核实，查明财产物资的实存数量与账面数量是否一致、各项结算款项的拖欠情况及其原因、材料物资的实际储备情况、各项投资是否达到预期目的、固定资产的使用情况及其完好程度等。企业清查、核实后，应当将清查、核实的结果及其处理办法向企业的董事会或者相应机构报告，并根据国家统一的会计制度的规定进行相应的会计处理。企业应当在年度中间根据具体情况，对各项财产物资和结算款项进行重点抽查、轮流清查或者定期清查。

（2）在编制财务会计报告前，除应当全面清查资产、核实债务外，还应当完成下列工作：

— 核对各会计账簿记录与会计凭证的内容、金额等是否一致，记账方向是否相符；

— 依照《企业会计制度》规定的结账日进行结账，结出有关会计账簿的余额和发生额，并核对各会计账簿之间的余额；

— 检查相关的会计核算是否按照国家统一的会计制度的规定进行；

— 对于国家统一的会计制度没有规定统一核算方法的交易、事项，检查其是否按照会计核算的一般原则进行确认和计量以及相关账务处理是否合理；

— 检查是否存在因会计差错、会计政策变更等原因需要调整前期或者本期相关项目。在前款规定工作中发现问题的，应当按照国家统一的会计制度的规定进行处理。

3.3.4 会计报告的编写

（1）编制年度和半年度财务会计报告

时，对经查实后的资产、负债有变动的，应当按照资产、负债的确认和计量标准进行确认和计量，并按照国家统一的会计制度的规定进行相应的会计处理。

（2）应当按照国家统一的会计制度规定的会计报表格式和内容，根据登记完整、核对无误的会计账簿记录和其他有关资料编制会计报表，做到内容完整、数字真实、计算准确，不得漏报或者任意取舍。

（3）会计报表之间、会计报表各项目之间，凡有对应关系的数字，应当相互一致；会计报表中本期与上期的有关数字应当相互衔接。

（4）会计报表附注和财务情况说明书应当按照本制度和国家统一的会计制度的规定，对会计报表中需要说明的事项做出真实、完整、清楚地说明。

（5）企业发生合并、分立情形的，应当按照国家统一的会计制度的规定编制相应的财务会计报告。

（6）企业终止营业的，应当在终止营业时按照编制年度财务会计报告的要求全面清查资产、核实债务、进行结账，并编制财务会计报告；在清算期间，应当按照国家统一的会计制度的规定编制清算期间的财务会计报告。

3.4 财务报告报送时间及使用制度

3.4.1 上述报告报企业财务部门三份，本部门经理一份，本部门其他人使用报告由本部门经理提供或经本部门经理同意后分管财务主管提供，月报次月6日前报企业财务部门及本部门经理，半年报于次月10日前报企业财务部门及本部经理，年报于次月15日前报企业财务部门及本部门经理，以上报告报送时间遇节假日前推1天。

3.4.2 报送总裁、董事会报告由企业财务部门审核编报。

3.4.3 对外报告本着简化、适用、前后期口径统一、合法原则报出，财务分析仅供内部管理使用，不得对外提供。

3.4.4 违规责任

（1）报告编报人对报告质量负责，报告有重大差错、遗漏，给予报告编制人xx元以下xx元以上罚款。

（2）无异常原因，报告编报人未按规定时间报送报告，给予报告编制人xx元以下xx元以上罚款。

（3）报告编报人未按规定向规定人以外人员提供报告，违反保密制度，给予报告提供人xx元以下xx元以上罚款。对企业造成不良影响及损失的给予行政处罚，性质严重的移交司法机关处理。

4. 对内报告的管理规定

4.1 对内报告的构成

对内报告包括管理报表、财务分析报告及各级管理驾驶舱数据表格三部分。管理报表包括但不限于简化资产负债表、利润表、现金流量表、收入成本类报表、往来类报表、资金类报表、成本费用类报表。

4.2 对内报告格式

对内报告设计完成后，经一段时间使用进行完善、美化后固定。以制度附件形式公布。

1.4 投资分析报告

投资分析报告是对企业重大投资行为所做的报告，例如重大固定资产投资、股权投资等。与财务分析报告的"秋后算账"不同，投资分析报告是在项目实际执行之前所做的分析，旨在预演项目执行情况，预测项目执行后的利弊得失，为项目投资的可行性研究提供参考。

1.4.1 固定资产投资分析报告

在购买固定资产之前，财务人员应该测算总投资成本，并分析投资回报率及投资回收期，供管理层决策。

企业购入固定资产的目的，可能是为了增加收益，也可能是为了降低成本。为了达到同样的目的，企业还可以租用固定资产，租用会产生租金支出。在进行固定资产采购分析时，可以把租用资产作为一项替代方案，比较两种方案的整体投资收益情况，择优决策。

【案例】固定资产投资回报分析

固定资产投资回报分析基本模型

	第1年	第2年	第3年	第4年	第5~7年/每年	第8年	第9年	第10年
现金流入								
毛利增加	1000	1000	1000	1000	1000	1000	1000	1000
成本节约	50	50	50	50	50	50	50	50
现金流入小计	1050	1050	1050	1050	1050	1050	1050	1050

续表

	第1年	第2年	第3年	第4年	第5~7年/每年	第8年	第9年	第10年
现金流出								
初始投资	2500							2500
固定资产更新改造				375		375		
日常维修维护费用	75	75	75	75	75	75	75	75
银行利息	164	164	164	164	164	164	164	164
其他付现成本及费用	1	1	1	1	1	1	1	1
现金流出小计	2740	240	240	615	240	615	240	2740
净现金流	−1690	810	810	435	810	435	810	−1690
IRR	38%								
NPV（万元）	¥1311								
投资回收期（年）	2.16								

- 固定资产投入的初始价值，包括设备设施的购买价值和建设成本、建设期利息。

- 归属资本性支出的维护支出，一般按固定资产的原值百分比进行估算。

- 归属损益性支出的维护支出，根据维修计划所需的料、工、费计算。

- 贷款购置资产的利息支出，即便不贷款，也要考虑机会成本，尤其是租还是买资产的决策中，资金占用成本必须考虑。

- 任何付现成本，只要是因为购置固定资产才导致发生的。产品的变动成本不包括在内，那是决策无关成本。

原则上除了初始投资年，其后各年的当期净现金流尽量为正，则投资测算的可靠性更好，风险性更低。

提高固定资产投资回报率的几个思路（示例见下页表）。

1. 合理利用财务杠杆的投入产出比放大效应，在风险可控的前提下提高贷款比例。

2. 条件允许的情况下，灵活安排还款计划。

3. 尽量推迟各项付现支出的发生时间。

初始投资（万元）	%	投资构成
股东投入	50%	2500
银行贷款	50%	2500
总计	100%	5000
银行贷款利息（五年期）	6.55%	

1.4.2 项目投资分析报告

项目投资分析报告是为了对重大项目做可行性研究而做的分析报告，通过对项目多维度、多层次的科学分析，确定项目的可行性，为项目决策提供参考意见，降低投资风险。项目投资分析报告的内容非常详细，涉及面很广，财务分析只是其中的一部分，一般需要借助专业机构来完成。下面给出一个常用的项目投资分析报告框架供参考。

【案例】项目投资分析报告框架

第一章	总论
1.1	项目及其承办单位
1.2	承办单位概况
1.3	可行性研究工作依据
1.4	项目概况
1.5	结论与建议
第二章	项目建设的必要性分析
2.1	项目建设背景
2.2	项目建设必要性
第三章	市场分析与建设规模
3.1	我国现代农产品物流发展现状
3.2	泛珠九省农产品流通现状
3.3	XX 地区农产品流通现状
3.4	XX 市农产品物流需求分析
3.5	建设项目市场预测
第四章	项目选址及建设条件
4.1	项目选址
4.2	项目用地区位分析
4.3	项目用地概况

续表

第五章	工程技术方案
5.1	项目用地功能分区
5.2	各功能区生产技术方案
5.3	总平面布置及工程结构方案
5.4	园区交通组织方案
5.5	公用与辅助工程
第六章	环境保护、劳动安全与卫生
6.1	环境保护
6.2	劳动保护与安全卫生
第七章	节能
7.1	编制依据
7.2	能耗分析
7.3	节能措施
7.4	节水
第八章	组织机构及定员
8.1	管理体制及组织机构
8.2	机构定员
8.3	人员培训

续表

第九章	项目实施计划进度及工程招投标
9.1	建设周期
9.2	项目实施计划进度设想
9.3	工程招标
第十章	投资估算与资金筹措
10.1	投资估算
10.2	资金筹措与使用计划
第十一章	项目财务分析
11.1	编制说明
11.2	财务分析

续表

11.3	不确定分析
第十二章	社会效益分析
12.1	项目对社会影响分析
12.2	项目与所在地互适性分析
第十三章	风险分析与对策
13.1	项目面临的主要风险
13.2	风险程度分析
13.3	风险防范措施
第十四章	结论与建议
14.1	结论
14.2	建议

第 2 章　成本改善系统

中国的企业，往往采用成本领先战略，以低价竞争的方式获取竞争优势。所以，成本改善是企业获得成本优势的重要途径。但是，企业导入成本改善系统必须具备一定的财务管理基础，如果成本没有核算准确，很难进行成本改善。

【模型】成本改善的重要性

项目	正常情况		低价竞争	
	企业 A	企业 B	企业 A	企业 B
收入	10	10	8	8
成本	9	8	9	8
利润	1	2	−1	0

上表中列示了两家企业在不同市场环境下的经营状态。在正常情况下，企业 A 和企业 B 的收入相同，不同的是成本控制，企业 B 要比企业 A 的成本控制得好，因此企业 B 的利润要比企业 A 好。但是，两家企业都可以存活下来，也都有利润。

到了低价竞争情况下，两家企业的收入都下降，成本维持不变，企业 A 出现亏损，不需要多久，现金流也会出现问题，将被市场淘汰。而企业 B 因为成本控制比企业 A 要好，即使在低价竞争环境下，没有利润，还可以在一定时间内维持简单再生产。等企业 A 被淘汰出局后，企业 B 重新获得产品定价权，可以调整产品销售价格，提高收入，重新回到盈利状态。

为什么成本改善是每一家企业都必须要做的事情？因为企业具备了成本优势，才能在市场竞争中存活更久。成本优势不一定能够让企业做得更大更强，但是，一定能够让企业在竞争中存活到最后。

成本是利润的减项，也是获取利润的资源。因此，成本控制的目标，不是不让花钱,而是要有效率地花钱,把钱花在刀刃上,花小钱办大事,花钱的性价比要高,也就是提高成本的效率。企业不能盲目地控制成本,"水至清则无鱼",成本管控需要的是平衡的高手,而不是技术的高手。企业必须在控制成本与效率之间平衡。成本掌握在花钱人的手里,如果花钱的人想花钱,财务人员是控制不住的。企业要想控制成本,必须要让花钱的人有成本意识,只有企业每一个花钱的人,都像花自己的钱那样追求效率,才能降低企业的成本。

【案例】营销成本控制

大连某企业,营销成本过高。因此,老板从2015年开始,想办法控制营销成本。结果营销成本的绝对额降低了,但出乎老板意料的是,不仅营销成本降低了,收入也降低了。对于销售人员来说,老板不让我花钱,那我就不干活。老板最后发现,还不如不控制营销成本,因为营销成本降低,同时收入也降低,而且收入降低的幅度还大于营销成本的降低幅度,企业的费用率反倒上升了。这个老板错在哪里?控制成本不能由老板、企业强加给员工,而是应该让花钱的员工发自内心地去控制成本。强行控制成本不一定能够控制出效果。

成本管控,实质上是管控人的行为。进行作业的人,行为不标准,效率低,导致成本高企。或者员工故意多花钱,甚至收回扣,那一定会导致企业成本高企。

【思考】财务总监面临的考验

一家企业收入3亿~4亿元,但是仍处于亏损状态。经分析,企业成本比同行业高10%到20%,主要原因是企业由老国企转制而来,人力成本比较高,而且业务流程也不完善,效率比较低。分析原因之后,企业决定招聘一名财务总监,专门负责降低成本。老板给财务总监开出的条件是年薪120万元,对财务总监的要求只有一个:有什么思路和方法能够降低企业的成本?

成本改善系统一般由财务部门主导推动,但是,并不是仅依靠财务部门就能够把成本降下去。首先,财务执行记录的职能,具备数据基础;其次,能够明白成本现状、知道成本改善空间在哪里的主要是财务部门。

2.1 成本模型设计

成本模型设计是企业成本改善的基础和起点，企业应该根据本企业的成本分类以及历史成本数据，建立本企业的成本模型。成本分类是建立成本模型的依据，成本分类的目的就是建立不同维度的成本模型。

【案例】成本模型

该成本模型决定了企业内部的成本核算方案，会计核算上必然是成本中心和成本科目交叉的矩阵。

产品成本中心 成本科目	产品1 洗发水 200ml	产品2 洗发水 500ml	产品3 润肤乳 200ml	产品4 润肤乳 1000ml
直接成本				
原材料				
人工成本				
下包成本				
特许权使用费				
质量保证费				
间接成本				
人工成本				
IT支出				
房租				
水电				
折旧费用				
技术摊销				
开办费				
杂项				
管理及销售费用 ……				
研发费用 ……				

2.1.1 按经济用途分类

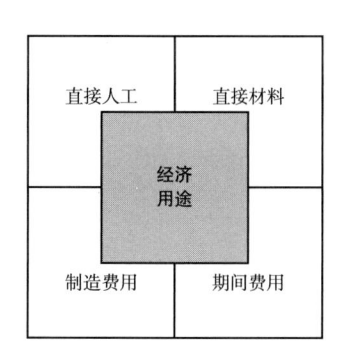

```
        直接人工  │  直接材料
        ─────────┼─────────
              经济用途
        ─────────┼─────────
        制造费用  │  期间费用
```

上图是最常见的分类，也是财务人员进行账务处理时的分类。每一个明细的费用，都是一个成本因素。建立成本模型，就是把每一个项目都列示出来并计算比例，如材料占收入比例、人工占收入比例等。这个模型虽然简单，但可以为企业决策者提供大量信息，可以了解钱花到哪里，在哪些方面可能有改善的空间。

企业在财务核算的过程中，对成本费用进行了更详细的分类（如下图所示）。

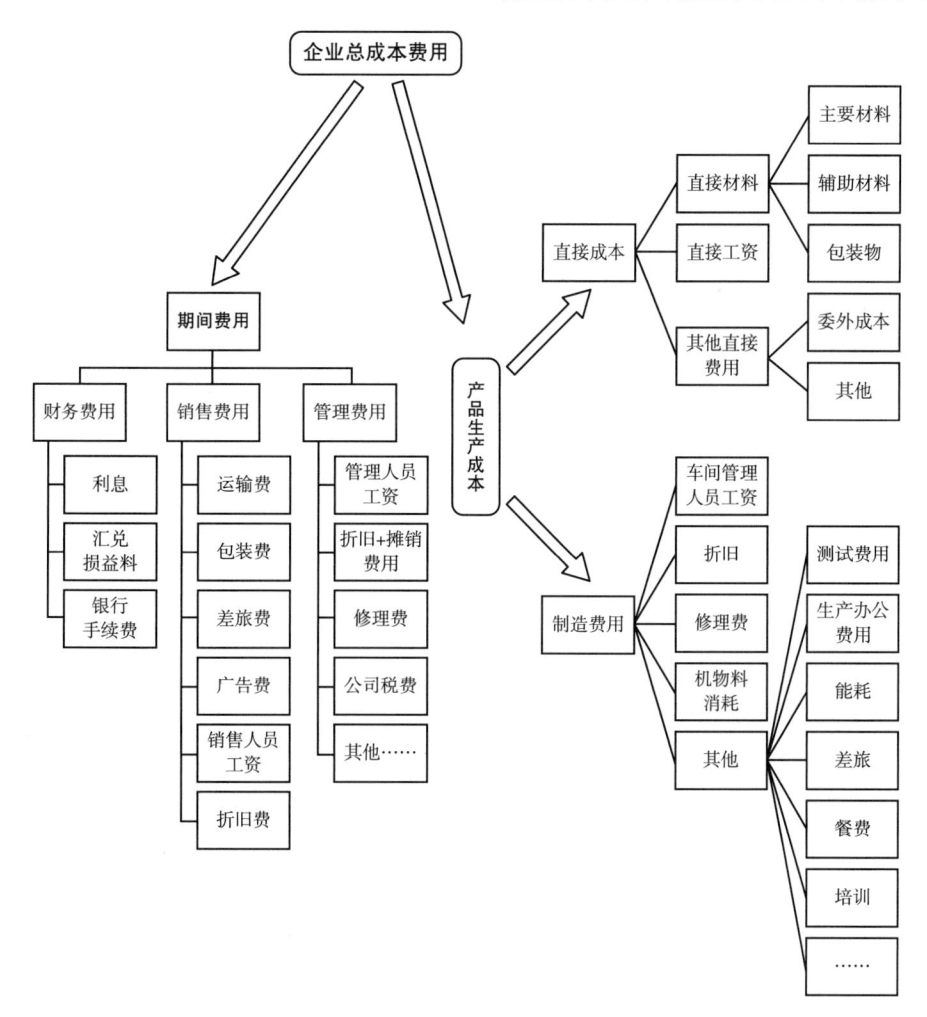

企业总成本费用
├── 期间费用
│   ├── 财务费用
│   │   ├── 利息
│   │   ├── 汇兑损益料
│   │   └── 银行手续费
│   ├── 销售费用
│   │   ├── 运输费
│   │   ├── 包装费
│   │   ├── 差旅费
│   │   ├── 广告费
│   │   ├── 销售人员工资
│   │   └── 折旧费
│   └── 管理费用
│   ├── 管理人员工资
│   ├── 折旧+摊销费用
│   ├── 修理费
│   ├── 公司税费
│   └── 其他……
└── 产品生产成本
    ├── 直接成本
    │   ├── 直接材料
    │   │   ├── 主要材料
    │   │   └── 辅助材料
    │   ├── 直接工资
    │   │   └── 包装物
    │   └── 其他直接费用
    │   ├── 委外成本
    │   └── 其他
    └── 制造费用
        ├── 车间管理人员工资
        ├── 折旧
        ├── 修理费
        ├── 机物料消耗
        └── 其他
            ├── 测试费用
            ├── 生产办公费用
            ├── 能耗
            ├── 差旅
            ├── 餐费
            ├── 培训
            └── ……

2.1.2 按计入对象分类

按照成本计入对象的不同,把成本区分为直接成本和间接成本:

● 直接成本:直接用于产品生产,构成产品实体的原材料、直接从事生产的工人工资及福利费;

● 间接成本:车间管理人员的工资费用和福利费、办公费、保险、水电等。

直接成本可以直接归集到对应的产品上,但是间接成本则需要分摊,所以成本的分摊方法会直接影响产品成本核算的精准度。错误的分摊有可能导致老板做出错误的决策,把实际上对利润有贡献的产品砍掉。分摊成本需要找到导致成本发生的动因,作为分摊标准。有的企业用收入比例去分摊间接成本,这样做简单,但不一定合理,如果收入多,分配的成本肯定也高,却并不是实际情况。企业应该根据自己的生产流程、生产工艺特点,确定各项成本动因,把间接成本合理分摊到产品成本之中。

2.1.3 按与业务量关系分类

按照成本金额与业务量变动的关系,把成本区分为固定成本和变动成本:

● 固定成本:成本总额在一定时期和一定业务量范围内,不受业务量增减变动影响而保持不变的成本;

● 变动成本:成本总额在相关范围内随着业务量的变动而呈线性变动的成本,但单位产品的耗费则保持不变。

固定成本就是企业的经营风险。"量本利"模型里,总成本等于变动成本加上固定成本,在盈亏平衡点,企业的收入和总成本是相等的。盈亏平衡点是企业老板及管理层的最低目标,企业想要赚钱,第一步是不要亏钱。盈亏平衡点越低,企业的盈利门槛就越低。如何降低盈利门槛?一个方法是改变收入线的斜率,也就是提高产品的单位售价,这种方法对于大部分企业来说,不易做到;另一个方法是降低固定成本,固定成本降低,盈亏平衡点就会降低。因此固定成本的高与低,决定盈利门槛的高与低(见下图)。

【工具】成本动因

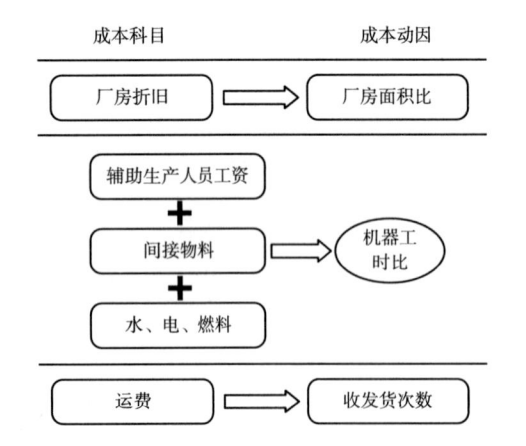

成本科目	成本动因
厂房折旧	厂房面积比
辅助生产人员工资 + 间接物料 + 水、电、燃料	机器工时比
运费	收发货次数

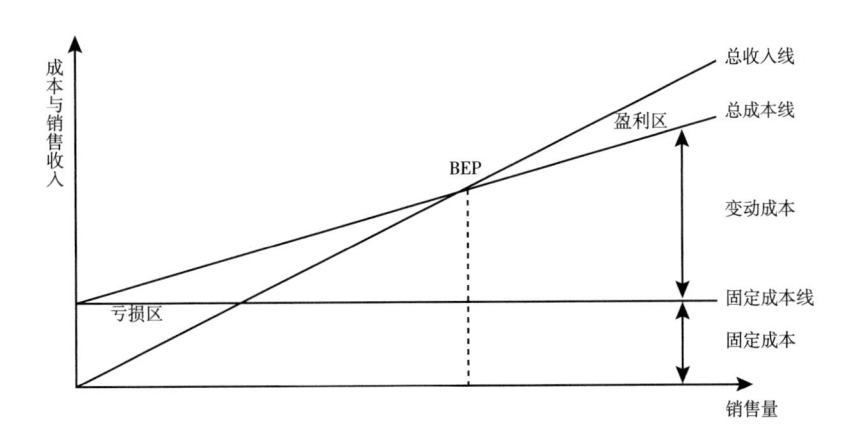

```
                              总收入线
      成                   盈利区   总成本线
      本
      与
      销              BEP          ↕ 变动成本
      售
      收
      入      ─────────────────────── 固定成本线
         亏损区                      ↕ 固定成本
                                          销售量
```

【工具】量本利分析模型

设定	当前预算		
销量	40000 台		
价格（不含增值税税）	3.5 万元		
	总额	单台	%
销售收入	140000	3.5	100%
材料成本	82674	2.07	59.10%
附加值	57326	1.43	40.90%
加工成本－变动性	4440	0.11	3.20%
质量保修费用－变动性	5115	0.13	3.70%
技术使用费－变动性	642	0.02	0.50%
变动性成本／费用小计	10197	0.25	7.30%
加工成本－固定性	7876	0.2	5.60%
固定资产折旧－固定性	10082	0.25	7.20%
技术摊销－固定性	360	0.01	0.30%
产品应用工程费用－固定性	3039	0.08	2.20%
管理费用－固定性	8440	0.21	6.00%
固定性成本／费用小计	29797	0.74	21.30%
成本／费用合计	39994	1	28.60%
息税前利润	17332	0.43	12.40%
利息费用	3003	0.08	2.10%
税前利润	14328	0.36	17.30%
所得税	3582	0.09	6.20%
税后净利润	10746	0.27	7.70%

2.1.4 按性质不同分类

按照成本的不同性质，把成本区分为作业成本和策略成本。

- 作业成本：与产品、制造相关；在保证质量的前提下，作业成本越低越好。

- 策略成本：与人相关，与未来相关；与人相关的成本只能越来越高，不能降低；策略成本不能降低绝对额，只能通过提高效率去降低。

2.2 成本管理流程

成本管理职能是互相联系和互为补充的。成本预测是成本决策的前提，成本决策是成本预测的结果。成本预算是成本决策所确定目标的具体化。成本控制是对成本预算的实施过程进行全面监控，保证决策目标的实现。

进行成本管控背后的逻辑是什么？有了可准确记录的成本模型之后，先制订年度成本计划，设立成本改善的目标，比如 2018 年成本要降低 5%，分解目标到具体的责任人，每个人都要思考并确定降低成本的方案，严格按照计划执行，记录成本的实际发生情况，与控制目标进行对比，找出差异，并对实际结果进行评价；同时对相关责任人进行考核。第二年再重新制订成本改善流程，逐年改善。

大部分民营企业的成本都有 15% 以上的降低空间，每家企业都可以操作成本改善流程。在执行过程中，每家企业应设立成本改善领导小组，由董事长或者总经理担任组长，财务总监担任小组执行秘书长，也是具体的操作人员，各个部门都需要派出人员，担任成本改善领导小组的副组长。

【案例】成本管理控制制度

1. 目的

为了加强企业成本费用的内部控制、降低成本费用、防范成本费用中的差错与舞弊，根据财政部《内部会计控制规范》等法律、法规，结合本企业成本费用支出的特点和管理需要制定本制度。

2.适用范围

适用于本企业成本费用包括采购成本、制造成本和期间费用的计划、执行、控制、核算、报告、考核等内容。

3.岗位分工与授权批准

3.1 企业建立成本费用岗位责任制，明确规定相关部门和岗位的职责与权限，确保办理成本费用业务的不兼容岗位相互分离、制约和监督。

3.2 企业成本费用业务严格规范和执行如下程序：

（1）计划编制与审批；

（2）支出审批与执行；

（3）控制、核算与考核。

3.3 企业成本费用岗位的基本分工如下：

（1）采购部门负责编制、执行采购成本计划；

（2）各生产部门负责编制、执行管理、制造费用计划；

（3）销售部门负责编制、执行营业费用计划；

（4）各管理部室负责编制、执行管理费用计划；

（5）财务部门负责编制、执行财务费用计划；

（6）生产部门负责审核、控制产品制造成本计划；

（7）预算管理部门负责审核各项成本核算费用计划、控制成本费用的发生、考核各项成本费用的完成；

（8）财务部门负责成本费用的核算与报告；

（9）审计部门负责定期审计检查成本费用的合规性、合理性和会计记录的正确性与及时性；

（10）企业总裁及分管副总负责有关成本费用的审批。

3.4 成本费用的发生和付款要严格按照企业授权文件的规定，各级审批人要在授权范围内行使职权，不得超越审批权限。

4.管理规定

4.1 成本费用控制的基本模式

4.1.1 企业成本费用控制模式的基本内容是"以销售收入为起点，以目标利润为核心，通过倒挤成本的方式，将采购成本、制造成本、期间费用分解落实到有关分厂和职能部门"。

4.1.2 销售部申请生产的每一批产品，在安排生产前，首先由财务部门测算、核定成本费用指标和采购物资的最高限价。

（1）期间费用＝营业费用＋管理费用＋财务费用

营业费用＝销售收入×销售费用率

管理费用＝销售收入×管理费用率

财务费用＝销售收入×财务费用率

（2）产品制造成本＝销售收入－税金及附加－目标利润期间费用

产品制造成本＝直接材料＋直接人工＋制造费用

直接人工成本＝（产品产量×计件工资率）×（1+175%）

直接材料成本＝Σ（直接材料成本×材料单价）

制造费用＝（直接材料成本＋直接人工成本）×制造费用率

采购物资最高限价计算公式：

采购物资最高限价＝直接材料成本÷直接材料消耗

4.1.3 财务部门核定管理费用指标分解落实到各个部门，作为考核各个管理部门工作业绩的依据。

4.2 采购成本的控制

4.2.1 采购成本控制包括采购计划、询价、核价、合同签订、物资入库、货款结算等活动的全过程。

4.2.2 采购计划的编制要严格执行根据仓库的《物资补库计划》编制《物资采购计划》的程序；《物资采购计划》经过预算管理办公室审核、总经理审批后生效。

4.2.3 采购部实施物资采购时需填制"物资请购单"，"物资请购单"中的价格要严格执行财务部门核定的物资采购最高限价。

4.2.4 如果实际物资采购价格低于最高限价，企业将给予经办人一定比例的奖励；如实际物资采购价格高于最高限价，必须要获得财务部门核价人员的确认和总经理的批准，并给予一定比例的罚款。

4.2.5 采购物资办理入库时，必须符合以下两个条件：

（1）符合"物资请购单"；

（2）经质检部检验合格。

4.2.6 采购物资登记入账时，必须同时符合两个条件：

（1）供应商开具增值税专用发票；

（2）价格、质量、数量、规格型号完全符合"物资请购单"的要求。

4.2.7 采购物资付款时，必须符合以下三个条件：

（1）已经列入当期货币资金支出预算；

（2）双方往来账核对无误；

（3）"付款申请单"已经财务总监签字批准。

4.3 制造成本的控制

4.3.1 制造成本控制包括成本计划、领料、入库、考核等活动的全过程。

4.3.2 制造成本计划要严格执行财务部门核定的目标成本，各分厂要将目标成本层层分解，逐一落实到各车间、工段和岗位。

4.3.3 生产部下达"产品生产任务指令"时，必须将"材料消耗定额清单"同时下达。

4.3.4 各部门到仓库领料时，必须按"材料消耗定额清单"填写"领料申请单"。如不符合"材料消耗定额清单"，材料会计不予开具"材料出库通知单"，保管员不予发料。

4.3.5 各分厂的直接人工工资，按照财务部门核定的目标人工成本，实行按产品产量计件发放；由于生产工人操作失误导致的废品，以及超定额材料消耗，一律由责任人承担50%的损失，从计件工资中扣除。

4.3.6 各分厂的制造费用支出，按照财务部门核定的额度分项目控制。其中，变动费用项目要分解到工序，固定费用项目总量控制。

4.3.7 月末，根据完工产品和生产费用计算出产品制造成本，低于或高于目标成本，给予一定比例的处罚或奖励。

4.4 期间费用的控制

4.4.1 企业按照期间费用的不同性质实行归口管理和控制。

4.4.2 营业费用的归口管理部门为销售部，营业费用支出实行按销售收入费用率进行总量控制。

4.4.3 管理费用的归口管理部门为各个职能部室，管理费用中的变动费用项目由财务部门分解落实到有关部室，固定费用项目按性质归口到职能部门。

4.4.4 财务费用的归口管理部门为财务部门，由财务部门按照费用项目严格控制。

4.4.5 企业每月编制《期间费用支出预算》下达各有关部室。

4.4.6 发生费用支出时，由财务部门严格按预算控制，超出预算部分，一律不予列支。期间费用的支出程序如下：

（1）费用支出部门填写"费用支出审

批单"；

（2）按照企业规定的审批权限请有关领导审批签字；

（3）责任会计在审核无误、有预算指标的前提下，签字说明；

（4）费用支出经办人根据费用支出情况分别到仓库或出纳员处办理领料或费用报销手续。

4.4.7 财务部门的会计人员在办理费用支出时，应当根据手续齐全的"费用支出审批单"，对发票、结算凭证等相关凭据的真实性、完整性、合法性以及合规性进行严格审核。

4.4.8 月末，企业根据各项期间费用实际发生额进行考核奖惩，若低于预算指标，则给予有关部门一定比例的奖励；若高于预算指标，则给予一定比例的罚款。

4.5 成本费用的核算

4.5.1 财务部门按照相关会计制度，结合企业生产经营特点和管理需要制定成本费用核算制度，不得随意改变成本费用的确认标准和计量方法，不得虚列、多列、不列或者少列成本费用。

4.5.2 企业制造成本核算的基本方法，由各企业按生产经营的特点在符合会计准则和前提下确认，一经确认不得随意变更。

4.5.3 期末结束后成本费用核算岗位要编制成本费用报表，监控成本费用的支出情况，对于实际发生的成本费用与成本费用预算的差异，应查明原因，并作出相应处理。

4.6 成本费用的监督检查

4.6.1 审计部负责对企业的成本费用进行监督检查，内容有：

（1）成本费用业务相关岗位及人员的设置情况；

（2）成本费用业务授权批准制度的执行情况；

（3）成本费用预算制度的执行情况；

（4）成本费用核算制度的执行情况；

（5）成本费用考核的奖惩兑现情况。

4.6.2 审计部门对监督检查的结果要出具内部审计报告，发现的薄弱环节和问题，有关部门要采取措施，及时加以纠正和完善。

2.3 成本改善层次

成本改善根据企业实际成本的层级分为三个层次，第一层是战略成本管理，第

第一层次：战略成本管理	第二层次：日常成本控制活动	第三层次：专项成本管理
责任人：董事长	责任人：总经理	责任人：专项成本管理组长
战略成本管理属于决策行为，一旦决定，将限定成本改善的基础与空间	日常成本控制活动决定了成本不断改善与降低的程度	决定了某项成本因素的改善
战略成本影响深远，难以通过成本控制活动得到改善	成本控制活动决定了企业效率方面的竞争力	容易取得成本改善效果
战略成本决定了成本结构和成本发展趋势，决定了企业模式方面的竞争力	成本控制目标是降低每一项可以降低的成本	通过重点突破，带来整体成本改善的趋势

二层是日常成本控制活动，第三层是专项成本管理（如上图所示）。

2.3.1 战略成本管理

战略决定成败，战略高度上的竞争优势，往往能够做到"一招制敌"。传统制造业从日本转移到中国，又从中国转移到东南亚，都是出于战略成本的考虑；新材料的使用，也属于战略成本管理。

【案例】诺基亚星网产业园

企业的存货越多，存货相关的成本就会越高，降低成本的途径就是尽可能地降低存货。是否可以将存货降为零？诺基亚在北京的工厂，将主要的供应商都围绕在自己的工厂周围，需要使用配件的时候，从供应商那里用输送带直接将配件传送到自己的生产线。通过供应商管理，诺基亚将配件的存货成本降低到极致。

2.3.2 日常成本控制活动

日常成本控制的目标是降低每一项可以降低的成本，它决定了企业效率方面的竞争力。企业的效率高，人的效率高，钱的效率高，成本就会降低。到2020年，大部分中国企业的人工成本还将上升30%以上，企业要在未来几年存活下来，必须通过提升效率、降低成本来获取竞争优势。

2.3.3 专项成本管理

专项成本管理活动就是搞"运动"。企业建立成本模型之后，要划定成本改善的重点。比如，确定2017年工作重点是降低供应链成本，下一年度是降低废品率，再下一年是降低能耗。如此每一年度重点突破某一个环节的成本控制目标，不断循环，即可从整体上降低企业的成本（如下图所示）。

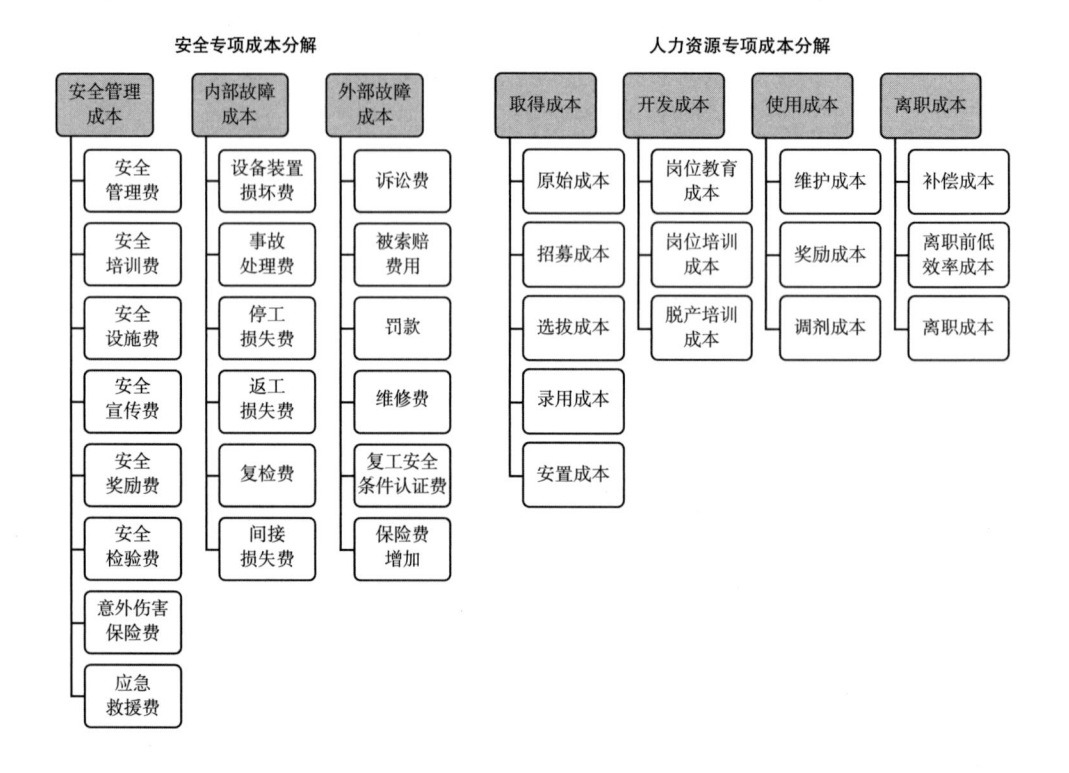

安全专项成本分解

- 安全管理成本
  - 安全管理费
  - 安全培训费
  - 安全设施费
  - 安全宣传费
  - 安全奖励费
  - 安全检验费
  - 意外伤害保险费
  - 应急救援费
- 内部故障成本
  - 设备装置损坏费
  - 事故处理费
  - 停工损失费
  - 返工损失费
  - 复检费
  - 间接损失费
- 外部故障成本
  - 诉讼费
  - 被索赔费用
  - 罚款
  - 维修费
  - 复工安全条件认证费
  - 保险费增加

人力资源专项成本分解

- 取得成本
  - 原始成本
  - 招募成本
  - 选拔成本
  - 录用成本
  - 安置成本
- 开发成本
  - 岗位教育成本
  - 岗位培训成本
  - 脱产培训成本
- 使用成本
  - 维护成本
  - 奖励成本
  - 调剂成本
- 离职成本
  - 补偿成本
  - 离职前低效率成本
  - 离职成本

2.4　成本改善途径

如何降低成本不是财务一个部门能够决定的，比如降低采购价格，应该是采购总监的责任。降低销售费用，是销售总监的责任。而降低税收成本，则是财务总监的责任。这里列示的成本改善途径，是给读者一些思路，更多的方案、更细节的操作步骤，需要企业业务部门各成本组负责人结合实际完善。

2.5　成本改善分工与责任

建立成本改善系统，与企业各部门相关，所有人员都应建立成本改善的意识（详见下页图）。

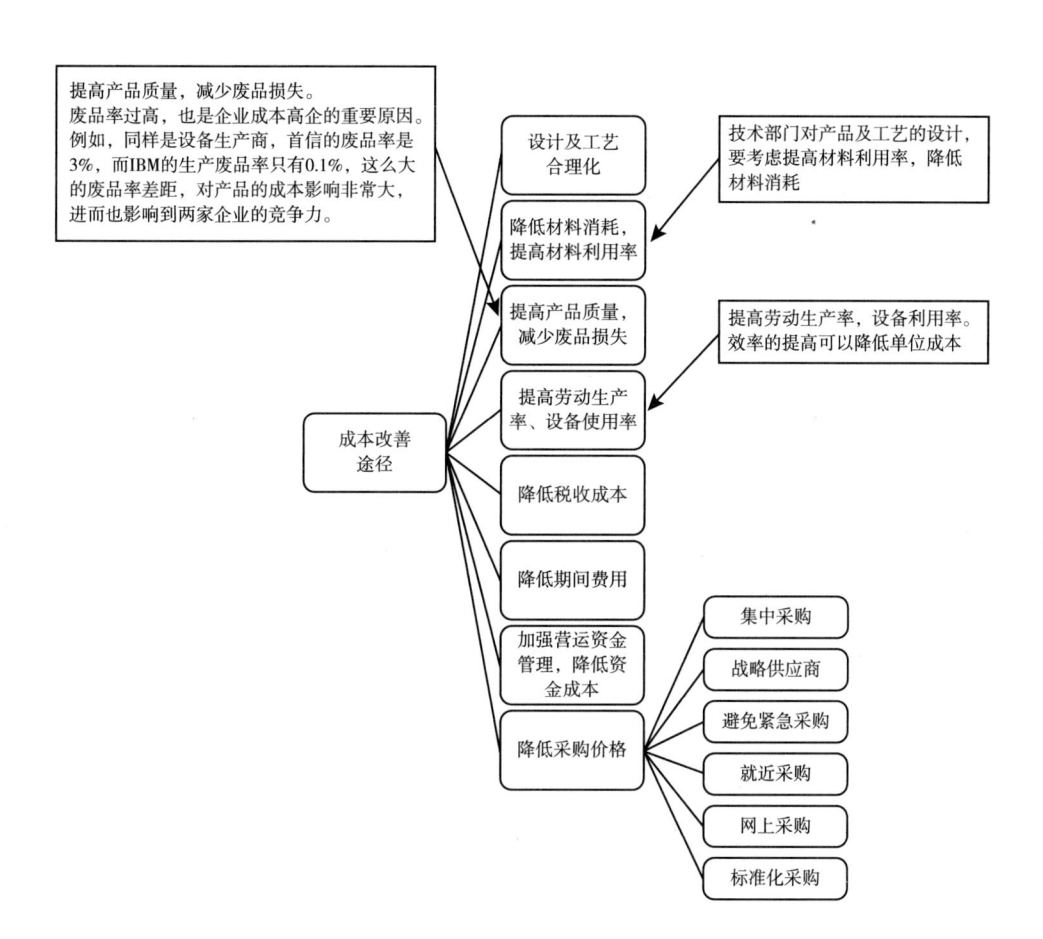

```
提高产品质量，减少废品损失。
废品率过高，也是企业成本高企的重要原因。
例如，同样是设备生产商，首信的废品率是
3%，而IBM的生产废品率只有0.1%，这么大
的废品率差距，对产品的成本影响非常大，
进而也影响到两家企业的竞争力。
```

```
                                          ┌─ 设计及工艺合理化
                                          │
                                          ├─ 降低材料消耗，  ← 技术部门对产品及工艺的设计，
                                          │  提高材料利用率     要考虑提高材料利用率，降低
                                          │                    材料消耗
                                          ├─ 提高产品质量，
                                          │  减少废品损失
                                          │
                              成本改善     ├─ 提高劳动生产    ← 提高劳动生产率，设备利用率。
                              途径        │  率、设备使用率    效率的提高可以降低单位成本
                                          │
                                          ├─ 降低税收成本
                                          │
                                          ├─ 降低期间费用
                                          │
                                          ├─ 加强营运资金
                                          │  管理，降低资金成本
                                          │
                                          └─ 降低采购价格 ─┬─ 集中采购
                                                          ├─ 战略供应商
                                                          ├─ 避免紧急采购
                                                          ├─ 就近采购
                                                          ├─ 网上采购
                                                          └─ 标准化采购
```

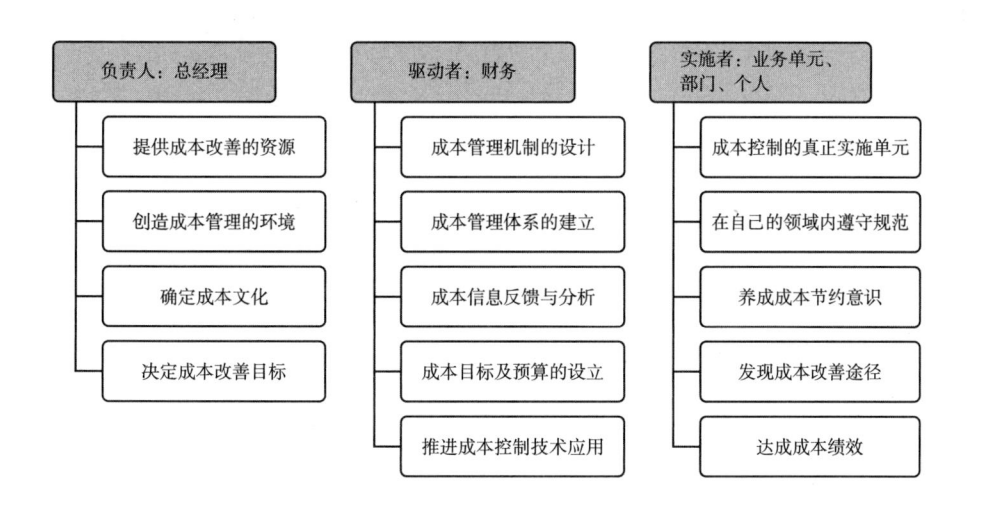

负责人：总经理	驱动者：财务	实施者：业务单元、部门、个人
提供成本改善的资源	成本管理机制的设计	成本控制的真正实施单元
创造成本管理的环境	成本管理体系的建立	在自己的领域内遵守规范
确定成本文化	成本信息反馈与分析	养成成本节约意识
决定成本改善目标	成本目标及预算的设立	发现成本改善途径
	推进成本控制技术应用	达成成本绩效

第五篇　管控系统

【案例】某汽车厂降低"摔车率",节约成本

家用轿车生产完成以后,从工厂转移到 4S 销售店,需要使用专用运输车来转运。把轿车装上运输车的过程,存在一个"摔车率",就是装卸失败,把轿车摔坏了,一旦摔坏,就大大增加了工厂的成本。如果一年能够少摔坏 1000 辆车,就可以节约几千万元的成本。汽车厂为降低"摔车率"、降低成本,外聘专家专门解决摔车问题,并搞了一个专项成本改善活动。通过一系列的工作,最终降低了摔车率,给企业节约了数千万元的成本。

成本改善系统建立在账务系统能够准确核算成本的基础上。账务核算体系负责记录成本控制活动的实际执行情况,没有准确的成本核算做依据,就无法知道成本控制是变好了还是变差了。

第 3 章 风险内控系统

很多企业不理解什么是风险内控系统，其实，大部分企业都有内控活动，只不过不成系统。例如，费用报销的签字，就是内控。会计凭证的稽核，也是内控。老板的决策过程，实际上就是风险与收益的平衡过程。

风险内控系统比常见的内控活动的范围要宽很多。风险内控系统就是企业建立的关于风险识别、评估、应对的管理体系（详见下图）。美国安然事件之后，立法机构通过了《塞班斯法案》，要求企业董事会对企业的内部控制承担责任。近几

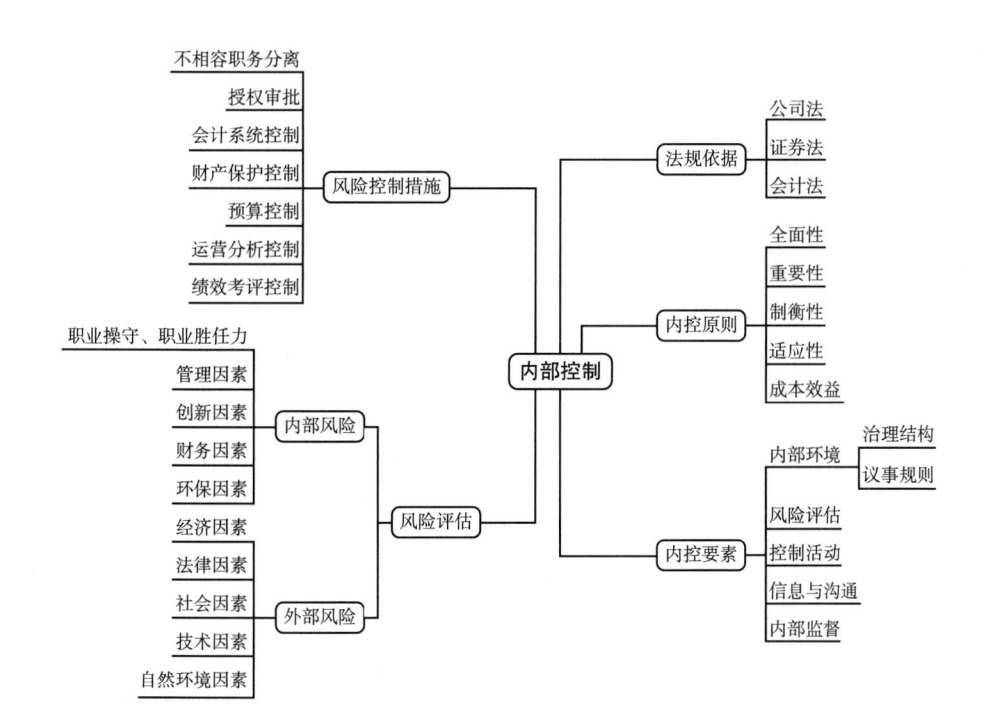

```
                    不相容职务分离
                    授权审批
                    会计系统控制
                    财产保护控制 ─┐
                    预算控制      ├─ 风险控制措施 ─┐
                    运营分析控制  │                │              ┌─ 公司法
                    绩效考评控制 ─┘                ├─ 法规依据 ───┼─ 证券法
                                                    │              └─ 会计法
    职业操守、职业胜任力                            │
                    管理因素                        │              ┌─ 全面性
                    创新因素 ─┐                    │              ├─ 重要性
                    财务因素  ├─ 内部风险 ─┐        ├─ 内控原则 ───┼─ 制衡性
                    环保因素 ─┘            │        │              ├─ 适应性
                                            ├─ 风险评估              └─ 成本效益
                    经济因素                │        │
                    法律因素 ─┐            │        │              ┌─ 内部环境 ─┬─ 治理结构
                    社会因素  ├─ 外部风险 ─┘        │              │            └─ 议事规则
                    技术因素 ─┘                    └─ 内控要素 ───┼─ 风险评估
                    自然环境因素                                    ├─ 控制活动
                                                                    ├─ 信息与沟通
                                                                    └─ 内部监督
                                        内部控制
```

年，大型企业都纷纷建立风险内控体系，提高了风险管理的级别。企业董事会除了审计委员会，开始增设风险管理委员会。

为了加强和规范企业内部控制，提高企业经营管理水平和风险防范能力，促进企业可持续发展，维护社会主义市场经济秩序和社会公众利益，根据国家有关法律法规，财政部会同证监会、审计署、银监会、保监会制定了《企业内部控制基本规范》，自2009年7月1日起在上市公司范围内施行，鼓励非上市的大中型企业执行。执行本规范的上市公司，应当对本公司内部控制的有效性进行自我评价，披露年度自我评价报告，并可聘请具有证券、期货业务资格的会计师事务所对内部控制的有效性进行审计。

【案例】内部控制制度一般性规范

为了有效控制企业经营过程中的各种风险，企业各项流程应遵循本制度所述内部控制规范。

不相容职务分离控制、授权审批控制、会计系统控制、财产保护控制、预算控制、运营分析控制和绩效考评控制。

不相容职务分离控制：要求企业全面系统地分析、梳理业务流程中所涉及的不相容职务，实施相应的分离措施，形成各司其职、各负其责、相互制约的工作机制。

授权审批控制：企业根据常规授权和特别授权的规定，明确各岗位办理业务和事项的权限范围、审批程序和相应责任。编制常规授权的权限指引，规范特别授权的范围、权限、程序和责任，严格控制特别授权。常规授权是指企业在日常经营管理活动中按照既定的职责和程序进行的授权。特别授权是指企业在特殊情况、特定条件下进行的授权。企业各级管理人员应当在授权范围内行使职权和承担责任。

会计系统控制：企业严格执行国家统一的会计准则制度，加强会计基础工作，明确会计凭证、会计账簿和财务会计报告的处理程序，保证会计资料真实完整。

财产保护控制：建立财产日常管理制度和定期清查制度，采取财产记录、实物保管、定期盘点、账实核对等措施，确保财产安全。应当严格限制未经授权的人员接触和处置财产。

预算控制：企业实施全面预算管理制度，明确各责任单位在预算管理中的职责权限，规范预算的编制、审定、下达和执行程序，强化预算约束。

运营分析控制：企业建立运营情况分析制度，经理层应当综合运用生产、购销、投资、筹资、财务等方面的信息，通过因素分析、对比分析、趋势分析等方法，定期开展运营情况分析，发现存在的问题，及时查明原因并加以改进。

绩效考评控制：企业建立和实施绩效考评制度，科学设置考核指标体系，对企业内部各责任单位和全体员工的业绩进行定期考核和客观评价，将考评结果作为确定员工薪酬以及职务晋升、评优、降级、调岗、辞退等的依据。

应当根据内部控制目标，结合风险应对策略，综合运用控制措施，对各种业务和事项实施有效控制。

【案例】内部牵制制度

为了维护本企业财产物资的安全与完整，保证会计资料及其他有关资料的真实可靠，保证各项方针、制度和措施的顺利贯彻执行，使企业生产经营活动有序高效地进行，利用企业内部因分工而形成的相互制约、相互联系的关系所组成的具有控制职能的方法、措施和程序，特制定一个规范化和系统的严密的牵制机制，具体包括以下几个方面：

一、货币资金的内部控制制度

1. 实行钱财分管，出纳人员不得兼管总账和收入、费用、债权、债务明细账的登记以及会计档案的保管工作；

2. 货币资金的收入支出应及时入账，做到日清月结；

3. 不得坐支现金，不准以白条或借据充抵现金，不准私自挪用现金；

4. 严格遵守银行规定的库存现金限额；

5. 现金出纳应做到日清月结，并于每月末进行现金清点，与现金日记账核对相等，财务主管应不定期进行抽查；

6. 每月末由银行出纳编制银行存款余额调节表，调整未达账项，财务主管应进行详细审核；

7. 所有的货币资金收支业务均应有凭有据，有关原始凭证办理收付业务后，应在记账凭证及所附原始凭证上加盖"收讫"或"付讫"戳记，以防重复使用；

8. 对于有关货币资金收支的自制对外凭证，如销货发票、收据等，应顺序编号、装订成册，领用范围和领用手续应严格规定并建立领用登记制度；

9. 凡金额超过国家规定的结算起点（人民币300元）的业务应一律缴付银行

转账结算，空白支票应由银行出纳保管，签发支票由两人共同办理，并实行印鉴分管，签发支票时，应写明收款单位、用途和金额，并登记支票领用簿；

10.作废的票据或收付凭证都应加盖"作废"戳记，并连同存根一并保存；

11.其他货币资金，尤其是银行汇票存款、银行本票存款、外埠存款和信用证存款、待采购或其他付款业务完结后，应结清尾款转回结算户，对于在途货币资金，应及时催办或查对。

二、实物资产内控制度

（一）原材料的内部控制

1.落实经济责任，完善实物负责制。对已购回的材料建立验收制度，登记采购（合同）款和短缺数；仓库应由专人保管，保管人员应随时掌握和反馈材料资料的最高最低储备量，以保证生产经营需要并避免资金积压。

2.健全盘点制度，采用永续盘存制。为了加强对原材料的管理，应该健全实物盘点制度，定期或不定期进行清查盘点，保证财实相符，若发现盘盈、盘亏，应及时查明原因并报请处理。

3.严格凭证制度和计量收发制度。对各项材料物资的领用和发出，必须按规定的程序办理手续，没有凭证或凭证手续不全者不得收、发。收、发过程中要执行国家标准计量制度，精确反映存货业务的数量，以便正确计算金额。对企业内未经批准和未办理规定手续者，不得发出、变卖和赠送材料，或用一种材料交换另一种材料。

4.加强明细核算，强化材料存货管理。由于原材料种类、规格繁多，因而应注意合理地组织明细核算。存货的明细科目一般按品名、规格设置，必要时也可结合存放地点、批别、产地、用途等设置。明细核算做到简便易行。同时，为了便于管理和核算，避免差错，对于重要的存货应进行编目管理，分别编制目录，并确定编码次序，在管理、核算及至仓库库存材料的摆放上，都应按编号次序进行，以便检查核对。

5.应合理制定仓储损耗定额，不断降低损耗，防止因保管不善或其他原因造成丢失、残损、霉变，要建立边角料回收制度，加强材料的综合利用。

（二）固定资产的内部控制

1.本企业购建的固定资产，应事前就固定资产项目进行可行性研究，从技术和经济角度上就选最佳方案，避免不必要的损失。

2. 对房屋及建筑物，在建造过程中要监督建造质量，竣工后要及时组织验收，登记固定资产账。对购回的不需安装设备，暂时不用的应加强保管，避免露天存放；立即投入使用的应建立固定资产卡片随同实物交使用部门牌号管理。对购回的需要安装设备，应先入库保管，领用时要求办理手续，并及时记录安装调试费用，并转入固定资产原值。

3. 建立固定资产的修理制度，避免"带病运转"，保持固定资产的良好状态。固定资产交付修理前，应查明故障，办理内部移交修理手续。修理完成以后，应填制固定资产修理支出汇总表，会同有关的料、工、费凭证作为修理支出账凭证，据以进行财务处理。同时，修理完工后办理内部移交手续，重新交付生产和其他部门使用。

4. 对临时租出、租入的固定资产应建立备查登记簿，对融资租入的固定资产应比照在用固定资产核算，对接受捐赠、接受投资而来的固定资产应按制度规定计价核算和管理。

5. 建立完善的固定资产折旧制度，明确固定资产折旧范围，合理确定折旧的方法、折旧年限以及固定资产净残值率，正确反映固定资产原值、累计折旧和账面净值。

6. 建立固定资产盘存制度，每年底盘存一次，固定资产盘盈盘亏、报废、清理等业务，在获得董事长或总经理批准后应办理相应手续。报废固定资产应事先获准，尤其是提前报废或超龄退废的固定资产，更应履行严格的报批手续，获准后应调转有关的固定资产卡片和其他文档记录，投入清理后办理报废手续。固定资产清理完毕后，应结平清理收入和清理费用，转计清理损益。

三、购销业务的内控制度

（一）采购业务的内部控制

1. 供应部门应事先会同生产部门及其他业务部门，制定采购供应计划，根据供应计划或临时需要与供应单位签订采购合同。采购供应计划报经总经理或部门经理批准执行，平常的采购供应工作应严格按照采购供应计划进行。财务部门应该参与供应合同的签订工作，并监督执行，供应合同经双方签订生效以后，应将其副本交付财会部门备查。

2. 购入的材料物资应由仓库部门组织验收，验收时应将发票账单与存查的采购计划进行认真核对。同时，核对验收实物的数量和质量，核对无误后填写验收单或材料入库单，在签字后连同发票账单转采购部。对有特殊要求的材料物资应邀请有关技术人员进行技术鉴定，检验合格后方可填制验收单。

3. 财务应根据采购部门转来的验收单和发票，核查采购计划与合同，确认无误后办理结算手续。

（二）销货业务的内部控制

1. 销售部应根据事先制定好的产品销售计划推销产品。尽量与购货单位签订购销合同，合同应载明本企业与购货单位之间就产品销售过程中的有关品种、质量、数量、价格、交货方式、交货期限、交货地点、违约责任等方面达成的一致意见，并以此作为规范销售行为的直接依据。

2. 财务部门应参与销售合同的签订，销售合同订立生效后，其副本应交付财务部门，由财务部门办理结算及其他有关业务。

3. 销售部根据合同规定开具发货票，发货票一式五联，一联由销售部门存查，一联由成品库发货入账，一联代"出门证"，一联交购货单位，还存一联送财会部门收款记账。销货发票开始后，应由开票人以外的人员复核其所填制的品名、规格、数量、单价、金额是否与购货单位订货单或合同相等，仓库保管人接到发货票的"提货联"后，提出应发的货物。再由另一专职人员作最后的复核，核对无误后方能包装发货。

【法规】企业内部控制基本规范

第一章　总则

第一条　为了加强和规范企业内部控制，提高企业经营管理水平和风险防范能力，促进企业可持续发展，维护社会主义市场经济秩序和社会公众利益，根据《中华人民共和国公司法》、《中华人民共和国证券法》、《中华人民共和国会计法》和其他有关法律法规，制定本规范。

第二条　本规范适用于中华人民共和国境内设立的大中型企业。

小企业和其他单位可以参照本规范建立与实施内部控制。

大中型企业和小企业的划分标准根据国家有关规定执行。

第三条　本规范所称内部控制，是由企业董事会、监事会、经理层和全体员工实施的、旨在实现控制目标的过程。内部控制的目标是合理保证企业经营管理合法合规、资产安全、财务报告及相关信息真实完整，提高经营效率和效果，促进企业实现发展战略。

第四条　企业建立与实施内部控制，应当遵循下列原则：

（一）全面性原则。内部控制应当贯穿决策、执行和监督全过程，覆盖企业及其所属单位的各种业务和事项。

（二）重要性原则。内部控制应当在全面控制的基础上，关注重要业务事项和高风险领域。

（三）制衡性原则。内部控制应当在治理结构、机构设置及权责分配、业务流程等方面形成相互制约、相互监督，同时兼顾运营效率。

（四）适应性原则。内部控制应当与企业经营规模、业务范围、竞争状况和风险水平等相适应，并随着情况的变化及时加以调整。

（五）成本效益原则。内部控制应当权衡实施成本与预期效益，以适当的成本实现有效控制。

第五条　企业建立与实施有效的内部控制，应当包括下列要素：

（一）内部环境。内部环境是企业实施内部控制的基础，一般包括治理结构、机构设置及权责分配、内部审计、人力资源政策、企业文化等。

（二）风险评估。风险评估是企业及时识别、系统分析经营活动中与实现内部控制目标相关的风险，合理确定风险应对策略。

（三）控制活动。控制活动是企业根据风险评估结果，采用相应的控制措施，将风险控制在可承受度之内。

（四）信息与沟通。信息与沟通是企业及时、准确地收集、传递与内部控制相关的信息，确保信息在企业内部、企业与外部之间进行有效沟通。

（五）内部监督。内部监督是企业对内部控制建立与实施情况进行监督检查，评价内部控制的有效性，发现内部控制缺陷，应当及时加以改进。

第六条　企业应当根据有关法律法规、本规范及其配套办法，制定本企业的内部控制制度并组织实施。

第七条　企业应当运用信息技术加强内部控制，建立与经营管理相适应的信息系统，促进内部控制流程与信息系统的有机结合，实现对业务和事项的自动控制，减少或消除人为操纵因素。

第八条　企业应当建立内部控制实施的激励约束机制，将各责任单位和全体员工实施内部控制的情况纳入绩效考评体系，促进内部控制的有效实施。

第九条 国务院有关部门可以根据法律法规、本规范及其配套办法，明确贯彻实施本规范的具体要求，对企业建立与实施内部控制的情况进行监督检查。

第十条 接受企业委托从事内部控制审计的会计师事务所，应当根据本规范及其配套办法和相关执业准则，对企业内部控制的有效性进行审计，出具审计报告。会计师事务所及其签字的从业人员应当对发表的内部控制审计意见负责。

为企业内部控制提供咨询的会计师事务所，不得同时为同一企业提供内部控制审计服务。

第二章 内部环境

第十一条 企业应当根据国家有关法律法规和企业章程，建立规范的公司治理结构和议事规则，明确决策、执行、监督等方面的职责权限，形成科学有效的职责分工和制衡机制。

股东（大）会享有法律法规和企业章程规定的合法权利，依法行使企业经营方针、筹资、投资、利润分配等重大事项的表决权。

董事会对股东（大）会负责，依法行使企业的经营决策权。

监事会对股东（大）会负责，监督企业董事、经理和其他高级管理人员依法履行职责。

经理层负责组织实施股东（大）会、董事会决议事项，主持企业的生产经营管理工作。

第十二条 董事会负责内部控制的建立健全和有效实施。监事会对董事会建立与实施内部控制进行监督。经理层负责组织领导企业内部控制的日常运行。

企业应当成立专门机构或者指定适当的机构具体负责组织协调内部控制的建立实施及日常工作。

第十三条 企业应当在董事会下设立审计委员会。审计委员会负责审查企业内部控制，监督内部控制的有效实施和内部控制自我评价情况，协调内部控制审计及其他相关事宜等。

审计委员会负责人应当具备相应的独立性、良好的职业操守和专业胜任能力。

第十四条 企业应当结合业务特点和内部控制要求设置内部机构，明确职责权限，将权利与责任落实到各责任单位。

企业应当通过编制内部管理手册，使

全体员工掌握内部机构设置、岗位职责、业务流程等情况，明确权责分配，正确行使职权。

第十五条　企业应当加强内部审计工作，保证内部审计机构设置、人员配备和工作的独立性。

内部审计机构应当结合内部审计监督，对内部控制的有效性进行监督检查。内部审计机构对监督检查中发现的内部控制缺陷，应当按照企业内部审计工作程序进行报告；对监督检查中发现的内部控制重大缺陷，有权直接向董事会及其审计委员会、监事会报告。

第十六条　企业应当制定和实施有利于企业可持续发展的人力资源政策。人力资源政策应当包括下列内容：

（一）员工的聘用、培训、辞退与辞职。

（二）员工的薪酬、考核、晋升与奖惩。

（三）关键岗位员工的强制休假制度和定期岗位轮换制度。

（四）掌握国家秘密或重要商业秘密的员工离岗的限制性规定。

（五）有关人力资源管理的其他政策。

第十七条　企业应当将职业道德修养和专业胜任能力作为选拔和聘用员工的重要标准，切实加强员工培训和继续教育，不断提升员工素质。

第十八条　企业应当加强文化建设，培育积极向上的价值观和社会责任感，倡导诚实守信、爱岗敬业、开拓创新和团队协作精神，树立现代管理理念，强化风险意识。

董事、监事、经理及其他高级管理人员应当在企业文化建设中发挥主导作用。

企业员工应当遵守员工行为守则，认真履行岗位职责。

第十九条　企业应当加强法制教育，增强董事、监事、经理及其他高级管理人员和员工的法制观念，严格依法决策、依法办事、依法监督，建立健全法律顾问制度和重大法律纠纷案件备案制度。

第三章　风险评估

第二十条　企业应当根据设定的控制目标，全面系统持续地收集相关信息，结合实际情况，及时进行风险评估。

第二十一条　企业开展风险评估，应当准确识别与实现控制目标相关的内部风险和外部风险，确定相应的风险承受度。

风险承受度是企业能够承担的风险限度，包括整体风险承受能力和业务层面的可接受风险水平。

第二十二条　企业识别内部风险，应当关注下列因素：

（一）董事、监事、经理及其他高级管理人员的职业操守、员工专业胜任能力等人力资源因素。

（二）组织机构、经营方式、资产管理、业务流程等管理因素。

（三）研究开发、技术投入、信息技术运用等自主创新因素。

（四）财务状况、经营成果、现金流量等财务因素。

（五）营运安全、员工健康、环境保护等安全环保因素。

（六）其他有关内部风险因素。

第二十三条　企业识别外部风险，应当关注下列因素：

（一）经济形势、产业政策、融资环境、市场竞争、资源供给等经济因素。

（二）法律法规、监管要求等法律因素。

（三）安全稳定、文化传统、社会信用、教育水平、消费者行为等社会因素。

（四）技术进步、工艺改进等科学技术因素。

（五）自然灾害、环境状况等自然环境因素。

（六）其他有关外部风险因素。

第二十四条　企业应当采用定性与定量相结合的方法，按照风险发生的可能性及其影响程度等，对识别的风险进行分析和排序，确定关注重点和优先控制的风险。

企业进行风险分析，应当充分吸收专业人员，组成风险分析团队，按照严格规范的程序开展工作，确保风险分析结果的准确性。

第二十五条　企业应当根据风险分析的结果，结合风险承受度，权衡风险与收益，确定风险应对策略。

企业应当合理分析、准确掌握董事、经理及其他高级管理人员、关键岗位员工的风险偏好，采取适当的控制措施，避免因个人风险偏好给企业经营带来重大损失。

第二十六条　企业应当综合运用风险规避、风险降低、风险分担和风险承受等风险应对策略，实现对风险的有效控制。

风险规避是企业对超出风险承受度的风险，通过放弃或者停止与该风险相关的业务活动以避免和减轻损失的策略。

风险降低是企业在权衡成本效益之后，准备采取适当的控制措施降低风险或者减轻损失，将风险控制在风险承受度之内的策略。

风险分担是企业准备借助他人力量，

采取业务分包、购买保险等方式和适当的控制措施，将风险控制在风险承受度之内的策略。

风险承受是企业对风险承受度之内的风险，在权衡成本效益之后，不准备采取控制措施降低风险或者减轻损失的策略。

第二十七条 企业应当结合不同发展阶段和业务拓展情况，持续收集与风险变化相关的信息，进行风险识别和风险分析，及时调整风险应对策略。

第四章 控制活动

第二十八条 企业应当结合风险评估结果，通过手工控制与自动控制、预防性控制与发现性控制相结合的方法，运用相应的控制措施，将风险控制在可承受度之内。

控制措施一般包括：不相容职务分离控制、授权审批控制、会计系统控制、财产保护控制、预算控制、运营分析控制和绩效考评控制等。

第二十九条 不相容职务分离控制要求企业全面系统地分析、梳理业务流程中所涉及的不相容职务，实施相应的分离措施，形成各司其职、各负其责、相互制约的工作机制。

第三十条 授权审批控制要求企业根据常规授权和特别授权的规定，明确各岗位办理业务和事项的权限范围、审批程序和相应责任。

企业应当编制常规授权的权限指引，规范特别授权的范围、权限、程序和责任，严格控制特别授权。常规授权是指企业在日常经营管理活动中按照既定的职责和程序进行的授权。特别授权是指企业在特殊情况、特定条件下进行的授权。

企业各级管理人员应当在授权范围内行使职权和承担责任。

企业对于重大的业务和事项，应当实行集体决策审批或者联签制度，任何个人不得单独进行决策或者擅自改变集体决策。

第三十一条 会计系统控制要求企业严格执行国家统一的会计准则制度，加强会计基础工作，明确会计凭证、会计账簿和财务会计报告的处理程序，保证会计资料真实完整。

企业应当依法设置会计机构，配备会计从业人员。从事会计工作的人员，必须取得会计从业资格证书。会计机构负责人应当具备会计师以上专业技术职务资格。

大中型企业应当设置总会计师。设置总会计师的企业，不得设置与其职权重叠的副职。

第三十二条 财产保护控制要求企业建立财产日常管理制度和定期清查制度，采取财产记录、实物保管、定期盘点、账实核对等措施，确保财产安全。

企业应当严格限制未经授权的人员接触和处置财产。

第三十三条 预算控制要求企业实施全面预算管理制度，明确各责任单位在预算管理中的职责权限，规范预算的编制、审定、下达和执行程序，强化预算约束。

第三十四条 运营分析控制要求企业建立运营情况分析制度，经理层应当综合运用生产、购销、投资、筹资、财务等方面的信息，通过因素分析、对比分析、趋势分析等方法，定期开展运营情况分析，发现存在的问题，及时查明原因并加以改进。

第三十五条 绩效考评控制要求企业建立和实施绩效考评制度，科学设置考核指标体系，对企业内部各责任单位和全体员工的业绩进行定期考核和客观评价，将考评结果作为确定员工薪酬以及职务晋升、评优、降级、调岗、辞退等的依据。

第三十六条 企业应当根据内部控制目标，结合风险应对策略，综合运用控制措施，对各种业务和事项实施有效控制。

第三十七条 企业应当建立重大风险预警机制和突发事件应急处理机制，明确风险预警标准，对可能发生的重大风险或突发事件，制定应急预案、明确责任人员、规范处置程序，确保突发事件得到及时妥善处理。

第五章 信息与沟通

第三十八条 企业应当建立信息与沟通制度，明确内部控制相关信息的收集、处理和传递程序，确保信息及时沟通，促进内部控制有效运行。

第三十九条 企业应当对收集的各种内部信息和外部信息进行合理筛选、核对、整合，提高信息的有用性。

企业可以通过财务会计资料、经营管理资料、调研报告、专项信息、内部刊物、办公网络等渠道，获取内部信息。

企业可以通过行业协会组织、社会中介机构、业务往来单位、市场调查、来信来访、网络媒体以及有关监管部门等渠道，获取外部信息。

第四十条 企业应当将内部控制相关信息在企业内部各管理级次、责任单位、业务环节之间，以及企业与外部投资者、债权人、客户、供应商、中介机构和监管部门等有关方面之间进行沟通和反馈。信息沟通过程中发现的问题，应当及时报告并加以解决。

重要信息应当及时传递给董事会、监事会和经理层。

第四十一条 企业应当利用信息技术促进信息的集成与共享，充分发挥信息技术在信息与沟通中的作用。

企业应当加强对信息系统开发与维护、访问与变更、数据输入与输出、文件储存与保管、网络安全等方面的控制，保证信息系统安全稳定运行。

第四十二条 企业应当建立反舞弊机制，坚持惩防并举、重在预防的原则，明确反舞弊工作的重点领域、关键环节和有关机构在反舞弊工作中的职责权限，规范舞弊案件的举报、调查、处理、报告和补救程序。

企业至少应当将下列情形作为反舞弊工作的重点：

（一）未经授权或者采取其他不法方式侵占、挪用企业资产，牟取不当利益。

（二）在财务会计报告和信息披露等方面存在的虚假记载、误导性陈述或者重大遗漏等。

（三）董事、监事、经理及其他高级管理人员滥用职权。

（四）相关机构或人员串通舞弊。

第四十三条 企业应当建立举报投诉制度和举报人保护制度，设置举报专线，明确举报投诉处理程序、办理时限和办结要求，确保举报、投诉成为企业有效掌握信息的重要途径。

举报投诉制度和举报人保护制度应当及时传达至全体员工。

第六章 内部监督

第四十四条 企业应当根据本规范及其配套办法，制定内部控制监督制度，明确内部审计机构（或经授权的其他监督机构）和其他内部机构在内部监督中的职责权限，规范内部监督的程序、方法和要求。

内部监督分为日常监督和专项监督。日常监督是指企业对建立与实施内部控制的情况进行常规、持续的监督检查；专项监督是指在企业发展战略、组织结构、经营活动、业务流程、关键岗位员工等发生较大调整或变化的情况下，对内部控制的某一或者某些方面进行有针对性的监督检查。

专项监督的范围和频率应当根据风险评估结果以及日常监督的有效性等予以确定。

第四十五条　企业应当制定内部控制缺陷认定标准，对监督过程中发现的内部控制缺陷，应当分析缺陷的性质和产生的原因，提出整改方案，采取适当的形式及时向董事会、监事会或者经理层报告。

内部控制缺陷包括设计缺陷和运行缺陷。企业应当跟踪内部控制缺陷整改情况，并就内部监督中发现的重大缺陷，追究相关责任单位或者责任人的责任。

第四十六条　企业应当结合内部监督情况，定期对内部控制的有效性进行自我评价，出具内部控制自我评价报告。

内部控制自我评价的方式、范围、程序和频率，由企业根据经营业务调整、经营环境变化、业务发展状况、实际风险水平等自行确定。

国家有关法律法规另有规定的，从其规定。

第四十七条　企业应当以书面或者其他适当的形式，妥善保存内部控制建立与实施过程中的相关记录或者资料，确保内部控制建立与实施过程的可验证性。

第七章　附则

第四十八条　本规范由财政部会同国务院其他有关部门解释。

第四十九条　本规范的配套办法由财政部会同国务院其他有关部门另行制定。

第五十条　本规范自 2009 年 7 月 1 日起实施。

《企业内部控制应用指引框架》

第1号	组织架构	第10号	研究与开发
第2号	发展战略	第11号	工程项目
第3号	人力资源	第12号	担保业务
第4号	社会责任	第13号	业务外包
第5号	企业文化	第14号	财务报告
第6号	资金活动	第15号	全面预算
第7号	采购业务	第16号	合同管理
第8号	资产管理	第17号	内部信息传递
第9号	销售业务	第18号	信息系统

3.1　风险识别方法

风险无处不在。企业面临的风险，不仅是指税务风险、财务风险，而是企业全方位的风险，比如车间的安全风险，核心员工离职的风险，丧失市场份额的风险（如下页图所示）。

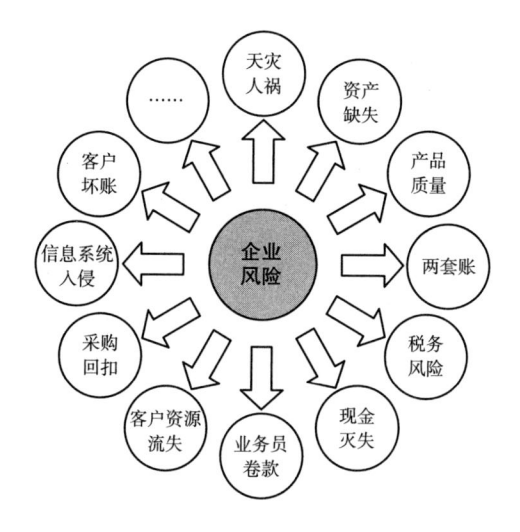

企业管理层需要设计一定的流程，运用科学的方法去识别、评估本企业所面临的风险。

- 头脑风暴法，找到相关的一群人，互相激发思考，向他们提问，看看风险在哪里。

- 问卷调查法：把企业运营可能面临的风险都列示出来，被调查者根据列表打分。

- 流程分析法：通过对企业的业务流程进行分析，找到控制点，逐步识别风险源。

3.2 风险应对策略

面对风险，企业应该如何应对？一般来说，企业有四种应对风险的策略。

- 第一，接受风险。企业在复杂的环境中不可避免地会面对风险，时刻需要在风险与收益之间寻求平衡。若经过评估，所面临的风险在承受范围内，那就接受风险。

- 第二，应对风险。内部控制是风险应对的重要措施。企业通过建立健全内控体系，降低风险发生的可能性，或者减少风险发生时产生损失的金额。

- 第三，转嫁风险。转嫁风险的实质是用确定的小额费用代替不确定的巨额损失。比如，发生火灾的后果无法承担，企业可以通过购买保险来降低损失。

- 第四，终止风险。企业评估风险的后果无法承担时，则需要终止风险，包括终止行为、终止经营。例如，企业若存在虚开增值税专用发票行为，风险巨大，则必须终止。

3.3 财务内控制度体系

在内控制度建设中，财务内控制度是企业内控制度的核心，我们通常以财务内控为推动力，主导企业完整的内控制度的建设。因此，本书主要是搭建企业的财务内控制度体系，财务总监可先建立框架，把企业需要的管理制度制定出来，再补充完善经营所需的财务内控制度。制度下面有流程，流程下面有表单。

3.3.1 基本核算制度

基本核算制度主要是财务部门内部工作要求及规范，例如会计核算科目设置及使用制度、结账制度、会计核算手册等。

3.3.2 财务核算控制制度

财务核算控制制度是财务内控制度的重要内容，对涉及财务的各业务流程分别制定管理制度，以规范实际业务发生（如下图所示）。

3.3.3 财务管理控制制度

财务管理控制制度指的是与财务管理相关的制度，如财务分析报告管理制度、成本管理制度、预算管理制度等。

3.3.4 财务组织制度

财务组织制度是与财务部门团队有关的制度。包括财务日常工作制度、财务部门内部稽查审核制度、财务岗位分工设置制度、财务部门会计岗位轮换制度、财务部门会计工作交接制度、财务会计人员匹配岗位制度、财务人员招聘录用制度、岗位培训制度、岗位实习制度、绩效考核制度等。

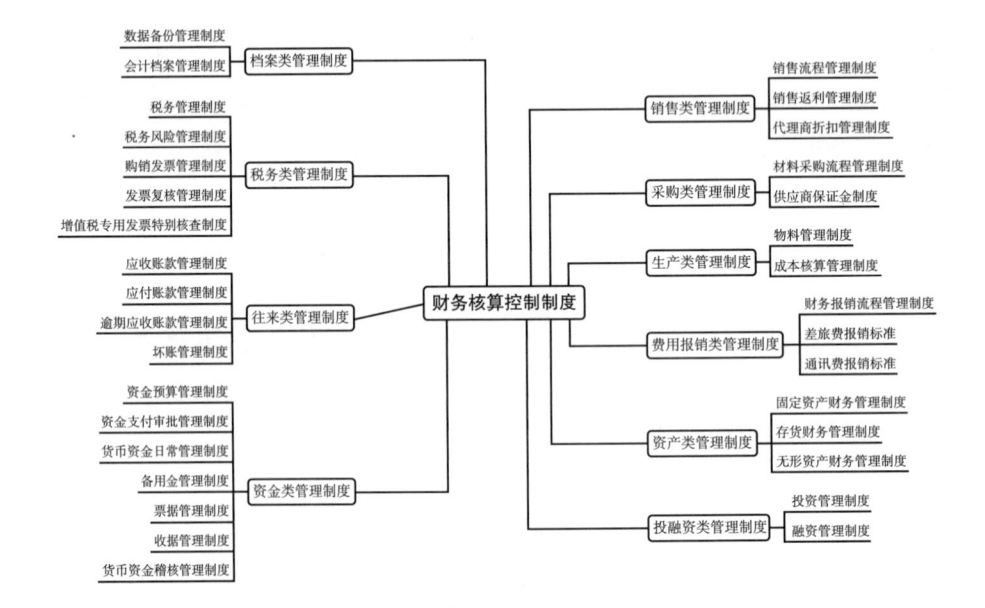

财务核算控制制度结构图：

- 档案类管理制度
  - 数据备份管理制度
  - 会计档案管理制度
- 税务类管理制度
  - 税务管理制度
  - 税务风险管理制度
  - 购销发票管理制度
  - 发票复核管理制度
  - 增值税专用发票特别核查制度
- 往来类管理制度
  - 应收账款管理制度
  - 应付账款管理制度
  - 逾期应收账款管理制度
  - 坏账管理制度
- 资金类管理制度
  - 资金预算管理制度
  - 资金支付审批管理制度
  - 货币资金日常管理制度
  - 备用金管理制度
  - 票据管理制度
  - 收据管理制度
  - 货币资金稽核管理制度
- 销售类管理制度
  - 销售流程管理制度
  - 销售返利管理制度
  - 代理商折扣管理制度
- 采购类管理制度
  - 材料采购流程管理制度
  - 供应商保证金制度
- 生产类管理制度
  - 物料管理制度
  - 成本核算管理制度
- 费用报销类管理制度
  - 财务报销流程管理制度
  - 差旅费报销标准
  - 通讯费报销标准
- 资产类管理制度
  - 固定资产财务管理制度
  - 存货财务管理制度
  - 无形资产财务管理制度
- 投融资类管理制度
  - 投资管理制度
  - 融资管理制度

第4章　预算目标系统

"凡事预则立，不预则废"。预算就是在业务发生之前，对未来将要发生的业务活动做规划，并将规划的结果，用数字化的方式表达出来。

预算目标系统与其他系统交叉，比如，在钱系统里面，资金预测就是预算的范围。在成本改善系统里面，成本改善目标、成本计划，也是预算。账系统、钱系统、税系统都是纵向的系统，而预算系统是横向的系统。

4.1　预算的实质

4.1.1　预算是工作计划的数字表达

那工作计划与预算是什么关系呢？应该是工作计划包含预算，工作计划的范围大于预算的范围。预算是把工作计划中的数据部分用财务方法汇总表达形成的，工作计划中还有很多是无法用数字表达的，需要用文字的方式表述（见下页图）。

【点评】关于预算的习惯性思维

貌似正确，实则错误	貌似错误，实则正确
预算主要是财务部门的事情，也只有财务才会做	预算应该是企业管理层做的，每一个管理层成员都有做预算的责任
除了财务，其他部门都是被预算的对象，做预算就是财务部门给他们找麻烦	企业的所有部门、所有人员，既是预算的主体，也是预算的对象
预算一年做一次，主要是为明年花钱定个框。有些企业收入预算没有完成，但是成本、费用预算完成了；财务部门分开控制预算，甚至控制费用预算的准确性，不花钱都不行	预算不等于必须支出，即使有了计划，钱也不是一定就要花出去。花钱需要满足条件，条件不满足，就不能花钱
只要有了资金预算，后面花钱就简单多了	预算是预算，花钱该走流程的，还要走流程，不能有了预算就随便花钱

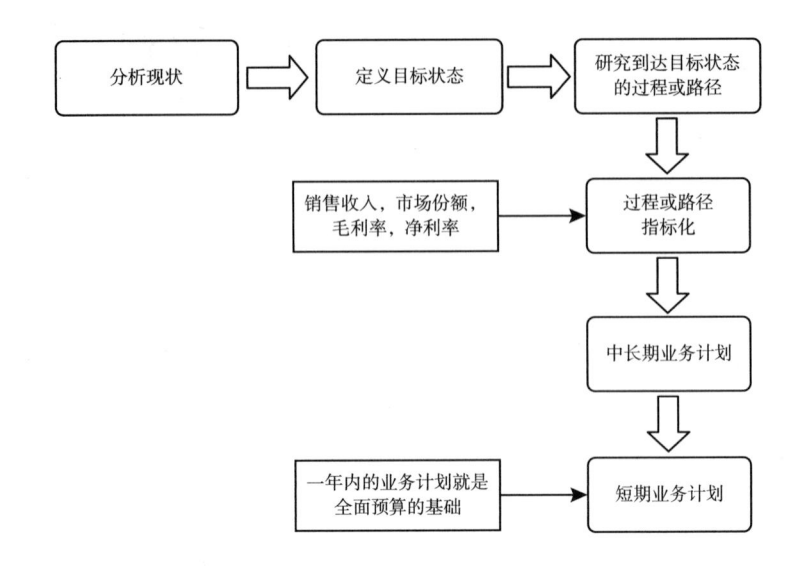

```
分析现状 → 定义目标状态 → 研究到达目标状态
                          的过程或路径
                                ↓
销售收入，市场份额，→ 过程或路径
毛利率，净利率         指标化
                                ↓
                          中长期业务计划
                                ↓
一年内的业务计划就是 → 短期业务计划
全面预算的基础
```

4.1.2 预算的过程比预算的结果更重要

预算的过程是让管理层认真思考下一年度的工作应该怎么开展，而不是一个精确计算的过程。正因为可能永远无法算得准，过程预演才重要。预演其实是对预算年度可能经历的风险和机会做了应对排练。

```
预算指标                    花钱
本年 | 未来3~5年
   收入                   物料需求
   成本费用               固定资产采购需求
   利润        →         厂房设施投资计划
   现金流                 招聘计划
   资源配置及规模         营销及市场
   ……                    人才储备
                          研发计划
```

4.1.3 预算不是为了省钱，而是为了花钱

企业所拥有的资源是有限的，预算就是在企业选定目标之后，将有限的资源用于最需要的地方。从花钱的角度来看，预算就是如何根据企业的目标来分配有限的资源（如右图）。

4.1.4 预算是一种管理工具

预算不仅是财务部门的管理工具，还是企业管理层的管理工具。管理层必须学会使用预算工具，合理配置资源，提升企业管理效率，帮助企业达成战略目标（如下页图）。

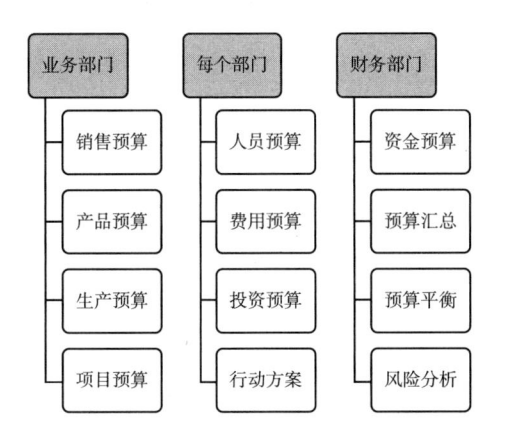

业务部门	每个部门	财务部门
销售预算	人员预算	资金预算
产品预算	费用预算	预算汇总
生产预算	投资预算	预算平衡
项目预算	行动方案	风险分析

4.1.5 预算是职业经理人的一种商业承诺

预算目标在制定之前什么都不是，但是确定之后，将变成管理层的"信仰"。预算目标是管理团队的承诺，一旦确定，管理团队需要克服宏观微观的任何变数达成目标（如下图）。

4.1.6 预算是建立实现目标系统的预演，并进行资源匹配

企业要进行绩效考核，就必须先有预算目标，预算目标是考核的标准。企业的预算目标会被分解到每个人，通过绩效考核将企业目标与个人目标统一，从而将个人与集体统一，在执行层面达到资源最好的配置。

4.2 预算的作用

企业管理为什么需要预算？

- 在现代企业所有权和经营权分离的情况下，所有者不仅要通过财务报表来知晓经营现状，还需要增加对未来资源流

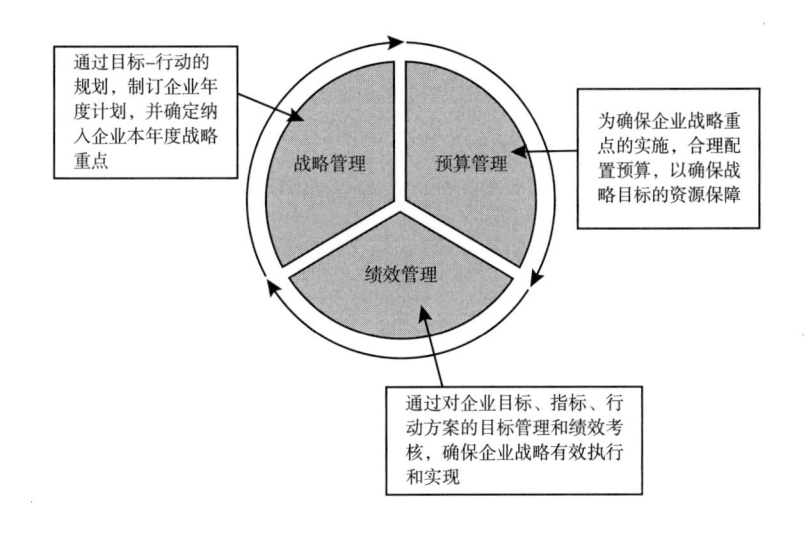

通过目标-行动的规划，制订企业年度计划，并确定纳入企业本年度战略重点

战略管理　预算管理

为确保企业战略重点的实施，合理配置预算，以确保战略目标的资源保障

绩效管理

通过对企业目标、指标、行动方案的目标管理和绩效考核，确保企业战略有效执行和实现

入的预见性。

● 现代企业组织的发展和随之而来的复杂性也需要一个可以协调所有人行为的管理体系，从而保证效率；绩效管理需要一个考虑周全的指标体系。

● 任何微观经济体都面临有限资源的问题，需要预算的过程来完成资源的有效分配，以达到资源使用效果的最大化。

【思考】预算的作用

如何清晰描述、传递、分解企业的战略方向和目标？

如何通过精确管理，落实和推进重要战略目标和举措？

如何促进资源的精确配置、有效支撑企业战略？

如何评估与跟进战略实施的状况与成效？

预算为企业经营者、投资者描述企业未来的发展蓝图，可以促使企业管理层认真考虑完成目标的方法、措施和行动方案，协调企业各部门工作。预算是企业经营的控制工具，预算目标也是绩效考核的标准（如右上图）。

战略的形成	目标确定及实施计划
经济业务趋势分析	现状
市场分析	目标
竞争分析	所需资源
SWOT分析	实施过程的主要考核指标

4.3 预算的层次

多数企业做预算，都是从第一个层次开始的，叫作预测。财务预测就是老板和财务负责人一起根据历史资料编出来的数，没有销售部门、采购部门等业务部门的参与。这样编出来的数比没有要好，至少有了标准和目标。

财务预测数字，难免考虑不周全，资源匹配不好，业务部门就会有意见，因此，就需要业务部门参与。一般从销售部门的销售预算开始，然后是采购预算、生产预算、人力资源预算等，最后由财务匹配资金，做资金预算，资金预算是对整个预算进行资源平衡。

预算的起点是业务，预算的终点是资金。一般从销售开始，如果是产能受限、以产定销的企业，预算则从生产预算开始。预算一般至少做三个版本，分别为乐

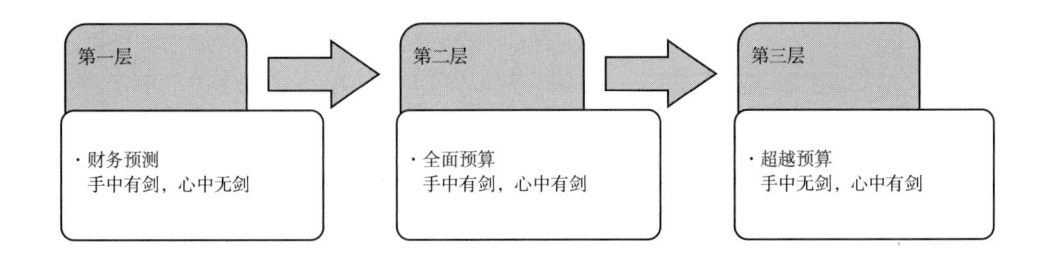

第一层	第二层	第三层
·财务预测 手中有剑，心中无剑	·全面预算 手中有剑，心中有剑	·超越预算 手中无剑，心中有剑

观版，悲观版和中性版，分别对应企业对市场环境的不同判断及预测（如上图）。

4.4 预算的导入

一家企业的预算从无到完善，至少需要三年时间。预算目标系统的导入，是企业数字化管理的重要内容，可以让企业的管理文化变得简单。预算的导入，需要进行战略梳理，需要结合工作计划，需要全员统一思想，需要与绩效考核配套，还得有扎实的财务管理体系和会计核算基础。

企业要导入预算，必须对各个部门进行培训，仅靠财务部门去推动是不行的。全面预算，全员参与，不仅要统一思想，每个部门也要有自己的任务。

预算启动后，很重要的一个工作是预算表单模板的设计、下发、培训、汇总和审核。全面预算管理的预算编制，由业务预算、人力资源预算、资本预算、筹资预算、财务预算以及对应分解的预算构成，一般以销售收入预算为起点，为实现销售收入而编制的各项预算构成了全面预算管理的预算体系（详见下页表、图）。

【阅读】全面预算如何开始？

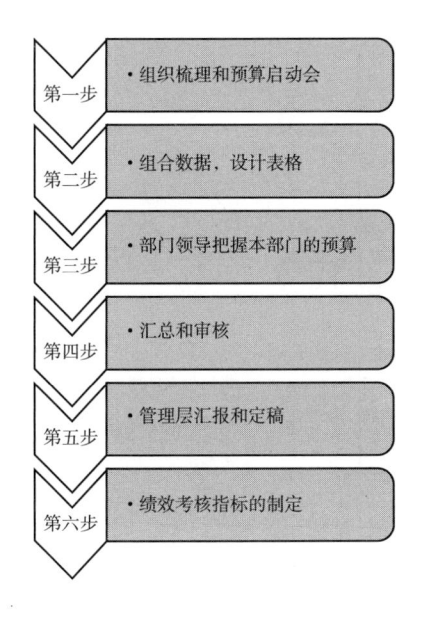

- 第一步：组织梳理和预算启动会
- 第二步：组合数据，设计表格
- 第三步：部门领导把握本部门的预算
- 第四步：汇总和审核
- 第五步：管理层汇报和定稿
- 第六步：绩效考核指标的制定

部门	预算编制
财务部门	财务报表及分析报告；预算目标测算方案；融投资预算草案；产品成本、固定资产、应收账款等数据
销售部门	销售情况分析及市场反馈；销售预测；已签订的预算年度合同；销售行动方案；销售费用基础数据
生产部门	生产情况及生产能力；产品质量及合格率；库存情况；产品成本基础数据；劳动生产率情况等
技术部门	新产品开发情况；技术改造和设备更新情况；技术发展规划；开发计划；研发项目计划和估算；项目要求及人员配置；产品质量分析等
工艺部门	设备维修和保养情况；设备更新改造和装备情况；维修、更新改造费用估算
人力资源	人员需求和素质要求；培训情况和计划；职工构成及有关情况；业绩评价和薪酬制度调整；劳动力成本和劳动效率
采购部门	原材料消耗情况；市场供应分析和预测；供应商变动等

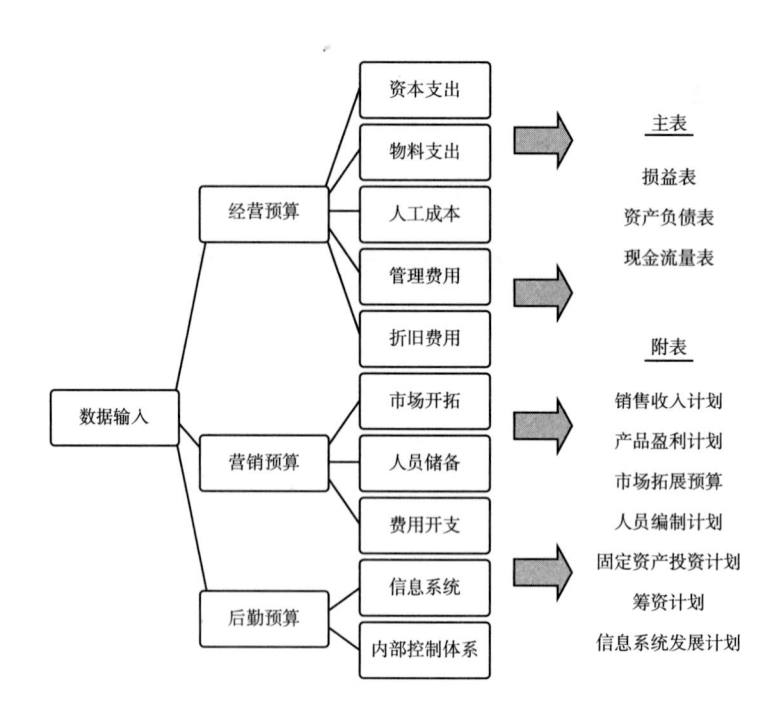

```
                          ┌─ 资本支出 ─┐
                          ├─ 物料支出 ─┤         主表
              ┌─ 经营预算 ─┼─ 人工成本 ─┤        损益表
              │           ├─ 管理费用 ─┤       资产负债表
              │           └─ 折旧费用 ─┤       现金流量表
              │                       
              │           ┌─ 市场开拓 ─┐         附表
  数据输入 ────┼─ 营销预算 ─┼─ 人员储备 ─┤      销售收入计划
              │           └─ 费用开支 ─┤      产品盈利计划
              │                              市场拓展预算
              │           ┌─ 信息系统 ─┐      人员编制计划
              └─ 后勤预算 ─┤           ├─  固定资产投资计划
                          └─ 内部控制体系      筹资计划
                                            信息系统发展计划
```

【案例】销售收入预算编制模版

敏感性参数设置

- 销量：100%
- 季度调价幅度：-5%

	2018年1季度	2018年2季度	2018年3季度	2018年4季度	2018年总计
销量					
A1					—
B1					—
甲组小计	—	—	—	—	—
C2					
D3					
乙组小计					
总计					
单价（元）	2018年1季度	2018年2季度	2018年3季度	2018年4季度	2018年总计
A1					
B1					
甲组小计					
C2					
D3					
乙组小计					
平均					
销售收入（千元）	2018年1季度	2018年2季度	2018年3季度	2018年4季度	2018年总计
A1	—	—	—	—	—
B1	—	—	—	—	—
甲组小计	—	—	—	—	—
C2					
D3					
乙组小计					
总计					

预算与绩效考核应同步导入。如果企业制定了预算目标，实际完成和没有完成都一样，那预算的作用就没有体现出来。定了目标，就要考核，没有考核就没有结果。

【案例】某企业预算目标系统的导入

某企业预算目标系统一直难以导入，财务推动不下去。老板聘请长财咨询的专家来帮助解决这个问题。

长财咨询的咨询顾问进入现场后，按照如下的步骤实施预算目标导入。首先，预算目标系统与工作计划一起导入，每个部门都要写工作计划。其次，绩效考核与预算目标系统一起导入。把预算的目标作为考核的标准。预算目标必须得到管理层的重视，不考核，管理层就不会对预算目标有重视。

经过这两个步骤，预算目标系统终于得到导入。导入预算目标系统后，企业又建立看板系统，实时反映预算目标的实际执行情况。

做完这些工作之后，企业的老板与咨询顾问有过一次沟通。老板对咨询顾问说，你们帮助我搞了这么一个系统，能不能因此多赚钱不重要，留给我的最大收获：

第一，没有人向我打"小报告"了。原来经常有人打"小报告"，现在企业文化变得简单了，能力评价看数字，"是骡子是马，拉出来遛遛"；第二，开经营会议的时候，原来逼得我不得不"一言堂"，因为没有其他人出来讲，自从导入预算之后，让管理层不讲话都不行，而且他们讲话都有了逻辑：我的目标是多少，我完成了多少，超额完成目标的，表功，没有达成目标的，下一步怎样将差距追上，有什么措施。

预算做完之后，各个部门负责人应该与总经理签订目标责任书，签订目标责任书的过程应该有仪式感。例如，总经理代表企业，销售负责人代表销售部门，企业盖章，个人签字摁手印。

【案例】某公司 xx 年度 xx 部门年度预算目标责任书

甲方：XX 有限公司

乙方：XX 部门

为确保公司 2011 年利润预算目标的完成，甲乙双方就利润预算的有关事宜达成并签订本责任书。

1. 乙方的预算责任期限

2017 年 1 月 1 日至 2017 年 12 月 31 日

2. 乙方的预算责任目标（见下表）

项目	全年	第一季度	第二季度	第三季度	第四季度
销售收入	xx 万元	xx 万元	xx 万元	xx 万元	xx 万元
现金收入	xx 万元	xx 万元	xx 万元	xx 万元	xx 万元
毛利率	xx%				

3. 预算奖惩方案

	部分达成	达到	超额
销售收入 现金收入	计算"销售/现金收入指标平均完成率"，即 Y%=（实际销售收入+实际现金收入）/（预算销售收入+预算现金收入） · Y%：95%~100%，兑现奖金 XX 万元； · Y%：90%~95%，兑现奖金 XX 万元； · Y%：85%~90%，不奖不罚； · Y%：<80%，扣发乙方全体员工 X% 的基本工资	xx 万元	（实际销售收入—目标销售收入+实际现金收入—目标现金收入）÷2×Y%
毛利率	奖惩额=（实际毛利率%−预算毛利率%）×全年预算销售收入×Y%		

4. 预算责任的考核部门及考核方式

4.1 各项预算责任指标按年度进行考核，年终统算兑现。

4.2 各项预算责任指标的完成情况由财务部门负责核算提供，预算管理办公室负责审查、计算并提出奖惩兑现方案，奖惩兑现方案经乙方认可、财务部门审核、总经理办公会议批准后执行。

4.3 乙方负责提出内部员工的具体奖惩方案，报甲方审批后兑现。

5. 甲方的权利和义务

5.1 协助乙方完成2017年度责任目标，并保证本预算责任书中奖惩方案的兑现。

5.2 若因甲方原因造成乙方未完成预算责任目标，则由甲方承担乙方的经济损失。

5.3 由于乙方原因，完不成本预算责任书的有关条款，甲方有权随时对乙方的人事及工作进行干预、调整和重组。

5.4 甲方有关职能部门在全力支持乙方完成预算责任目标的同时，有权对乙方的各项工作进行监督、检查。

6. 乙方的权利和义务

6.1 采取有效措施，确保2017年责任目标的完成。

6.2 保证乙方所有的经营活动在国家法律、法规及公司相关规定的范围内展开。

6.3 服从甲方领导、积极配合甲方有关职能部门的指导、监督和检查。

6.4 由于乙方原因给甲方造成的经济损失，由乙方承担赔偿责任。

7. 其他

7.1 若因重大市场变化或其他不可抗力导致本预算责任书的有关条款不能执行时，甲乙双方应及时协商调整有关条款。

7.2 本责任书未尽事宜，由甲乙双方协商补充、解决。

7.3 本责任书正本一式两份，甲乙双方各执一份，双方盖章及负责人签字后生效，预算管理办公室留一份复印件备案。

甲方：XX有限公司

乙方：XX部

总经理：

经理：

2016年12月10日

【模板】预算编制表格

产品销售量预算假设

制表单位：YY 产品销售部

单位负责人：

审核人：

编制人：

编制日期：　　年　　月　　日

填写说明：

1. 浅黄色单元格填写历史及预测数据。粗横线上填写差异或预算依据说明，每行文字尽量不要超过粗横线范围，如空间不够，可在其下插入适量的行以供填写。

2. 差异原因说明，正数代表销售量增加，负数代表销售量下降，无论增加或下降都需要说明原因。

3. 年度销售量差异超过 ±5%、月/季度销售量差异超过 ±10% 时必须对说明差异进行分析说明。

4. 根据实际情况，以产品实际名称依次替换下列虚拟名称（如：AA、BB 等），替换时所有表中的名称应保持一致。

一、YY—AA

1.YY—AA

项目	全年	XXXX年1季度				XXXX年2季度	XXXX年3季度	XXXX年4季度
		1季度合计	1月	2月	3月			
历史销售量A	—							
销售增长率B	—							
预算期销售量C=A×(1+B)	—							
销售量差异C-A	—	—	—	—	—	—	—	—

*** 年度差异说明

*** 月/季度重大差异说明

2. 销售渠道—YY—AA

项目	全年	XXXX年1季度				XXXX年 2季度	XXXX年 3季度	XXXX年 4季度
		1季度合计	1月	2月	3月			
一级代理商（预算期）销量	–	–						
二级代理商（预算期）销量	–	–						
三级代理商（预算期）销量	–	–						
直销（预算期）销量	–	–						
YY产品合计	–	–	–	–	–	–	–	–

产品销售量预算假设

编制单位：YY产品销售部

单位负责人：

审核人：

编制人：

编制日期：　　年　　月　　日

填写说明：

1. 浅黄色单元格填写历史及预测数据。粗横线上填写差异或预算依据说明，每行文字尽量不要超过粗横线范围，如空间不够，可在其下插入适量的行以供填写。

2. 差异原因说明，正数代表单位售价提高，负数代表单位售价下降，无论提高或下降都需要说明原因。

3. 月/季度单位售价差异超过±5%时必须对说明差异进行分析说明。

4. 根据实际情况，以产品实际名称依次替换下列虚拟名称（如：AA、BB等），替换时所有表中的名称应保持一致。

一、YY—AA

1. 一级代理商—YY—AA

项目	XXXX年1季度			XXXX年 2季度	XXXX年 3季度	XXXX年 4季度
	1月	2月	3月			
历史单位售价A						
价格下降率B						
预算单位售价 C=A*(1-B)						
单位售价差异 C-A	—	—	—	—	—	—

*** 月度重大差异说明

2. 二级代理商—YY—AA

项目	XXXX年1季度			XXXX年 2季度	XXXX年 3季度	XXXX年 4季度
	1月	2月	3月			
历史单位售价A						
价格下降率B						
预算单位售价 C=A*(1-B)						
单位售价差异 C-A	—	—	—	—	—	—

*** 月度重大差异说明

3. 三级代理商—YY—AA

项目	XXXX年1季度			XXXX年 2季度	XXXX年 3季度	XXXX年 4季度
	1月	2月	3月			
历史单位售价A						
价格下降率B						
预算单位售价 C=A*(1-B)						
单位售价差异 C-A	—	—	—	—	—	—

*** 月度重大差异说明

4. 直销—YY—AA

项目	XXXX年1季度			XXXX年2季度	XXXX年3季度	XXXX年4季度
	1月	2月	3月			
历史单位售价A						
价格下降率B						
预算单位售价C=A*(1-B)						
单位售价差异C-A	–	–	–	–	–	–

*** 月度重大差异说明

产品销售回款预算假设

编制单位：YY产品销售部

销售渠道	回款政策（概述）	具体回款方式（%）				
		前2月	前1月	销售当月	次1月	次2月
一级代理商						
二级代理商						
三级代理商						
直销						

单位负责人：　　　审核人：　　　编制人：　　　编制日期：　　年　月　日

产品销售量预算表

编制单位：YY产品销售部

销售渠道代码	销售渠道	产品类别	产品代码	产品	XXXX年合计	XXXX年1季度			
						XXXX年1季度合计	1月	2月	3月
	一级代理商	YY	YY	YY—AA	–	–	–	–	–
	一级代理商	YY	YY	YY—BB	–	–	–	–	–
*****	*****	*****	*****	*****	*****	*****	*****	*****	*****
	二级代理商	YY	YY	YY—AA	–	–	–	–	–
	二级代理商	YY	YY	YY—BB	–	–	–	–	–
*****	*****	*****	*****	*****	*****	*****	*****	*****	*****
	三级代理商	YY	YY	YY—AA	–	–	–	–	–
*****	*****	*****	*****	*****	*****	*****	*****	*****	*****
	直销	YY	YY	YY—AA	–	–	–	–	–
	直销	YY	YY	YY—BB	–	–	–	–	–
*****	*****	*****	*****	*****	*****	*****	*****	*****	*****
YY产品合计				YY—AA	–	–	–	–	–
				YY—BB	–	–	–	–	–

产品单位售价预算表

编制单位：YY 产品销售部　　　　　　　　　　　　　　　　　　　　　单位：元

销售渠道代码	销售渠道	产品类别	产品代码	产品	XXXX年1季度		
					1月	2月	3月
	一级代理商	YY	YY	YY—AA	—	—	—
	一级代理商	YY	YY	YY—BB	—	—	—
*****	*****	*****	*****	*****	*****	*****	*****
	二级代理商	YY	YY	YY—AA	—	—	—
	二级代理商	YY	YY	YY—BB	—	—	—
*****	*****	*****	*****	*****	*****	*****	*****
	三级代理商	YY	YY	YY—AA	—	—	—
	三级代理商	YY	YY	YY—BB	—	—	—
	三级代理商	YY	YY	YY—CC	—	—	—
*****	*****	*****	*****	*****	*****	*****	*****
	直销	YY	YY	YY—AA	—	—	—
	直销	YY	YY	YY—BB	—	—	—

产品销售收入预算表

编制单位：YY 产品销售部　　　　　　　　　　　　　　　　　　　　　单位：元

销售渠道代码	销售渠道	产品类别	产品代码	产品	XXXX年4季度		XXXX年合计	XXXX年1季度			
					11月	12月		XXXX年1季度合计	1月	2月	3月
	一级代理商	YY	YY	YY—AA			—	—	—	—
	一级代理商	YY	YY	YY—BB			—	—	—	—
	一级代理商小计					—	—	—	—	—
	二级代理商	YY	YY	YY—AA			—	—	—	—
	二级代理商	YY	YY	YY—BB			—	—	—	—
	二级代理商小计					—	—	—	—	—
	三级代理商	YY	YY	YY—AA			—	—	—	—
	三级代理商	YY	YY	YY—BB			—	—	—	—
	三级代理商小计					—	—	—	—	—
	直销	YY	YY	YY—AA			—	—	—	—
	直销	YY	YY	YY—BB			—	—	—	—
	直销小计					—	—	—	—	—
	IDB 产品合计			YY—AA			—	—	—	—	—
				YY—BB			—	—	—	—	—
	IDB 筹备组合计					—	—	—	—	—

产品销售回款预算

编制单位：YY 产品销售部　　　　　　　　　　　　　　　　单位：元

销售渠道代码	销售渠道	XXXX年合计	XXXX年1季度			
			XXXX年1季度合计	1月	2月	3月
	一级代理商	–	–	–	–	–
	二级代理商	–	–	–	–	–
	三级代理商	–	–	–	–	–
	直销	–	–	–	–	–
	合计	–	–	–	–	–

生产预算编制说明

一、预算内容

1. 生产预算由产品期末库存量预算、生产完工量预算、投产量预算、物料清单、材料消耗量预算五部分组成。

2. 生产预算需要分产品类别、产品名称进行，产品类别包括XX产品、YY产品。

3. 物料消耗量预算内容不包括在制造费用中列示的"物料消耗"项目。

4. 物料清单中列示的物料可以根据重要性原则处理，主要物料分物料名称分别列示，非主要物料可以合并列示。

二、编制部门

生产预算由组织公司产品生产的生产计划部门编制，具体由生产管理部牵头进行。

三、生产预测

1. 综合考虑营销部门的预期销售量、公司生产能力等因素对产品期末库存量进行合理预测。

2. 依据营销部门的预期销售量、产品期末库存量初步确定生产量，并考虑公司生产能力等因素与营销部门进行平衡，以确定切实可行的生产量和销售量，以保证公司生产、销售利益最大化。

3. 根据生产完工量和完工率计算确定投产量。

四、钩稽关系

1. 各产品期末库存量＝安全库存量。

2. 本期各产品生产量＝期末库存量＋本期销售量－期初库存量。其中，"本期销售量"取自销售预算的销售量预算。

3. 本期各产品生产投料量由生产部门根据生产量、生产周期及公司预计生产能力等因素进行合理预计。

4. 各产品材料消耗量＝各产成品物料清单单耗量 × 本期投产量。

五、填列方法

1. 生产部门根据对产成品期末库存量的合理预测填列产品期末库存量预算假设。

2. 生产部门根据营销部门对产品销量的预算填列产品销售量预算表。该表原则上取数于营销部门，但生产部门需根据企业生产能力及安全库存等因素对销售量与生产量进行平衡。

3. 生产部门根据生产量、生产周期及公司预计生产能力等因素对生产投料量进行合理预计并填列。

4. 生产部门根据各成品物料消耗标准填列各产品物料清单。

5. 相关预算表由钩稽关系自动计算生成。

六、表格操作步骤与说明

步骤	表格	操作
1	封面	1. 点击按钮录入预算假设、查阅预算编制说明及预算结果。
2	生产预算编制说明	2. 仔细阅读说明，了解与生产预算相关的各项内容。
3	关联表—外部数据支持	3. 按照与生产预算关联的数据填写"外部数据支持'关联表—XX'"。
4	录入表—生产预算假设	4. 按照生产预算编制方法填写"生产预算假设'录入表—XX'"。
5	生产预算表	5. 查看"生产预算表'预算表—XX'"。

关联表—产品销售量

特别说明：此表是生产部门确定在预算期产品生产数量的必备表；表中的数据由生产部门从营销部门获取并填列，同时生产部门需要根据生产能力和产品安全库存等因素和营销部门对预算期产品销售量和生产量进行平衡。此表中的数据必须和营销部门的预算期产品销售量保持一致。

编制单位：生产管理部

产品类别	产品代码	产品	XXXX年合计	XXXX年1季度				XXXX年2季度	XXXX年3季度	XXXX年4季度
				1季度合计	1月	2月	3月			
XX	XX	XX—AA	—	—						
XX	XX	XX—BB	—	—						
*****	*****	*****	*****	*****	*****	*****	*****	*****	*****	*****
YY	YY	YY—AA	—	—						
YY	YY	YY—BB	—	—						
*****	*****	*****	*****	*****	*****	*****	*****	*****	*****	*****

单位负责人：　　　　　　审核人：　　　　　　编制人：

产品期末库存量预算假设

编制单位：生产管理部

单位负责人：

审核人：

编制人：

编制日期：　　年　　月　　日

填写说明：

1. 浅黄色单元格填写历史及预测数据。粗横线上填写差异或预算依据说明，每行文字尽量不要超过粗横线范围，如空间不够，可在其下插入适量的行以供填写。

2. 差异原因说明，正数代表期末库存量增加，负数代表期末库存量下降，无论增加或下降都需要说明原因。

3. 月/季度期末库存量差异超过±10%时必须对说明差异进行分析说明。

一、XX产品

1. XX—AA

项目	XXXX年12月	XXXX年1季度 1月	2月	3月	XXXX年2季度	XXXX年3季度	XXXX年4季度
历史期末库存量A							
预计增加率B							
预算期期末库存量C=A*(1+B)							
库存量差异C-A		—	—	—	—	—	—

*** 月/季度重大差异说明：

2. XX—BB

项目	XXXX年12月	XXXX年1季度 1月	2月	3月	XXXX年2季度	XXXX年3季度	XXXX年4季度
历史期末库存量A							
预计增加率B							
预算期期末库存量C=A*(2+B)							
库存量差异C-A		—	—	—	—	—	—

*** 月/季度重大差异说明：

产品物料清单

编制单位：生产管理部

单位负责人：

审核人：

编制人：

编制日期：　年　月　日

一、XX产品

1. XX—AA

序号	产品类别	产品代码	产品	物料类别	物料代码	物料	计量单位	单位产品物料消耗量
1	XX	XX	XX—AA					
2	XX	XX	XX—AA					
3	XX	XX	XX—AA					

2.XX—BB

序号	产品类别	产品代码	产品	物料类别	物料代码	物料	计量单位	单位产品物料消耗量
1	XX	XX	XX—BB					
2	XX	XX	XX—BB					
3	XX	XX	XX—BB					

生产投料量

特别说明：此表是生产部门确定在预算期内为完成产品生产量需要投入生产的数量，需要由生产部门根据生产量、生产周期、预计公司生产能力等因素进行预计填列。

编制单位：生产管理部

产品类别	产品代码	产品	XXXX年合计	XXXX年1季度				XXXX年2季度	XXXX年3季度	XXXX年4季度
				1季度合计	1月	2月	3月			
XX	XX	XX—AA	—	—						
XX	XX	XX—BB	—	—						
*****	*****	*****	*****	*****	*****	*****	*****	*****	*****	*****
YY	YY	YY—AA	—	—						
YY	YY	YY—BB	—	—						
*****	*****	*****	*****	*****	*****	*****	*****	*****	*****	*****

单位负责人：　　　　　　审核人：　　　　　　编制人：

产品期初库存量预算表

编制单位：生产管理部

产品类别	产品代码	产品	XXXX年1季度			XXXX年2季度			
			1月	2月	3月	XXXX年2季度	4月	5月	6月
XX	XX	XX—AA							
XX	XX	XX—BB							
*****	*****	*****	*****	*****	*****	*****	*****	*****	*****
YY	YY	YY—AA							
YY	YY	YY—BB							
*****	*****	*****	*****	*****	*****	*****	*****	*****	*****

单位负责人：　　　审核人：　　　编制人：　　　编制日期：

产品期末库存量预算表

编制单位：生产管理部

产品类别	产品代码	产品	XXXX年1季度			XXXX年2季度			
			1月	2月	3月	XXXX年2季度	4月	5月	6月
XX	XX	XX—AA							
XX	XX	XX—BB							
*****	*****	*****	*****	*****	*****	*****	*****	*****	*****
YY	YY	YY—AA							
YY	YY	YY—BB							

单位负责人：　　审核人：　　编制人：　　编制日期：

生产投料量预算表

编制单位：生产管理部

产品类别	产品代码	产品	XXXX年合计	XXXX年1季度			
				XXXX年1季度	1月	2月	3月
XX	XX	XX—AA					
XX	XX	XX—BB					
*****	*****	*****	*****	*****	*****	*****	*****
YY	YY	YY—AA					
YY	YY	YY—BB					
*****	*****	*****	*****	*****	*****	*****	*****

单位负责人：　　审核人：　　编制人：　　编制日期：

产品物料消耗量预算表

编制单位：生产管理部

产品类别	产品代码	产品	物料类别	物料代码	物料	XXXX年合计	XXXX年1季度			
							XXXX年1季度	1月	2月	3月
XX	XX	XX—AA								
XX	XX	XX—AA								
*****	*****	*****	*****	*****	*****	*****	*****	*****	*****	*****
XX	XX	XX—BB								
XX	XX	XX—BB								
*****	*****	*****	*****	*****	*****	*****	*****	*****	*****	*****

单位负责人：　　审核人：　　编制人：　　编制日期：

生产量预算表

编制单位：生产管理部

产品类别	产品代码	产品	XXXX年合计	XXXX年1季度			
				XXXX年1季度	1月	2月	3月
XX	XX	XX—AA					
XX	XX	XX—BB					
*****	*****	*****	*****	*****	*****	*****	*****

单位负责人：　　审核人：　　编制人：　　编制日期：

采购预算编制说明

一、预算内容

1. 采购预算由材料期末库存量预算、单位采购价预算、采购到货量预算、采购订货量预算、采购订货额预算、采购到货额预算、采购付款预算等七部分组成。

2. 采购预算需要按订货提前期和付款政策分类列示，各表填列顺序应保持一致。

3. 根据重要性原则，主要原材料按材料名称分别列示，非主要原材料可以合并列示。列示内容应与生产预算中"物料清单"协调一致。

二、编制部门

采购预算由组织和实施公司采购计划的采购管理部牵头进行。

三、采购预测

1. 综合考虑公司生产需求情况，采购订货提前期、材料安全库存量等因素对材料期末库存量进行合理预测。

2. 依据生产部门的生产计划，结合材料期末库存量、采购订货提前期等因素对采购到货量和采购订货量进行合理预测。

3. 根据各种材料市场供需状况、公司在市场中的地位及谈判技能等对材料采购价格进行合理预测。

4. 根据付款政策对材料付款情况进行预测。

四、钩稽关系

1. 各材料期末库存量 = 安全库存量。

2. 各材料采购到货量 = 材料期末库存量 + 材料消耗量 – 材料期初库存量。"材料消耗量"取自"生产预算"中,材料本期期初库存量是上期期末库存量。

3. 各材料采购订货量根据材料采购到货量结合采购订货提前期推导确定。

4. 各材料采购订货额 = 材料采购订货量 × 材料单位采购价。

5. 各材料采购到货额 = 材料采购到货量 × 材料单位采购价(指订货时的材料单位采购单价)。

6. 材料采购付款 = ∑材料采购订货额 × 付款政策"付款率"。

五、填列方法

1. 根据对材料期末库存量的合理预测填列"材料期末库存量预算假设"。

2. 根据生产部门(生产管理部)对材料消耗量的预算填列"产品材料消耗量预算"表。

3. 根据对材料采购单价的合理预测填列"材料采购单价预算假设"。

4. 根据材料付款政策填列"材料付款政策预算假设"。

5. 根据材料采购提前期填列"材料采购提前期预算假设"。

6. 相关预算表有钩稽关系自动计算生成。

六、表格操作步骤与说明

步骤	表格	操作
1	封面	1. 点击按钮录入预算假设、查阅预算编制说明及预算结果。
2	采购预算编制说明	2. 仔细阅读说明,了解与采购预算相关的各项内容。
3	关联表—外部数据支持	3. 按照与采购预算关联的数据填写"外部数据支持'关联表—XX'"。
4	录入表—采购预算假设	4. 按照采购预算编制方法填写"采购预算假设'录入表—XX'"。
5	采购预算表	5. 查看"采购预算表'预算表—XX'"

关联表—产品物料消耗量

特别说明：此表是采购部门确定在预算期材料采购到货数量的必备表；表中的数据由采购部门从生产部门（生产管理部）获取并填列。

编制单位：采购管理部

材料类别	材料代码	材料	XXXX年合计	XXXX年1季度				XXXX年2季度	XXXX年3季度	XXXX年4季度
				XXXX年1季度	1月	2月	3月			
		材料类别—AA材料								
		材料类别—BB材料								

单位负责人：　　　　　　审核人：　　　　　　编制人：

材料期末库存量预算假设

编制单位：采购管理部

单位负责人：

审核人：

编制人：

编制日期：　　年　　月　　日

填写说明：

1. 浅黄色单元格填写历史及预测数据。粗横线上填写差异或预算依据说明，每行文字尽量不要超过粗横线范围，如空间不够，可在其下插入适量的行以供填写。

2. 差异原因说明，正数代表期末库存量增加，负数代表期末库存量下降，无论增加或下降都需要说明原因。

3. 月/季度期末库存量差异超过±10%时必须对说明差异进行分析说明。

1. 物料类别—AA材料

项目	XXXX年12月	XXXX年1季度			XXXX年2季度	XXXX年3季度	XXXX年4季度
		1月	2月	3月			
历史期末库存量A							
预计增加率B							
预算期期末库存量C=A*(1+B)							
库存量差异C-A		—	—	—	—	—	—

*** 月/季度重大差异说明：

2.物料类别—BB 材料

项目	XXXX年12月	XXXX年1季度 1月	XXXX年1季度 2月	XXXX年1季度 3月	XXXX年2季度	XXXX年3季度	XXXX年4季度
历史期末库存量 A							
预计增加率 B							
预算期期末库存量 C=A*（2+B）							
库存量差异 C-A		—	—	—	—	—	—

*** 月／季度重大差异说明：

物料采购单价预算假设

编制单位：采购管理部

单位负责人：

审核人：

编制人：

编制日期：　　年　　月　　日

填写说明：

1. 浅黄色单元格填写历史及预测数据。粗横线上填写差异或预算依据说明，每行文字尽量不要超过粗横线范围，如空间不够，可在其下插入适量的行以供填写。

2. 差异原因说明，正数代表材料采购单价的提高，负数代表材料采购单价的下降，无论提高或下降都需要说明原因。

3. 月／季度材料采购单价差异超过 ±5% 时必须对说明差异进行分析说明。

1.物料类别—AA 材料

项目	XXXX年1季度 1月	XXXX年1季度 2月	XXXX年1季度 3月	XXXX年2季度	XXXX年3季度	XXXX年4季度
历史材料采购单价 A						
预计下降率 B						
预算材料采购单价 C=A*（1+B）						
材料价格差异 C-A	—	—	—	—	—	—

*** 月／季度重大差异说明：

2.物料类别—BB材料

项目	XXXX年1季度			XXXX年2季度	XXXX年3季度	XXXX年4季度
	1月	2月	3月			
历史材料采购单价A						
预计下降率B						
预算材料采购单价C=A*(1+B)						
材料价格差异C-A	—	—	—	—	—	—

***月/季度重大差异说明：

材料付款政策预算假设

编制单位：采购管理部

材料类别	材料代码	材料	供应商	付款政策（概述）	具体付款方式（%）						
					前3月	前2月	前1月	采购到货当月	次1月	次2月
		材料类别—AA材料								
		材料类别—BB材料								

单位负责人：　　审核人：　　编制人：　　编制日期：　年　月　日

材料采购提前期假设

编制单位：采购管理部

材料类别	材料	供应商	采购提前期（概述）	采购提前期（%）			
				前3月	前2月	前1月	采购到货当月
	材料类别—AA材料						
	材料类别—BB材料						

单位负责人：　　审核人：　　编制人：　　编制日期：　年　月　日

材料期初库存量预算表

编制单位：采购管理部

材料类别	材料代码	材料	XXXX年1季度			XXXX年2季度		
			1月	2月	3月	XXXX年2季度	4月	5月	6月
		材料类别—AA材料							
		材料类别—BB材料							

单位负责人：　　审核人：　　编制人：　　编制日期：

材料期末库存量预算表

编制单位：采购管理部

材料类别	材料代码	材料	XXXX年1季度			XXXX年2季度		
			1月	2月	3月	XXXX年2季度	4月	5月	6月
		材料类别—AA材料							
		材料类别—BB材料							

单位负责人：　　审核人：　　编制人：　　编制日期：

材料采购到货量预算表

编制单位：采购管理部

材料类别	材料代码	材料	XXXX年合计	XXXX年1季度			
				XXXX年1季度	1月	2月	3月
		材料类别—AA材料					
		材料类别—BB材料					

单位负责人：　　审核人：　　编制人：　　编制日期：

材料采购订货量预算表

编制单位：采购管理部

材料类别	材料代码	材料	XXXX年合计	XXXX年1季度			
				XXXX年1季度	1月	2月	3月
		材料类别—AA材料					
		材料类别—BB材料					

单位负责人：　　审核人：　　编制人：　　编制日期：

物料采购单价预算表

编制单位：采购管理部

材料类别	材料代码	材料	XXXX年1季度		
			1月	2月	3月
		材料类别—AA材料			
		材料类别—BB材料			

单位负责人：　　审核人：　　编制人：　　编制日期：

物料采购到货额预算表

编制单位：采购管理部

材料类别	材料	XXXX年合计	XXXX年1季度			
			XXXX年1季度	1月	2月	3月
	材料类别—AA材料					
	材料类别—BB材料					
	合计					

单位负责人：　　审核人：　　编制人：　　编制日期：

物料采购订货额预算表

编制单位：采购管理部

材料类别	材料	XXXX年合计	XXXX年1季度			
			XXXX年1季度	1月	2月	3月
	材料类别—AA材料					
	材料类别—BB材料					
	合计					

单位负责人：　　审核人：　　编制人：　　编制日期：

材料采购付款预算表

编制单位：采购管理部

材料类别	材料	XXXX年合计	XXXX年1季度			
			XXXX年1季度	1月	2月	3月
	材料类别—AA材料					
	材料类别—BB材料					
	合计					

单位负责人：　　审核人：　　编制人：　　编制日期：

成本预算编制说明

一、预算内容

1. 成本预算由投产材料成本预算、完工产品材料成本预算、制造费用分配预算、完工产品生产成本预算、在产品成本预算、产品出库成本预算六部分组成。

2. 投产材料成本预算用于归集本期投产产品投入材料的成本。

3. 完工产品材料成本预算用于归集本期完工产品耗用材料的成本。

4. 制造费用分配预算用于对已归集好的制造费用在产品间进行分配。

5. 完工产品生产成本预算用于归集完工产品消耗的材料及应分摊的制造费用，综合反映完工产品在生产过程中的各种资源的耗费情况。

6. 在产品成本预算用于归集期末未完工产品消耗的材料费用，反映在生产过程中未完工产品对材料成本的耗费情况。

7. 产品出库成本预算主要用于归集产品销售发出的产品销售成本。

二、编制部门

成本预算由营销、生产、采购部门提供数据支持，财务部门进行汇总、计算。

三、成本费用分配

结合公司的生产特点，预算中成本费用分配采用从简分配原则，具体为：

1. 制造费用的分配只在产品间进行，按产品生产完工数量对制造费用进行简单分配。

2. 材料成本的分配按产品生产完工数量占总投产数量的比例或按产品完工数量×产品标准材料成本进行计算（总投产数量＝上期未完工数量＋本期投产数量）。鉴于企业目前实际情况，预算中假设产品完工率为100%。

四、钩稽关系

1. 各产品本期生产投入材料成本＝产品物料清单"材料消耗量"×材料单位成本×本期投产量。

2. 各产品本期材料生产成本总额＝期初在成品成本＋本期生产投入材料成本；在产品成本全部是材料成本。

3. 各产品本期生产完工产品材料成本＝本期生产成本总额×本期生产完工数量／总投产数量，或＝各产品完工数量×产品标准材料成本。总投产数量同上。

4. 各产品期末在产品成本＝期初在产品成本＋本期生产投入材料成本－本期生产完工转出材料成本。

5. 制造费用分配率＝制造费用总额／∑本期各产品生产完工量。

6. 本期各产品制造费用分配额＝本期各产品生产完工量×制造费用分配率。

7. 本期各产品发出成本＝本期各产品销售量×产品平均成本。

五、表格操作步骤与说明

步骤	表格	操作
1	封面	1.点击按钮录入预算假设、查阅预算编制说明及预算结果。
2	成本预算编制说明	2.仔细阅读说明,了解与成本预算相关的各项内容。
3	关联表—外部数据支持	3.按照与成本预算关联的数据填写"外部数据支持'关联表—XX'"。
4	过程表—成本预算中间过程	4.按照成本预算编制方法填写"成本预算中间过程'过程表—XX'"。
5	成本预算表	45查看"成本预算表'预算表—XX'"。

物料生产成本归集分配预算表

编制单位:财务管理部

产品类别	产品代码	产品名称	明细项目	期初余额	本期投入	本期完工转出	期末余额
				\multicolumn{4}{c}{XXXX年1月}
XX	XX	XX—AA	直接材料				
XX	XX	XX—BB	直接材料				
\multicolumn{3}{c}{XX 产品合计}	直接材料				
YY	YY	YY—AA	直接材料				
YY	YY	YY—BB	直接材料				
\multicolumn{3}{c}{YY 产品合计}	直接材料				

单位负责人:　　审核人:　　编制人:　　编制日期:

制造费用分配权数表

编制单位:财务管理部

产品类别	产品代码	产品	1月	2月	3月
XX	XX	XX—AA			
XX	XX	XX—BB			
*****	*****	*****	*****	*****	*****
YY	YY	YY—AA			
YY	YY	YY—BB			
*****	*****	*****	*****	*****	*****

单位负责人:　　　　　　编制人:

制造费用分配计算表

编制单位：财务管理部

产品类别	产品代码	产品	1月	2月	3月
XX	XX	XX—AA			
XX	XX	XX—BB			
*****	*****	*****	*****	*****	*****
YY	YY	YY—AA			
YY	YY	YY—BB			
*****	*****	*****	*****	*****	*****

单位负责人：　　　　　　　　　　　编制人：

产品平均成本计算表

编制单位：财务管理部

产品类别	产品代码	产品	明细项目	1月 数量	1月 单价	1月 金额
XX	XX	XX—AA	期初余额			
			本期生产			
			本期销售			
			期末余额			
XX 产品合计			期初余额			
			本期生产			
			本期销售			
			期末余额			
YY	YY	YY—AA	期初余额			
			本期生产			
			本期销售			
			期末余额			
YY	YY	YY—BB	期初余额			
			本期生产			
			本期销售			
			期末余额			
YY 产品合计			期初余额			
			本期生产			
			本期销售			
			期末余额			

单位负责人：　　　审核人：　　　编制人：　　　编制日期：

第五篇　管控系统

投产物料成本预算表

编制单位：财务管理部

产品类别	产品代码	产品	XXXX年合计	XXXX年1季度			
				XXXX年1季度	1月	2月	3月
XX	XX	XX—AA					
XX	XX	XX—BB					
*****	*****	*****	*****	*****	*****	*****	*****
YY	YY	YY—AA					
YY	YY	YY—BB					
*****	*****	*****	*****	*****	*****	*****	*****

单位负责人：　　审核人：　　编制人：　　编制日期：

完工产品物料成本预算表

编制单位：财务管理部

产品类别	产品代码	产品	XXXX年合计	XXXX年1季度			
				XXXX年1季度	1月	2月	3月
XX	XX	XX—AA					
XX	XX	XX—BB					
*****	*****	*****	*****	*****	*****	*****	*****
YY	YY	YY—AA					
YY	YY	YY—BB					
*****	*****	*****	*****	*****	*****	*****	*****

单位负责人：　　审核人：　　编制人：　　编制日期：

制造费用分配预算表

编制单位：财务管理部

产品类别	产品代码	产品	XXXX年合计	XXXX年1季度			
				XXXX年1季度	1月	2月	3月
XX	XX	XX—AA					
XX	XX	XX—BB					
*****	*****	*****	*****	*****	*****	*****	*****
YY	YY	YY—AA					
YY	YY	YY—BB					
*****	*****	*****	*****	*****	*****	*****	*****

单位负责人：　　审核人：　　编制人：　　编制日期：

完工产品生产成本预算表

编制单位：财务管理部

产品类别	产品代码	产品名称	明细项目	XXXX年合计	XXXX年1季度	1月	2月	3月
					XXXX年1季度			
XX	XX	XX—AA	直接材料					
			制造费用					
			合计					
XX	XX	XX—BB	直接材料					
			制造费用					
			合计					
XX 产品合计			直接材料					
			制造费用					
			合计					
YY	YY	YY—AA	直接材料					
			制造费用					
			合计					
YY	YY	YY—BB	直接材料					
			制造费用					
			合计					
YY 产品合计			直接材料					
			制造费用					
			合计					

单位负责人：　　审核人：　　编制人：　　编制日期：

产品出库成本预算表

编制单位：财务管理部

产品类别	产品代码	产品	XXXX年合计	XXXX年1季度	1月	2月	3月
				XXXX年1季度			
XX	XX	XX—AA					
XX	XX	XX—BB					
*****	*****	*****	*****	*****	*****	*****	*****
YY	YY	YY—AA					
YY	YY	YY—BB					
*****	*****	*****	*****	*****	*****	*****	*****

单位负责人：　　审核人：　　编制人：　　编制日期：

关联表—物料年初库存

特别说明：此表是财务部门计算在预算期材料平均成本的必备表；表中的"数量"由财务部门从采购预算中获取并填列；表中"单价"由采购部门预测或从账簿中获取并填列；金额＝数量×单价。同时，财务部门要复核各表相关数据，以保证业务预算数据及钩稽关系协调一致。

编制单位：财务管理部

材料类别	材料代码	材料	年初库存			XXXX年4季度		
			数量	单价	金额	10月	11月	12月
		材料类别—AA材料						
		材料类别—BB材料						

单位负责人：　　　审核人：　　　编制人：　　　编制日期：

关联表—物料采购到货

特别说明：此表是财务部门计算在预算期材料平均成本的必备表；表中的"数量"由财务部门从采购预算"材料采购到货量预算表"中获取并填列；表中"单价"由财务部门从采购预算"材料采购单价预算表"中推导获取并填列；金额＝数量×单价。同时，财务部门要复核各表（如材料平均成本计算表）相关数据，以保证业务预算数据及钩稽关系协调一致。

编制单位：财务管理部

材料类别	材料	XXXX年1季度										
		1季度合计			1月			2月			3月		
		数量	单价	金额	数量	单价	金额	数量	单价	金额	数量	单价	金额
	材料类别—AA材料												
	材料类别—BB材料												

单位负责人：　　　审核人：　　　编制人：　　　编制日期：

关联表—产品物料消耗量

特别说明：此表是财务部门确定在预算期产品投产所耗用材料成本的必备表；表中的数据由财务部门从生产部门（生产管理部）或采购部门获取并填列，并复核各表相关数据，以保证业务预算数据及钩稽关系协调一致。

编制单位：财务管理部

材料类别	材料	XXXX年合计	XXXX年1季度			
			XXXX年1季度	1月	2月	3月
	材料类别—AA材料					
	材料类别—BB材料					

单位负责人：　　　审核人：　　　编制人：

关联表—物料期末库存量

特别说明：此表由财务部门根据采购预算"材料期末库存量预算表"填列，并复核各表相关数据，以保证业务预算数据及钩稽关系协调一致。

编制单位：财务管理部

材料类别	材料	XXXX年1季度		
		1月	2月	3月
	材料类别—AA材料			
	材料类别—BB材料			

单位负责人：　　审核人：　　编制人：　　编制日期：

关联表—年初库存产品

特别说明：此表由财务部门根据生产预算"产品期初库存量预算表"填列，并复核各表相关数据，以保证业务预算数据及钩稽关系协调一致。

编制单位：财务管理部

产品类别	产品代码	产品	年初库存产品		
			数量	单位成本	金额
XX	XX	XX—AA			
XX	XX	XX—BB			
*****	*****	*****	*****	*****	*****
YY	YY	YY—AA			
YY	YY	YY—BB			
*****	*****	*****	*****	*****	*****

单位负责人：　　　　　　　　　　编制人：

关联表—生产投料量

特别说明：此表由财务部门根据生产预算"产品投产量预算表"填列，并复核各表相关数据，以保证业务预算数据及钩稽关系协调一致。

编制单位：财务管理部

产品类别	产品代码	产品	XXXX年合计	XXXX年1季度			
				XXXX年1季度	1月	2月	3月
XX	XX	XX—AA					
XX	XX	XX—BB					
*****	*****	*****	*****	*****	*****	*****	*****
YY	YY	YY—AA					
YY	YY	YY—BB					
*****	*****	*****	*****	*****	*****	*****	*****

单位负责人：　　审核人：　　编制人：　　编制日期：

关联表—生产量

特别说明：此表由财务部门根据生产预算"产品生产完工量预算表"填列，并复核各表相关数据，以保证业务预算数据及钩稽关系协调一致。

编制单位：财务管理部

产品类别	产品代码	产品	XXXX年合计	XXXX年1季度			
				XXXX年1季度	1月	2月	3月
XX	XX	XX—AA					
XX	XX	XX—BB					
*****	*****	*****	*****	*****	*****	*****	*****
YY	YY	YY—AA					
YY	YY	YY—BB					
*****	*****	*****	*****	*****	*****	*****	*****

单位负责人：　　审核人：　　编制人：　　编制日期：

关联表—产品销售量

特别说明：此表由财务部门根据销售预算"销售量预算表"填列，并复核各表相关数据，以保证业务预算数据及钩稽关系协调一致。

编制单位：财务管理部

产品类别	产品代码	产品	XXXX年合计	XXXX年1季度			
				XXXX年1季度	1月	2月	3月
XX	XX	XX—AA					
XX	XX	XX—BB					
*****	*****	*****	*****	*****	*****	*****	*****
YY	YY	YY—AA					
YY	YY	YY—BB					
*****	*****	*****	*****	*****	*****	*****	*****

单位负责人：　　审核人：　　编制人：　　编制日期：

关联表——制造费用

特别说明：此表由财务部门根据部门费用预算"生产部门费用预算表"填列，并复核各表相关数据，以保证业务全面预算数据及钩稽关系协调一致。

编制单位：　　　　　　　　　　　　　　　　　　　　　　　　　单位：元

科目代码	科目	XXXX年合计	XXXX年1季度			
			1季度合计	1月	2月	3月
	工资					
	福利费					
	工会经费					
	社会保险费					
	职工教育经费					
	住房公积金					
	医疗保险					
	租赁费					
	水电费-电费					
	水电费-水费					
	办公费					
	汽车费					
	电话费-固话费					
	电话费-手机费					
	差旅费					
	交通费					

续表

科目代码	科目	XXXX年合计	XXXX年1季度			
			1季度合计	1月	2月	3月
	误餐费					
	招待费					
	运杂费					
	维修费					
	折旧					
	低值品					
	劳保用品					
	测试费					
	进货费					
	加工费					
	质量管理费					
	试制费－耗用材料					
	试制费－实验费					
	试制费－其他					
	研发材料费					
	生产耗费					
	其他					
合计						

单位负责人：　　审核人：　　编制人：　　编制日期：

人员需求预算

部门名称：

职位	预计薪资标准（元／人月）	编制	现有人数	申请人数	希望到岗时间	批准人数	到岗时间		
							1月	2月	3月
预计每月新增人数							0	0	0

编制人：　　审核人：　　审批人：

备注：
1. 空白单元格由用人单位填写，青色单元格由人力资源部填写，浅绿色先由用人单位填写然后由人力资源部调整。
2. 如果所需职位为新设职位，用人单位需要提供本该职位的职责说明。
3. 编制栏填写数据供人力资源作为审核参考，如果用人不能提供可以不填。
4. 此表填写完成后随同部门责任费用预算表提交给财务部门，然后由财务部门转交人力资源部。

20XX年人工成本预算

编制单位：人力资源部　　　　编制日期：　　　　　　单位：元

部门类别	部门代码	部门名称	科目代码	明细科目	20XX年合计	1月	2月	3月
职能部门		总经理		工资	—			
				奖金	—			
				社保费	—			
职能部门		总会计师		工资				
				奖金				
				社保费				
职能部门		行政管理部		工资				
				奖金				
				社保费				
职能部门		人力资源部		工资				
				奖金				
				社保费				
职能部门		财务部门		工资				
				奖金				
				社保费				
职能部门合计				工资	—	—	—	—
				奖金	—	—	—	—
				社保费	—	—	—	—
研发部门		总工程师		工资	—			
				奖金	—			
				社保费	—			
研发部门		知识产权部		工资	—			
				奖金	—			
				社保费	—			
研发部门		技术研究部		工资	—			
				奖金	—			
				社保费	—			
研发部门合计				工资	—	—	—	—
				奖金	—	—	—	—
				社保费	—	—	—	—

续表

部门类别	部门代码	部门名称	科目代码	明细科目	20XX年合计	1月	2月	3月
营销部门		营销领导		工资	—			
				年终奖金	—			
				社保费	—			
营销部门		XX产品销售部		工资	—			
				年终奖金	—			
				社保费	—			
营销部门		YY产品销售部		工资	—			
				年终奖金	—			
				社保费	—			
营销部门合计				工资	—	—	—	—
				年终奖金	—	—	—	—
				社保费	—	—	—	—
生产部门		生产行政领导		工资	—			
				奖金	—			
				社保费	—			
生产部门		采购管理部		工资	—			
				奖金	—			
				社保费	—			
生产部门		生产管理部		工资	—			
				奖金	—			
				社保费	—			
生产部门合计				工资	—	—	—	—
				奖金	—	—	—	—
				社保费	—	—	—	—

单位负责人： 　　　　审核人： 　　　　编制人：

注：1. 此预算表由人力资源部门编制。

2. 人力资源部门根据公司薪酬体系与住房公积金、社／医保标准，结合各部门用人计划对工资、住房公积金、社保费及医保费进行合理预测填列。

3. 产品研发总监相关费用在产品开发部列示。

4. 产品应用总监相关费用在产品应用部列示。

5. 生产总监、生产与行政副总在生产行政领导中合并列示。

6. 营销总监、营销与工程副总在营销领导中合并列示。

7. "工资"项目用于归集各部门的工资费用（含税）。

8. "奖金／年终奖金"项目用于归集营销部门的奖金费用（含税）及营销部门年终奖金（含税）。

9. "社保费"项目用于归集公司为各部门员工承担的社保费用（单位部分），包括养老保险、医疗保险、失业、工伤生育保险和住房公积金等社保费。

20XX年培训费预算表

编制单位：　　　　　　编制日期：　年　月　日　　　　　　单位：元

科目代码	科目	20XX年合计	1月	2月	3月	4月	5月	6月	7月	8月	9月	10月	11月	12月
	培训费	—												
	合计													

单位负责人：　　　　　　审核人：　　　　　　编制人：

注：1. 此预算表由人力资源部编制。

固定资产购置预算

部门名称：

设备名称	用途	数量	预计单价	预计金额	批准数量	购置时间										
						1月	2月	3月	4月	5月	6月	7月	8月	9月	10月	11月	12月
预计总金额						0	0	0	0	0	0	0	0	0	0	0	0

编制人：　　　　　　审核人：　　　　　　审批人：

备注：

1. 空白单元格由设备需求部门填写，青色单元格由设备管理部门填写，浅绿色先由需求部门填写然后由管理部门调整。

2. 设备用途从下拉列表中选择填写。

3. 此表填写完成后随同部门责任费用预算表提交给财务部门，然后由财务部门转交相关设备管理部门汇总审核。

其中：办公设备由信息管理部汇总审核。

生产设备由生产管理部汇总审核。

测试设备由各研发部门汇总审核。

运输设备由行政后勤部汇总审核。

建筑物由行政后勤部汇总审核。

20XX年固定资产预算表

编制单位：　　　　　　　　　　　　　　　　　　　　　　　　　　　　单位：元

资产类别	明细项目	20XX年合计 原值	20XX年合计 累计折旧	1月 原值	1月 累计折旧	2月 原值	2月 累计折旧
	期初余额						
	本期增加						
	本期减少						
	期末余额						
	期初余额						
	本期增加						
	本期减少						
	期末余额						
合计							

企业负责人：　　　　　　　　　审核人：　　　　　　　　　编制人：

20XX年折旧预算

编制单位：　　　　　　　　　　　　　　　　　　　　　　　　　　　　单位：元

折旧类别	20XX年合计	1月	2月	3月	4月	5月	6月	7月	8月	9月	10月	11月	12月
管理费用折旧													
销售费用折旧													
制造费用折旧													

审核人：

20XX年对外融资预算表

编制单位：　　　　　　　　　　　　　　　　　　　　　　　　　　　单位：元

融资类型	融资期限	融资银行	月利率（%）	明细项目	20XX年合计	1月	2月	3月	4月	5月	6月	7月	8月	9月	10月	11月	12月
				期初余额													
				本期增加													
				本期减少													
				期末余额													
				期初余额													
				本期增加													
				本期减少													
				期末余额													
短期借款合计				期初余额													
				本期增加													
				本期减少													
				期末余额													
长期借款合计				期初余额													
				本期增加													
				本期减少													
				期末余额													

公司负责人：　　　　　　　审核人：　　　　　　　编制人：

20XX年对外融资预算表

编制单位：　　　　　　　　　　　　　　　　　　　　　　　　　　　单位：元

项目	20XX年合计	1月	2月	3月	4月	5月	6月	7月	8月	9月	10月	11月	12月
一、短期借款利息													
二、长期借款利息													
三、借款利息合计													
加：汇兑损失													
手续费													
承诺费													
票据贴现利息													
融资租赁利息支出													
减：利息资本化													
利息收入													
四、财务费用合计													

公司负责人：　　　　　　　审核人：　　　　　　　编制人：

第五篇　管控系统

20XX 年现金收支预算表

编制单位： 单位：元

项目	20XX 年合计	1月	2月	3月	4月	5月	6月	7月	8月	9月	10月	11月	12月
一、期初现金余额													
二、现金收入													
主营业务收入现金													
其他业务收入现金													
收回投资收入现金													
处理固定资产收回现金													
处置无形资产收回现金													
取得投资收益收到现金													
补贴收入收到现金													
取得银行借款收到现金													
吸收投资收益收到现金													
利息收入收到现金													
其他现金收入													
三、现金支出													
材料采购支付现金													
生产费用支付现金（不含材料费用）													
其他业务支出支付现金													
缴纳税费支付现金													
销售费用支付现金													
管理费用支付现金													
财务费用支付现金（不含利息支出）													
固定资产支付现金													
其中：购置固定资产支付现金													
在建工程支付现金													
技改项目支付现金													
固定资产清理支付现金													
取得无形资产支付现金													
对外投资支付现金													
偿还借款及利息支付现金													
其中：借款本金支付现金													
利息支付现金													
支付股利支付现金													
其他现金支出													
四、期末现金余额													

公司负责人： 审核人： 编制人：

20XX年预计损益表

编制单位：　　　　　　　　　　　　　　　　　　　　　　　　　　　单位：元

项目	20XX年合计	1月	2月	3月	4月	5月	6月	7月	8月	9月	10月	11月	12月
一、主营业务收入													
减：主营业务成本													
主营业务税金及附加													
二、主营业务利润													
加：其他业务利润													
减：营业费用													
管理费用													
财务费用													
三、营业利润													
加：投资收益													
补贴收入													
营业外收入													
减：营业外支出													
加：以前年度损益调整													
四、利润总额													
减：所得税													
少数股东损益													
五、净利润													

公司负责人：　　　　　　　财务负责人：　　　　　　　制表人：

20XX 年预计资产负债表

编制单位：　　　　　　　　　　　　　　　　　　　　　　　　　　　　　　单位：元

资产	年初数	1月	2月	3月	负债及权益类	年初数	1月	2月	3月
流动资产：					流动负债：				
货币资金					短期借款				
短期投资					应付票据				
应收票据					应付账款				
应收股利					预收账款				
应收利息					其他应付款				
应收账款					应付工资				
预付账款					应付福利费				
应收补贴款					应付股利				
其他应收款					应交税金				
存货					其他未交款				
待摊费用					预提费用				
一年内到期的长期债券投资					预计负债				
其他流动资产					一年内到期的长期负债				
流动资产合计					其他流动负债				
长期投资：					流动负债合计				
长期股权投资					长期负债：				
长期债权投资					长期借款				
长期投资合计					应付债券				
其中：合并价差					长期应付款				
固定资产：					专项应付款				
固定资产原价					其他长期负债				
减：累计折旧					长期负债合计				
固定资产净值					递延税项：				
减：固定资产减值准备					递延税款贷项				
工程物资					负债合计				
在建工程					少数股东权益				
固定资产清理					所有者权益或股东权益：				
固定资产合计					实收资本				
无形资产及其他资产					减：已归还投资				
无形资产					实收资本净额				
长期待摊费用					资本公积				
其他长期资产					盈余公积				
无形资产及其他资产合计					未分配利润				
递延税项									
递延税款借项					所有者权益合计				
资产总计					负债及权益合计				

　　公司负责人：　　　　　　　　财务负责人：　　　　　　　　制表人：

后 记

这仅仅是开始！

当你读完本套丛书，掩卷沉思，露出会心一笑的时候，是否这套丛书已经完成了它的历史使命？

不，这仅仅是开始。从"知道"到"做到"，还有很长的路要走。老师、书籍能够做到的是"领进门"，而"精通"是让知识体系成为自身素养的一部分；"做到"是让书本上的知识成为实实在在的企业业绩，还要靠读者自己的"修行"。

我们不介意读者"蹂躏"本套丛书，在书上画线、做标记，在空白处写上自己的阅读心得，把书作为企业内训的教材，甚至借给朋友阅读，真正将书读"破"，这套丛书才起到其应有的作用，而不是只作为书柜里的装饰品。

投入实践，是学习知识的重要目的，也是将知识转化为生产力的唯一途径。不妨现在就拿出纸和笔，把你面临的企业管理问题都写下来，然后翻阅本套丛书的目录，尝试在问题点与知识点之间画出连线，进而思考如何使用学到的知识去解决面临的问题。

子曰："学而时习之，不亦说乎。"学到之后，不停在实践中练习，收获的将不仅是企业业绩的提升，还有心灵的愉悦。

当然，料想你会感到意犹未尽，因此，长财咨询近期还会将广受企业家欢迎的"激励系统""资本思维"两门现场课程内容整理出版，满足爱学习的你。敬请期待。

致 谢

本套丛书在编写过程中,参考了大量的相关书籍,在此一并表示感谢。由于编写者水平所限,书中不足之处在所难免,恳请广大读者斧正。

另外,诚挚感谢长财咨询陈晴、陈振灿、孙从青、朱宝珠及曹敏等同志在编写本套丛书的过程中所付出的辛勤劳动。

图书在版编目(CIP)数据

财务系统：拓展管理深度的蓝图 / 刘国东著. --北京：社会科学文献出版社，2018.6（2022.10重印）
（长财咨询. 企业管理系列）
ISBN 978-7-5201-2768-4

Ⅰ.①财… Ⅱ.①刘… Ⅲ.①企业管理－财务管理－研究 Ⅳ.①F275

中国版本图书馆CIP数据核字（2018）第097474号

·长财咨询·企业管理系列·

财务系统：拓展管理深度的蓝图

著　　者 / 刘国东

出 版 人 / 王利民
项目统筹 / 恽　薇　王婧怡
责任编辑 / 王婧怡
责任印制 / 王京美

出　　版 / 社会科学文献出版社·经济与管理分社（010）59367226
　　　　　 地址：北京市北三环中路甲29号院华龙大厦　邮编：100029
　　　　　 网址：www.ssap.com.cn

发　　行 / 社会科学文献出版社（010）59367028

印　　装 / 三河市东方印刷有限公司

规　　格 / 开　本：787mm×1092mm　1/16
　　　　　 印　张：22.75　字　数：349千字

版　　次 / 2018年6月第1版　2022年10月第10次印刷

书　　号 / ISBN 978-7-5201-2768-4

定　　价 / 58.00元

读者服务电话：4008918866

版权所有　翻印必究